国家中等职业教育改革发展示范学校建设成果
中职中专数控技术应用专业教材

机械零件检测

姚　梅　主编
马国强　主审

科学出版社
北　京

内 容 简 介

本书包括课程导入和三个模块，分别是：认识互换性与几何量误差、零件尺寸误差与检测、零件形状位置误差与检测、粗糙度与螺纹误差测量。

本书注重内容的实用性与针对性，比较全面地介绍了机械测量技术几何量的各种误差检测方法和原理等。本书每个任务后都附有针对该任务内容的学后自测题，便于读者复习和巩固知识。

本书可作为中等职业院校机械类、近机类专业的基础课程教材，也可供机械制造工程人员及计量、检验人员参考用，还可作为机械工人培训用资料。

图书在版编目（CIP）数据

机械零件检测/姚梅主编. —北京：科学出版社，2014.5

（国家中等职业教育改革发展示范学校建设成果·中职中专数控技术应用专业教材）

ISBN 978-7-03-041347-5

Ⅰ.①机… Ⅱ.①姚… Ⅲ.①机械元件-质量检验-中等专业学校-教材 Ⅳ.①TH13

中国版本图书馆 CIP 数据核字（2014）第 147257 号

责任编辑：何舒民 张振华/责任校对：刘玉靖

责任印制：吕春珉/封面设计：耕者设计工作室

科学出版社 出版

北京东黄城根北街 16 号

邮政编码：100717

http://www.sciencep.com

北京九州迅驰传媒文化有限公司 印刷

科学出版社发行 各地新华书店经销

*

2014 年 5 月第 一 版 开本：787×1092 1/16

2021 年 3 月第三次印刷 印张：12 1/4

字数：160 000

定价：37.00 元

（如有印装质量问题，我社负责调换〈九州迅驰〉）

销售部电话 010-62134988 编辑部电话 010-62135763（ST03）

重庆市科能高级技工学校
国家中等职业教育改革发展示范学校建设成果
教材编审委员会

序言

《国家中长期教育改革和发展规划纲要（2010～2020年）》中明确指出，要“大力发展职业教育”，“把提高质量作为重点，以服务为宗旨，以就业为导向，推进教育教学改革。”为加快职业教育的发展，积极推进中等职业教育的改革势在必行。

重庆市科能高级技工学校是第二批国家中等职业教育改革发展示范建设单位，在进行国家示范学校建设的过程中，认真按照三部委审批的建设任务要求，在开展人才培养模式与课程体系建设中，重视发挥行业指导作用，注重校企合作、工学结合，建立了由行业、企业共同参与的专业建设团队和运行机制，撰写的专业建设调研报告规范，有特色，有创新。该校围绕专业建设，形成了较为系统、完备的人才培养模式，成效显著，且有较强的引领性、示范性和较高的推广价值。课程建设、校本教材开发、数字化教学资源库建设等方面成果丰富，信息技术与教育过程、内容、方法和质量评价深度融合，并取得显著进展。

实践表明，职业教育的课程改革已成为培养高素质技能人才的关键。国家示范中职学校在改变课程结构内容和教学方式方法的过程中，经过有益的尝试，积极推行“做中学，做中教”的职业教育教学改革理念，实施理论实践一体化教学方式，教学与生产生活相结合、理论与实践相结合，统一性与灵活性相结合，以就业为导向与学生可持续性发展相结合等均是职业教育教学改革的宝贵经验。

重庆市科能高级技工学校在教材建设中，坚持科学发展观，突出“以就业为导向，以能力为本位”，从行业调研起步，循序开展工作任务与职业能力分析、课程结构设计、课程标准制定，按照职业教育人才培养的需求编写了该套教材。教材无论从课程标准的制定、体系的建立、内容的筛选、结构的设计还是素材的选择，均得到了行业专家的大力支持和指导。

该套教材在内容与形式上有以下特色：

1. 任务引领，项目教学。以工作任务引领知识、技能和态度，关注的焦点放在通过完成工作任务所获得的成果，以激发学生的成就感，通过完成典型任务或服务，采用项目式教学方法，来获得工作任务所需要的综合职业能力。

2. 内容实用，突出能力。设置的知识目标、技能目标明确，知识以“够用、实用”为原则，不强调知识的系统性，而注重内容的实用性和针对性。不少内容案例以及数据均来自真实的工作过程，有利于学生获得有效的知识技能。整个教学过程与评价均突出了职业能力的培养，体现出职业教育课程的本质特征。

3. 学生为本，注重发展。除以培养学生的职业能力和可持续性发展为宗旨之外，教材的体例新颖，版式活泼，便于阅读，重点内容突出，教材的设计与内容的表现形式充分考虑到学生的身心发展规律。

4. 资源多元，立体配套。该套教材对传统教材进行了拓展，注重了教材的资源建设，配套有立体化的教学资源库，包括配书教学光盘、网上教学资源包、教学课件、视频教学资源、习题答案等。

从总体上讲，该套教材的编写理念先进，体现了以就业为导向，以学生为主体的原则，着眼于学生职业能力发展和职业素养培养；教学内容科学合理，注重了与职业岗位、工作任务和职业能力要求的对接；教材结构有所创新且体现了工作逻辑，载体选择适当，内容编排合理，适合中职学生认知，具有较强的交互性；教材的呈现形式新颖多样，为学生所喜闻乐见，有利于学生学习。

当然，任何事物的发展都有一个过程，职业教育的教学改革与发展也是如此。相信该套教材的出版，能为我国中等职业教育人才的培养，探索职业教育教学改革做出贡献。

重庆市教科院职成所所长　向才毅

2014 年 5 月

前 言

“机械零件检测”课程是中职学校机械类和近机类专业必修的一门重要的专业核心课程，它既包含机械零件几何量误差的理论知识，也包含几何量误差检测的实践操作知识，是一门理论知识与实践操作紧密联系的课程。本书的编写是根据全国中等职业技术学校机械类专业教学计划与教学大纲要求，把理论知识与实验任务融合在一起。

本书编写的指导思想和特点如下：

1. 本书响应中共中央、国务院印发的《国家中长期人才发展规划纲要（2010～2020年）》要求，贯彻国家教职成［2010］9号文《关于实施国家中等职业教育改革发展示范学校建设计划的意见》的精神，以提高学生的综合职业能力和服务学生的终身发展为目标，以推进数控技术应用专业人才建设及课程体系改革为指导思想进行编写。

2. 在行业专家对机械类专业所涵盖的岗位群进行工作任务和职业能力分析的基础上，融合“数控技术与应用专业（四级）职业资格考核要求”，以“机械零件检测”课程标准为依据编写教材。

3. 本书重在创新，打破了传统教材的编写模式，突出以学生为主体，以任务为依托，以实验为载体，让学生在学习理论知识的基础上进行相关的实验操作，完成相应的任务。学生手、脑并用，可以将所学理论知识运用到实践中，并对实验中出现的问题进行分析与评价，最后得出正确的结论，有利于提高综合能力与职业素养。

4. 在教材的组织上，把握本课程的知识目标和技能目标，按照“必需、够用，兼顾发展”的原则，循序渐进地组织教材内容。

5. 教材内容的选择上，我们结合中职学生的特点与企业的实际需要，选择常见的典型零件进行检测，让学生动手动脑，达到预定的知识目标与技能目标。

6. 本书在编写上图文并茂，用大量的图片来帮助学生学习理解与认识，提高学生学习兴趣。文字表达精炼、准确、科学。

7. 与教材内容设计适合在实验教室中教学，从而完成理论与实验的结合，这种方式切实可行，可操作性强。

8. 教材内容的编写符合相关国家标准。

本书由姚梅主编并统稿，马国强主审，参加本书编写的人员还有马兰、周长伟、徐浪、熊东篱。本书在编写过程中，得到了本校相关专业教师的大力支持。重庆铁马工业集团有限公司研究员级高级工程师姜宏对全书进行了多次认真的审阅，并提出了许多宝贵意见，在此表示衷心感谢。

限于编者水平，书中难免存在不足之处，诚挚欢迎读者批评指正。

目 录

第二模块 零件形状位置误差与检测

第三模块　粗糙度与螺纹误差测量

课程导入　认识互换性与几何量误差

【知识目标】

1. 了解机械零件互换性的含义及作用。
2. 掌握机械零件几何量误差的内容及其与公差的关系。

【技能目标】

1. 认识检测机械零件几何量误差的各种计量器具。
2. 熟悉在工业生产中互换性的作用。

0.1　互换性

当我们去工厂的装配车间，如图 0-1 所示，我们会看到工人师傅们在装配机器设备时，对同一规格的一批零件或者部件，不经任何的挑选、调整或者辅助加工，任取其一进行装配就能满足机械产品的设计与使用要求。

图 0-1　装配车间

在制造业中，互换性是指制成的同一规格的一批零件（或部件），不需作任何挑选、调整或辅助加工（如钳工的修配）就能进行装配，并能满足机械产品的使用性能要求的特性。

互换性在日常生活中带给我们很多的好处。例如，灯泡坏了，换个同种规格的新灯泡就可以继续使用了。如图 0-2 所示的自行车，如果上面的一个螺钉掉了，则配一个同规格的螺钉即可；如果脚踏板损坏了，只要换一个相同规格的新脚踏板同样可以满足使用要求；如果轮胎磨损严重到不能正常使用了，则配一个相同规格的新轮胎就能继续使用。

图 0-2 自行车

互换性不但方便了我们的生活，而且在机械制造中的各个方面也得到了广泛的应用，主要体现在以下三个方面：

设计方面，能够最大限度地使用标准件。例如：机器上常用的部件——轴承，如图 0-3 所示，由于图中所示轴承是标准件，因此可以简化绘图的工作量，节约设计时间并利于计算机辅助设计（CAD）技术的应用。机械设备上常用的其他零件，如螺栓、螺母、垫圈等都是标准件，如图 0-4 所示。

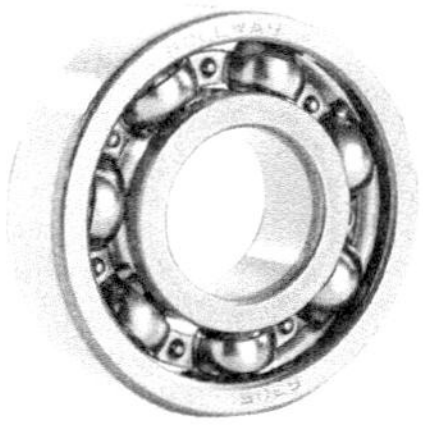

图 0-3 轴承

图 0-4 垫圈、螺栓、螺母

制造与装配方面，有利于组织专业化的生产，使用计算机辅助制造（CAM）技术，实现装配过程的机械化、自动化，提高装配效率。

使用与维修方面，有利于及时更换已磨损或已损坏的零件，减少维修时间和费用，提高设备的使用价值和延长机器的使用寿命。

由此可见，互换性在提高产品质量、产品的可靠性和经济效益等方面均有重大的意义，互换性原则已成为现代制造业中普遍遵守的原则。

0.2 误差与公差

要实现零件的互换性就是要保证零件的几何参数的准确性。

零件的几何参数主要包括尺寸、形状、位置、表面粗糙度等，零件在加工过程中，由于诸多因素的影响，加工后的几何参数偏离设计时的理想值，即出现误差，这种误差称为零件的几何量误差。几何量误差主要包含尺寸误差、形状误差、位置误差和表面粗糙度等。把同一规格的一批零件的几何参数加工成完全一致是不可能的，也是不必要的，因为在机械制造中误差是不可避免的，我们只要将误差控制在一定的范围内就能满足机器的使用性能要求（即保证了零件的互换性），所以我们把几何参数允许变动的范围称为公差，它包括尺寸公差、形状公差、位置公差和表面粗糙度，如图 0-5 所示。

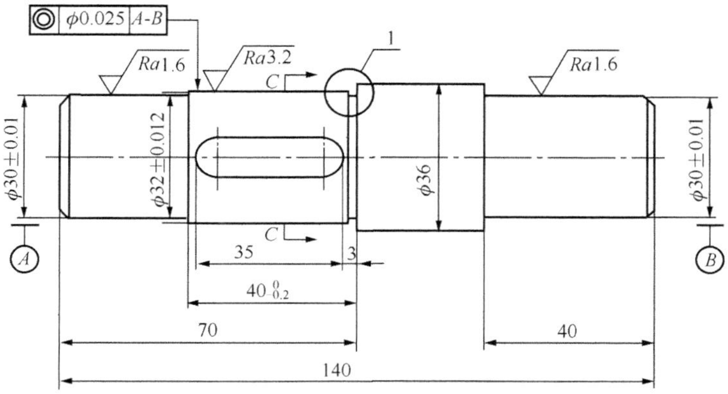

图 0-5　轴

0.3　几何量误差的检测

要想判断出机械零件的几何量误差是否在公差范围内，就需要对其进行检测，几何量检测是组织互换性生产必不可少的重要措施。

检测是检验和测量的统称。二者的共同之处在于：通过测量或检验都可以判断出零件是否合格，但是测量可以得到具体的量值，而检验不能得到具体的量值。如图 0-6 所示，图 0-6（a）为外径千分尺测量零件的直径，可以测量出具体的读数，从而判断出该尺寸是否合格。图 0-6（b）为用锥度塞规检验零件的孔，通过检验可以判断出零件是否合格，但却不能得到具体的量值。

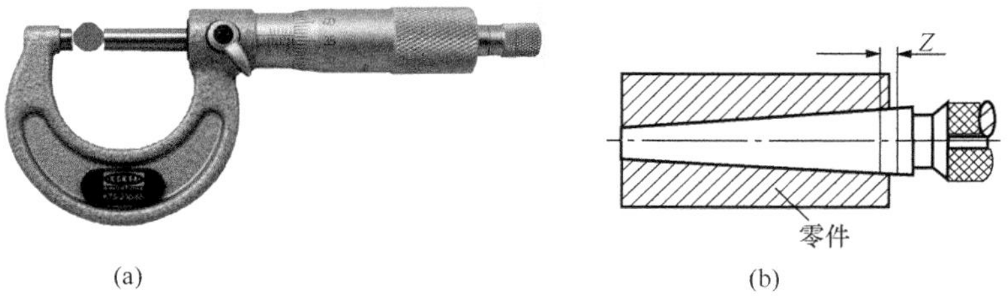

图 0-6　检测工具检测零件

学后自测

一、填空题

1. 互换性是指的____________________一批零件，不需作任何挑选、调整或辅助加工（如钳工装配）就能进行装配，并满足机械产品________的特性。

2. 零件的几何量误差的种类主要有________、________、________和________等。

二、选择题

1. 具有互换性的零件应该是（　　）。

A. 相同规格的零件　　B. 形状和尺寸完全相同的零件

C. 相互配合的零件　　D. 不同规格的零件

2. 机械零件在加工过程中，零件的几何量误差是（　　）。

A. 可以避免　　B. 不能避免

C. 有时可以避免有时不能避免　　D. 不能控制

三、判断题

1. 尺寸公差、形状公差和位置公差都是零件的几何量误差。（　　）

2. 互换性要求零件按一个指定的尺寸制造。（　　）

3. 通过检验或测量都可以判断出零件是否合格。（　　）

4. 尺寸公差用于控制尺寸误差，形状公差用于控制几何要素的形状误差，位置公差用于控制几何要素的位置误差。（　　）

四、简答题

1. 互换性在机械制造中有何作用？

2. 测量与检验的相同之处与不同之处是什么？

3. 具有互换性的零件其几何参数是否必须加工成完全一样？为什么？

第一模块

零件尺寸误差与检测

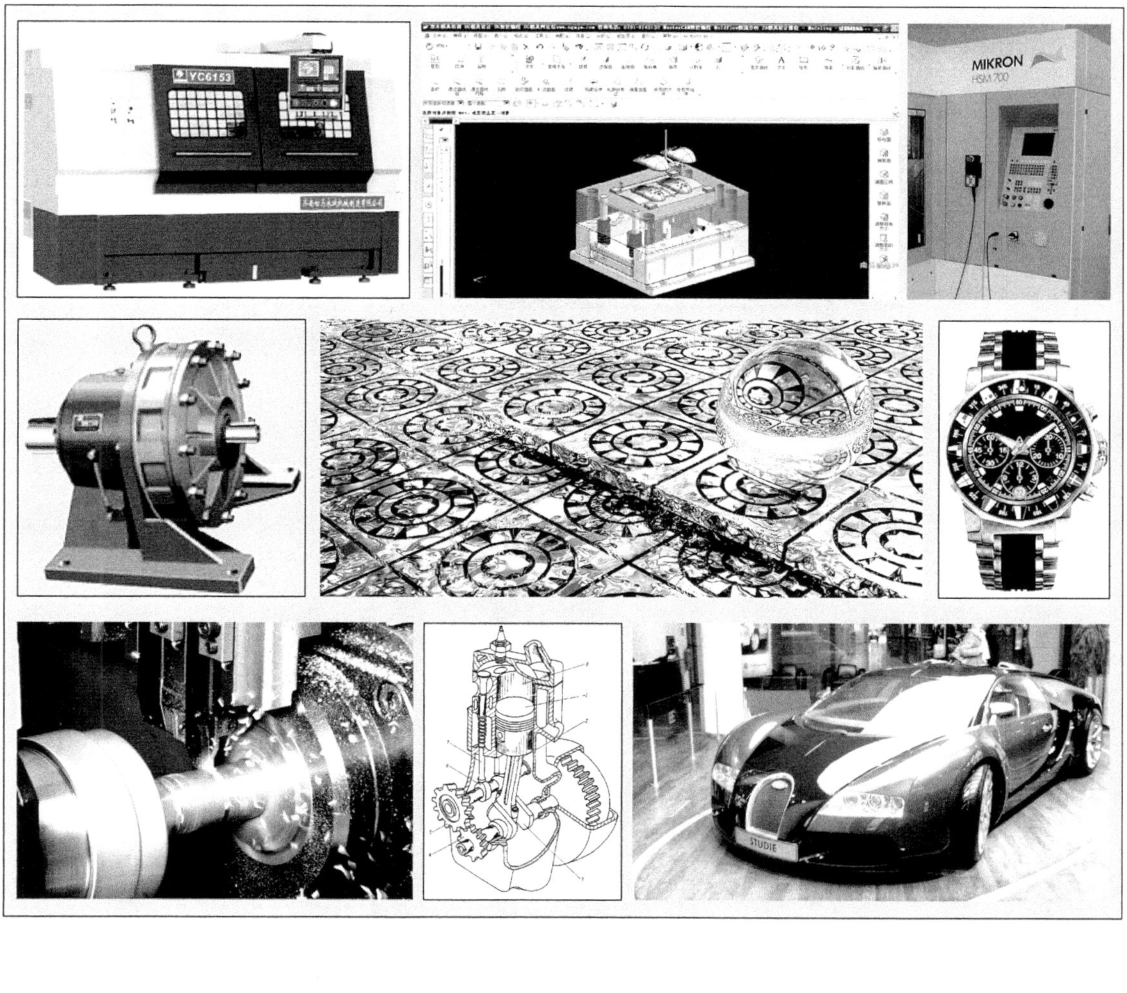

任务1 游标卡尺测量零件尺寸

【知识目标】

1. 了解机械零件中孔与轴的含义。

2. 掌握极限尺寸、基本尺寸、实际尺寸的含义及其计算方法。

3. 了解量具的分类方法与常用计量器具的种类。

4. 熟悉测量四要素的内容。

【技能目标】

1. 掌握游标卡尺的工作原理和使用方法。

2. 掌握零件尺寸合格性判别方法及相关计算。

3. 能够完成相应实验并对相关数据进行分析处理，从而判断零件尺寸的合格性。

【任务描述】

本任务是根据实际尺寸的特点和要求，用游标卡尺对图1-1所示零件的尺寸进行测量，判断出零件尺寸是否合格。

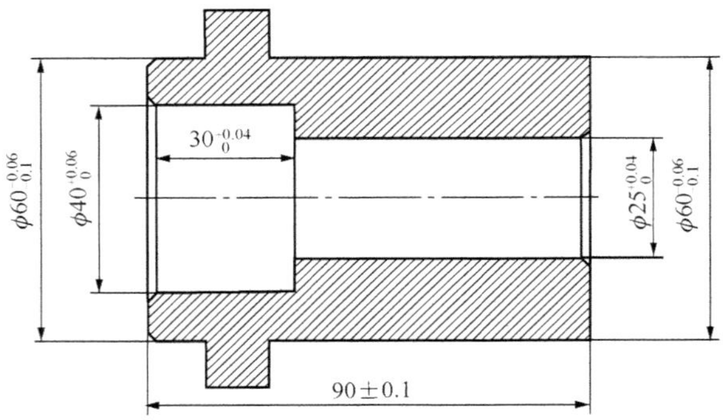

(a)

(b)

图1-1 轴套

1.1 知识储备：孔、轴的含义与零件尺寸

光滑圆柱形零件配合是机械连接形式中最简单、最基本的一种，应用最为广泛。

1.1.1 孔、轴的含义

1. 孔

孔通常是指圆柱形内表面，也包括非圆柱形内表面（由两平行平面或切面形成的包容面），如图1-2所示。

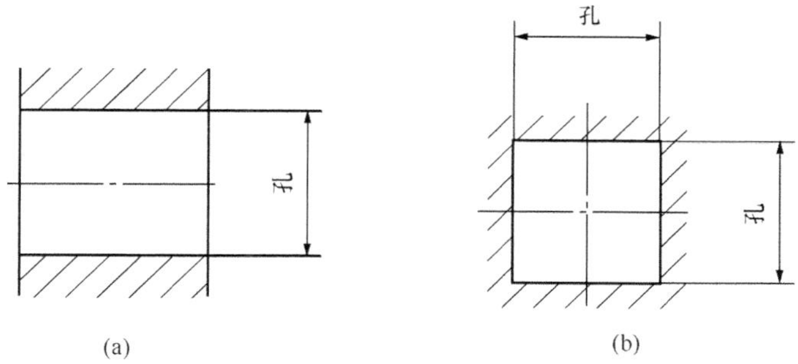

图 1-2　孔的含义

2. 轴

轴指圆柱形外表面，也包括其他非圆柱形外表面中由单一尺寸确定的部分（由两平行平面或切面形成的被包容面），如图 1-3 所示。

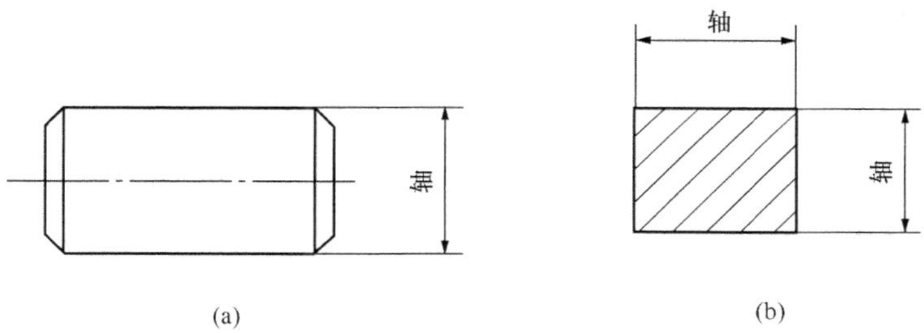

图 1-3　轴的含义

从加工过程看，孔的尺寸由小变大，轴的尺寸是由大变小；从装配关系来讲，孔为包容面，轴为被包容面。

1.1.2　零件的尺寸术语

1. **尺寸**

尺寸指用特定单位表示长度大小的数值。机械图样上一般以毫米（mm）为单位，如以毫米为单位时，可以省略单位的标注，只标注数值。如图 1-1 所示的尺寸单位均为毫米，所以全部省略单位进行标注。

1983 年 10 月在巴黎召开的第十七届国际计量大会上通过了米的新定义，“米是 1/299 792 458秒的时间间隔内光在真空中行程的长度”。

我国法定计量单位中，几何量长度的基本单位为米（m），常用单位有毫米（mm）和微米（μm），工厂常用单位“丝”（cmm）。

1m＝1000mm（1 米＝1000 毫米）

1mm＝1000μm（1 毫米＝1000 微米）

1μm＝1000nm（1 纳米＝1000 微米）

1cmm＝0.01mm（1丝＝0.01毫米）

2. 基本尺寸（*D*，*d*）

基本尺寸即标准规定，设计时给定的尺寸称为基本尺寸。

实际中把相互配合的孔和轴的基本尺寸设计为相同值。基本尺寸由设计时给定，是在设计时考虑了零件的强度、刚度、工艺及结构等方面的因素，通过试验、计算或依据经验确定得出的。

孔的基本尺寸用字母“*D*”表示，轴的基本尺寸用字母“*d*”表示，为减少定值刀具、量具的规格，基本尺寸应尽量采用标准尺寸。例如图1-1中$\phi60_{-0.1}^{-0.06}$的基本尺寸*d*为60mm，$\phi25_{0}^{+0.01}$的基本尺寸*D*为25mm。

3. 实际尺寸（D_a，d_a）

实际尺寸即零件上实际存在的，通过测量获得的尺寸。

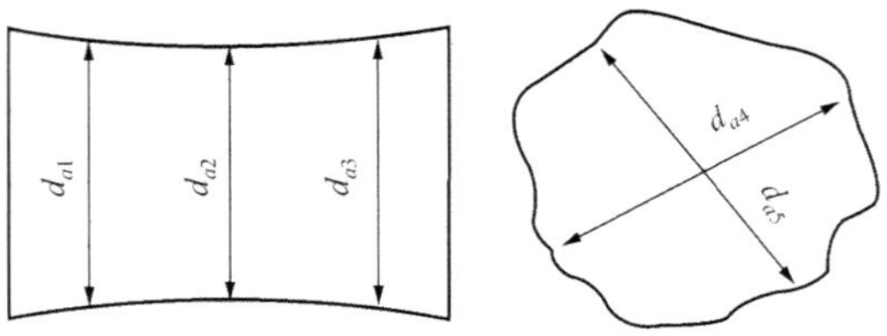

图1-4 实际尺寸

孔的实际尺寸用字母“D_a”表示，轴的实际尺寸用字母“d_a”表示。

由于零件在加工过程中会出现制造误差，而在测量过程中也存在测量误差，在零件同一表面上不同部位的实际尺寸不一定相等，如图1-4所示。

4. 极限尺寸

极限尺寸是允许尺寸变化的两个界限值，统称为极限尺寸。其中，允许变化的最大尺寸称为最大极限尺寸；孔的最大极限尺寸用字母“D_{max}”表示，轴的最大极限尺寸用字母“d_{max}”表示。允许变化的最小尺寸称为最小极限尺寸；孔的最小极限尺寸用字母“D_{min}”表示，轴的最小极限尺寸用字母“d_{min}”表示。

在机械制造中，由于存在各种因素形成的加工误差，要把同一规格的零件加工成同一尺寸是不可能的。从使用的角度来讲，也没有必要将零件加工制造成同一尺寸，只需要将零件的实际尺寸控制在一个具体的范围内，就能满足使用要求。这个范围是由两个极限尺寸确定的。

极限尺寸是以基本尺寸为参数来确定的，它可以大于、小于或等于基本尺寸。

例1-1 图1-5中表达的是孔的尺寸还是轴的尺寸，它的基本尺寸、极限尺寸各为多少？

解 图中表达的是孔的尺寸。

$$孔的基本尺寸\ D = 20\text{mm}$$

$$孔的最大极限尺寸\ D_{max} = 20.012\text{mm}$$

$$孔的最小极限尺寸\ D_{min} = 20\text{mm}$$

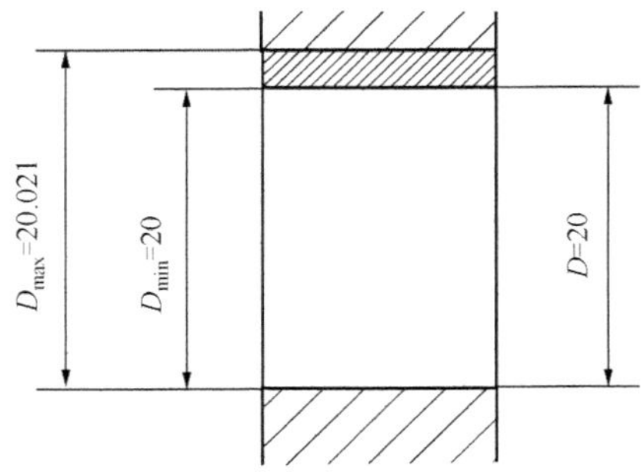

图1-5 极限尺寸

5. 零件实际尺寸合格的条件

实际尺寸必须大于或等于最小极限尺寸，同时必须小于或等于最大极限尺寸，该项实际尺寸才合格，对于孔可用公式（1-1）来表达，对于轴可用公式（1-2）来表达。

孔的实际尺寸合格的条件为

$$D_{\min} \leqslant D_a \leqslant D_{\max} \tag{1-1}$$

轴的实际尺寸合格的条件为

$$d_{\min} \leqslant d_a \leqslant d_{\max} \tag{1-2}$$

例 1-2　车削某一轴，要求直径在 30.05mm 与 30.02mm 间，而测量尺寸为 30mm，问：该轴直径尺寸是否合格？

解　尺寸合格条件是：最小极限尺寸≤实际尺寸≤最大极限尺寸。

由于测量出的实际尺寸 30mm 小于最小极限尺寸 30.02mm，该尺寸为不合格。

1.2　知识储备：测量与测量用具

机械零件要实现互换性，除了要合理确定公差之外，还要在加工过程中进行正确的测量和检验，只有通过测量和检验判定为合格的零件，才具有互换性。因此，首先要熟悉测量的基础知识，并且要掌握最常用的测量长度的工具——游标卡尺。

1.2.1　测量基础知识

测量是指将被测的几何量与一个作为测量单位的标准量进行比较的实验过程。任何一个完整的测量过程都包括测量对象、计量单位、测量方法和测量精度四个要素，具体内容见表 1-1。

表 1-1　测量的四要素

测量四要素	说　明
测量对象	包括长度、角度、表面粗糙度、几何形状和相互位置等
计量单位	为了保证测量的正确性，必须保证测量过程中测量单位的统一。我国法定的计量单位中，长度单位为米（m），在机械制造中长度单位一般为毫米（mm），在精密测量中，长度计量单位一般为微米（μm）
测量方法	测量原理、计量器具和测量条件的总和
测量精度	测量结果和真值的符合程度

与测量相关的概念还有检验，检验是指只确定被测几何量是否在规定的极限范围之内，从而判断被测对象是否合格，而无需确定具体的数值。

1.2.2　测量方法的分类

在长度测量中，被测对象的特点主要指它的精度要求、几何形状、材料性质及数量等，而测量方法就是根据被测对象的特点来选择和确定的，常用的测量方法如表 1-2 所示。

表 1-2　常用测量方法

分类方法	测量方法	含　义
是否直接测量被测参数	直接测量	直接用量具或量仪测出被测几何量值的一种方法
	间接测量	先测出与被测几何量相关的其他几何量，再通过计算获得被测几何量值
测量器具的读数是否直接表示被测量的量值	绝对测量	从量具或量仪上直接读出被测几何量数值的方法
	相对测量	通过读取被测几何量与标准量的偏差来确定被测几何量数值的方法
零件在一次测量中被测参数的多少	单项测量	在一次测量中只测量一个几何量的量值
	综合测量	在一次检验中可以得到几个相关几何量的综合结果，以判断工件是否合格
被测表面与零件器具的测头是否直接接触	接触测量	测量器具的触端直接与被测零件表面相接触得到测量结果
	非接触测量	测量器具的触端与被测零件表面不直接接触，而是通过其他介质与零件接触得到测量结果

1.2.3　计量器具

1. 计量器具的分类

计量器具按其结构特点可以分为量具、量规、量仪和计量装置四类，见表 1-3。

表 1-3　计量器具的分类

计量器具	定　义	分类及用途	举　例
量具	以固定形式复现量值的计量器具，一般结构比较简单，没有传动放大系统	标准量具 用来复现单一量值的量具	 量块  直角尺
		通用量具 用来复现一定范围内的一系列不同量值的量具	 游标卡尺 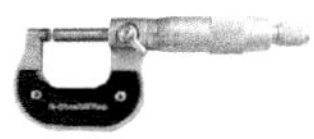 千分尺

续表

计量器具	定义	分类及用途	举例
量规	没有刻度的专用计量器具	光滑极限量规 用来检验光滑圆柱形工件的合格性	 卡规  塞规  环规
		螺纹量规 用来检验螺纹的合格性	 螺纹环规  螺纹塞规
		圆锥量规 用来检验圆锥的锥度及尺寸	 锥度套规、锥度塞规
量仪	能将被测几何量的量值转换成可直观观察的指示值或等效信息的计量器量	按原始信号转换原理的不同可以分为机械式量仪、光学式量仪、电动式量仪、气动式量仪等四类	  百分表　杠杆表
计量装置	为确定被测几何量值所必须使用的计量器具和辅助设备的总和。计量装置可以按计量学的观点分类，也可以按照器具本身的结构、特点和用途分类		 三坐标测量仪

2. 计量器具的基本计量参数

计量器具的计量参数是反映其性能和功用的指标，是选择和使用计量器具的主要依据。下面结合游标卡尺具体介绍计量参数。

(1) 刻度间距

标尺或刻度盘上两相邻刻线中心的距离（一般在 1～2.5mm 之间），普通游标卡尺的刻度间距为 1mm。

(2) 分度值（i）

又称刻度值，是指标尺或刻度盘上每一刻度间距所代表的量值。分度值越小，测量精度越高。普通游标卡尺的分度值一般有 0.02mm、0.05mm 和 0.1mm 三种，图 1-6 所示游标卡尺的分度值是 i=0.02mm。

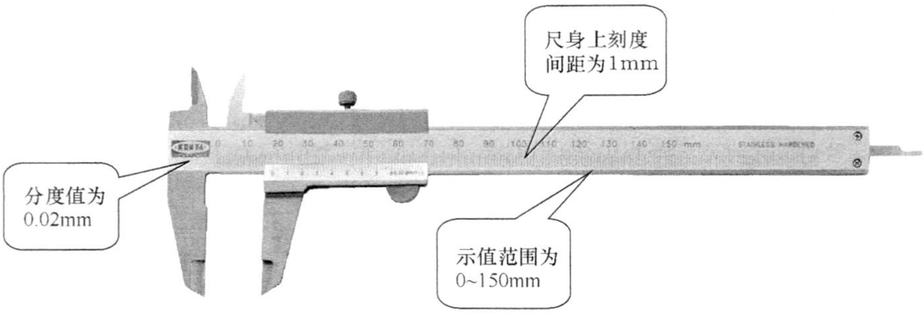

图 1-6　普通游标卡尺

（3）示值范围

指计量器具的标尺或刻度盘上所指示的起始值到终止值的范围。图 1-6 中游标卡尺的示值范围为 0～150mm。

（4）测量范围

被测量的最小值到最大值的范围。图 1-6 中的游标卡尺的测量范围是 0～150mm，与示值范围相同。对于有些测量装置，测量范围并不等于示值范围，两者不能一概而论。

（5）示值误差

指示值与被测量的真值之差值，有正、负之分。一般可以用量块作为真值来检测计量器具的示值误差。示值误差越小，计量器具的精度越高。表 1-4 是不同分度值游标卡尺的示值误差。

表 1-4　游标卡尺的示值误差　　（单位：mm）

<table>
<tr><th rowspan="2">测量范围</th><th colspan="3">不同分度值的示值误差</th></tr>
<tr><th>0.02</th><th>0.05</th><th>0.10</th></tr>
<tr><td>0～150</td><td>±0.02</td><td rowspan="2">0.05</td><td rowspan="4">±0.10</td></tr>
<tr><td>0～200</td><td>±0.03</td></tr>
<tr><td>0～300</td><td>±0.04</td><td rowspan="2">±0.08</td></tr>
<tr><td>0～500</td><td>±0.05</td></tr>
</table>

（6）校正值

数值与示值误差数值相等，符号相反。

1.2.4　游标卡尺

1. 结构、特点及用途

利用游标和尺身相互配合进行测量的量具称为游标类量具，其结构简单，使用方便，测量范围大，在机械加工中应用广泛。

游标卡尺是典型的游标类量具，按照其用途和结构的不同，可以分为普通游标卡尺、单面游标卡尺和双面游标卡尺；按照读数方式的不同，可以分为普通游标卡尺、带表游标卡尺、数显游标卡尺等。我们重点学习普通游标卡尺，即三用游标卡尺。它主要由尺身、尺框、游标、深度尺、上量爪、下量爪等组成，如图 1-7 所示。三用游标卡尺一般用来测量零件的长度、厚度、内外径、槽宽度及深度等。

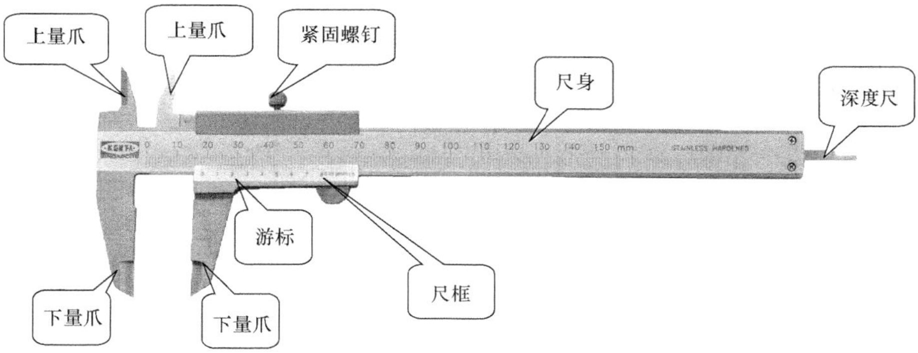

图 1-7　游标卡尺的结构

常见游标尺的结构及特点见表 1-5。

表 1-5　常见游标尺的结构和特点

量具类型	结构	特点
单面游标卡尺		无深度尺，无上测量爪，下测量爪上附有内测量爪，有微调装置，可以测量内孔尺寸
双面游标卡尺		无深度尺，有上测量爪，有微调装置，下测量爪上附有内测量爪，可以测量内孔尺寸
带表游标卡尺	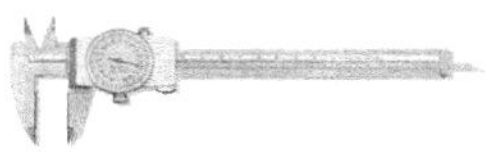	指示表代替了游标读数，读数方便、直观
数显游标卡尺		测量尺寸由指示表直接读出
游标深度尺		主要用于测量孔、槽的深度和阶台的高度
游标高度尺	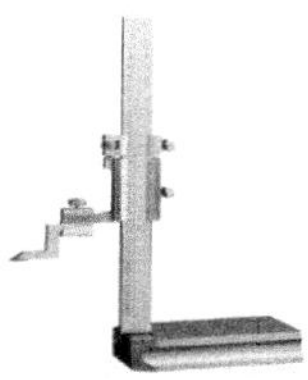	主要用于测量工件高度尺寸或进行划线

2. 刻线原理

游标卡尺分度值有 0.10mm、0.05mm、0.02mm 三种，其中分度值为 0.02mm 的游标卡尺最为常用，图 1-8 即为分度值为 0.02mm 游标卡尺的刻线原理图。

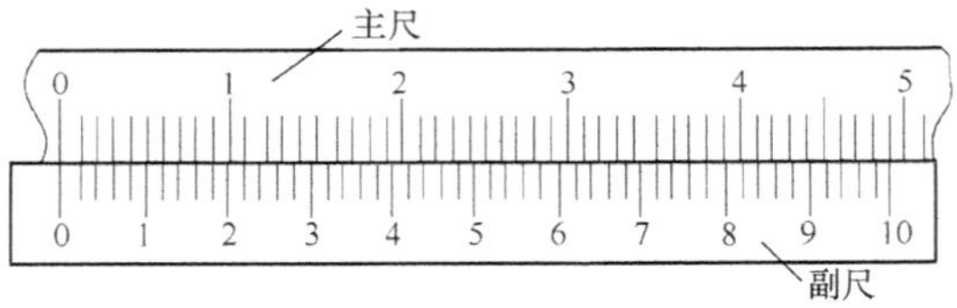

图 1-8 游标卡尺刻线原理图

尺身上每小格是 1mm，当两量爪合并时，游标上的 50 格刚好与尺身上的 49mm 对正，尺身刻线间距（1mm）与游标刻线间距［49÷50＝0.98（mm）］之差，即分度值 i＝1－0.98＝0.02（mm），所以其测量精度为 0.02mm。

3. 读数方法

1）读出主尺在游标零线前的整毫米数。

2）找出游标上与主尺刻线对齐的那条刻线，数出这条标刻线到游标零刻度线之间共有多少格，用总的格数乘以分度值即为小数部分读数。

3）将整数部分与小数部分相加，即为测量尺寸。

小提示

读数前要校零，即将游标卡尺的两个量爪合拢，使游标零线应与尺身零线对齐。

4. 使用注意事项

1）游标卡尺是比较精密的测量工具，要轻拿轻放，不得碰撞或跌落地下。使用时不要用来测量粗糙的物体，以免损坏量爪，避免与刃具放在一起，以免刃具划伤游标卡尺的表面，不使用时应置于干燥中性的地方，远离酸碱性物质，防止锈蚀。

2）测量前，将卡尺的测量面用抹布擦干净，检查卡尺的两个测量面和测量刃口是否平直无损。卡尺的两个量爪合拢，应密不透光。观察游标零线和主尺的零线是否对齐，如不对齐，就存在零位偏差，一般不能使用，如需使用需加校正值。游标在尺身上要活动自如，不能过松或过紧，更不能有晃动现象，以免产生测量误差。

3）测量时，要先注意看清游标上的分度值标记，以免读错小数值产生误差。应使量爪轻轻接触零件的被测表面，保持合适的测量力，量爪位置要摆正，不能歪斜。

4）读数时，视线应与尺身表面垂直，避免产生视觉误差。

1.3　任务实施

选用合适的游标卡尺测量图 1-9 所示零件的相关尺寸，分析并判断这些尺寸的合格性。

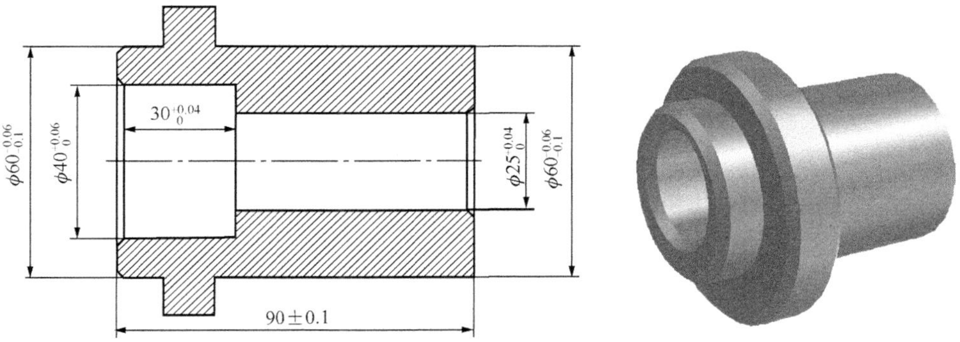

(a)　　(b)

图 1-9　轴套

1.3.1　实施程序

1. 分析图样与零件

读图 1-9 的零件图并分析该零件，本实验一共需要测量六个尺寸，根据尺寸选择合适的游标卡尺。

2. 测量并记录

用游标卡尺分别对六个尺寸进行多次测量，作好实验数据记录。

3. 判断合格性

判断零件的实际尺寸是否合格的方法：把测量出的实际尺寸与极限尺寸进行比较，若实际测量尺寸不大于最大极限尺寸且不小于最小极限尺寸，则该尺寸合格；反之，则该尺寸不合格。

4. 工量具归位

实验完成后，清理、清洁工具、量具，并放入相应的工具箱或量具盒中。

1.3.2　数据分析

记录测量数据，对其中的尺寸进行分析、计算，从而判断出尺寸是否合格，并且填入数据分析表 1-6 中。

表 1-6　数据分析表

图样尺寸	最大极限尺寸	最小极限尺寸	实测尺寸			是否合格	超差值
$30^{+0.04}_{0}$							
90 ± 0.1							
$\phi60^{-0.06}_{-0.1}$							
$\phi40^{+0.06}_{0}$							
$\phi25^{+0.04}_{0}$							
$\phi60^{-0.06}_{-0.1}$							

实验结论

操作者成绩评价

学后自测

一、填空题

1. 极限尺寸是通过__________、__________或__________方法获得的，而实际尺寸是__________通过__________获得的。

2. 允许尺寸变化的两个界限值称为__________尺寸，其中，允许的最大尺寸称为__________尺寸；允许的最小尺寸称为__________尺寸。

3. 常用游标卡尺的分度值有__________、__________、__________三种。

4. 使用游标卡尺读数时，应该保持视线与尺身刻线____________________。

5. 精度为 0.02mm 的游标卡尺主尺的刻线间距为__________，游标尺的刻线间距为__________，两者的差值为__________。

二、选择题

1. 若游标卡尺的游标共有 50 格，第 50 条刻线（不包含零刻线）与主尺 49 格刻线对齐，则此卡尺的精度是（　　）。

A. 0.1mm　　B. 2cm　　C. 0.02mm　　D. 0.4mm

2. 游标卡尺读数的整数部分为 130mm，游标的第 11 条线（包括零线）与尺身刻线对齐，若卡尺精度为 0.02mm，则测得尺寸为（　　）mm。

A. 130.22　　B. 130.20　　C. 130.18　　D. 130.10

3. 测量精度为（　　）mm 的游标卡尺，当两测量爪并拢时，尺身上 19mm 对正游标上的 20 格。

A. 0.01　　B. 0.02　　C. 0.04　　D. 0.05

三、判断题

1. 游标卡尺可用来测量长度、厚度、外径、内径、孔深等。（　　）

2. 当游标卡尺尺身的零线与游标零线对准时，游标上的刻线都不与尺身刻线对准。（　　）

3. 计量器具按其结构特点可以分为量具、量规、量仪和计量装置四类。(　　)

四、解答题

1. 读出下列游标卡尺的读数。

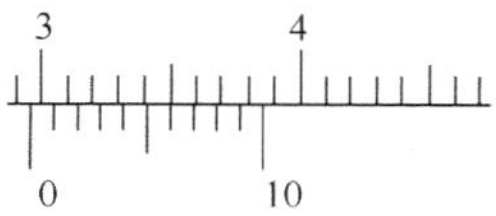

________ mm

(a) i=0.10mm

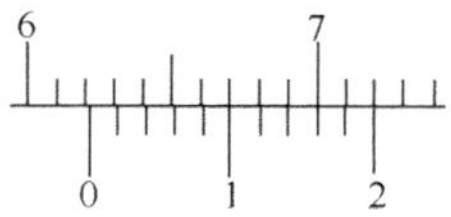

________ mm

(b) i=0.02mm

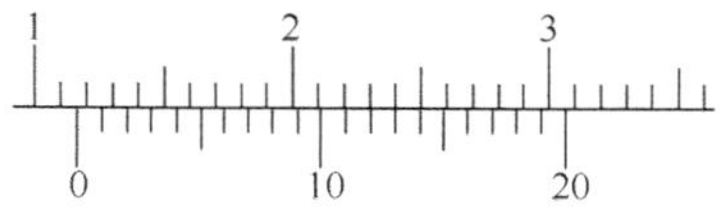

________ mm

(c) i=0.05mm

2. 画出分度值为 0.02mm 的游标卡尺所表示的下列尺寸的草图。

(1) 15.38mm

(2) 103.22mm

任务2 千分尺测量零件尺寸

【知识目标】

1. 掌握尺寸偏差的含义及其种类。
2. 熟悉判别零件尺寸合格的条件。
3. 掌握尺寸公差的计算方法。
4. 理解千分尺的的结构、刻线原理。

【技能目标】

1. 熟悉偏差的标注方法。
2. 掌握尺寸公差带图的画法。
3. 掌握千分尺的读数方法以及使用方法。
4. 熟练使用千分尺测量零件尺寸，并能对实验进行分析得出正确结论。

【任务描述】

本任务是根据实际偏差的特点和要求，用千分尺测量零件尺寸，判断零件尺寸是否合格。

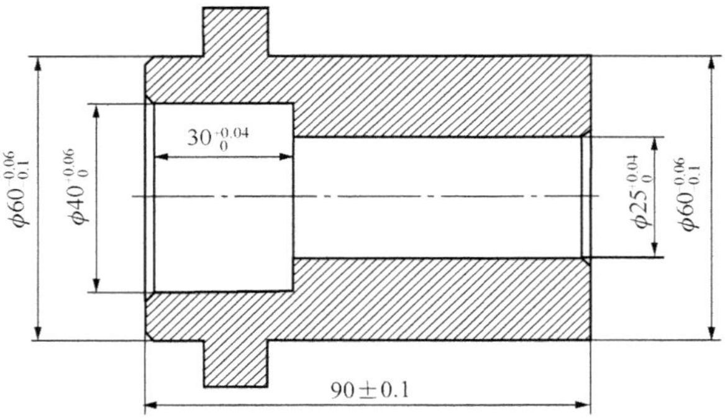

图 2-1　轴套

2.1　知识储备：尺寸偏差与尺寸公差

2.1.1　尺寸偏差

尺寸偏差是指某一尺寸减其基本尺寸所得的代数差，即偏离基本尺寸的多少，简称为偏差。

尺寸偏差分为极限偏差和实际偏差两种。

1. 极限偏差（ES、EI、es、ei）

极限偏差就是极限尺寸减其基本尺寸所得的代数差。

由于极限尺寸有最大极限尺寸和最小极限尺寸之分，对应的极限偏差就分为上偏差和下偏差。国家标准规定用代号 ES 和 es 分别表示孔和轴的上偏差；用代号 EI 和 ei 分别表示孔和轴的下偏差，其计算公式如式（2-1）和式（2-2）所示。

$$\text{上偏差} = \text{最大极限尺寸} - \text{基本尺寸}$$

$$\mathrm{ES} = D_{\max} - D, \qquad \mathrm{es} = d_{\max} - d \tag{2-1}$$

$$\text{下偏差} = \text{最小极限尺寸} - \text{基本尺寸}$$

$$\mathrm{EI} = D_{\min} - D, \qquad \mathrm{ei} = d_{\min} - d \tag{2-2}$$

2. 极限偏差的标注

在图样上或技术文件中标注时上偏差标注在基本尺寸的右上角，下偏差标注在基本尺寸的右下角，标注示例如图 2-1 中的尺寸 $\phi 60^{-0.06}_{-0.1}$，其中 $\phi 60$ 表示基本尺寸，−0.06表示上偏差，−0.1 表示下偏差。为了保持标注的严密性，即使上下偏差有零值存在，也要进行标注，标注示例如图 2-1 中的尺寸 $\phi 40^{+0.06}_{0}$，上偏差为+0.06，下偏差为 0，要在相应的位置对齐标注零偏差，不能省略；如果上、下偏差互为相反数时，要简化标注，上、下偏差只写一个数值，在数值前加上正负号，标注示例如图 2-1 中的尺寸 90±0.1，上偏差为+0.1，下偏差为−0.1，只标一个 0.1，在前面加上“±”号即可。

例 2-1　孔的尺寸标注为 $\phi 30^{-0.020}_{-0.041}$，试写出孔的基本尺寸和极限偏差并计算出孔的极限尺寸。

解　$D=30\text{mm}$

$\mathrm{ES}=-0.020\text{mm}$　　　　$\mathrm{EI}=-0.041\text{mm}$

$D_{\max}=D+\mathrm{ES}=30+(-0.020)\ \text{mm}=29.980\text{mm}$

$D_{\min}=D+\mathrm{EI}=30+(-0.041)\ \text{mm}=29.959\text{mm}$

3. 实际偏差（E_a，e_a）

实际偏差等于实际尺寸减去基本尺寸所得的代数差。

孔的实际偏差

$$E_a = D_a - D \tag{2-3}$$

轴的实际偏差

$$e_a = d_a - d \tag{2-4}$$

合格零件的实际偏差应该在上、下偏差之间，极限偏差用于控制实际偏差。

零件尺寸合格的条件可以用偏差来表示：

孔的尺寸合格条件

$$\mathrm{ES} \geqslant E_a \geqslant \mathrm{EI} \tag{2-5}$$

轴的尺寸合格条件

$$\mathrm{es} \geqslant e_a \geqslant \mathrm{ei} \tag{2-6}$$

小提示

特别注意：尺寸偏差可以为负值，也可以为正值或者是零。

2.1.2 尺寸公差（*T*）

尺寸公差是允许尺寸的变动量。尺寸公差一般简称为公差。

公差等于最大极限尺寸与最小极限尺寸之差的绝对值，或等于上偏差与下偏差之代数差的绝对值。其表达式为

孔的公差

$$T_h = |D_{max} - D_{min}| = |ES - EI| \tag{2-7}$$

轴的公差

$$T_s = |d_{max} - d_{min}| = |es - ei| \tag{2-8}$$

式中，T_h表示孔的公差，T_s表示轴的公差。

公差是用绝对值定义的，所以无正负之分。

小提示

在标注时，公差值的前面不能加“+”或“-”号，同时因为加工误差不可避免，所以公差不能取零值。

2.1.3 尺寸公差带

为了说明尺寸、偏差和公差之间的关系，一般采用极限与配合示意图，如图 2-2 所示。这种示意图是把极限偏差和公差部分放大而尺寸不放大画出来的。从图中可直观地看出基本尺寸、极限尺寸、极限偏差和公差之间的关系。

为了简化，实际应用中常不画出孔和轴的全形，只要按规定将有关公差部分放大画出即可，这种图称为极限与配合图解，也称为公差带图解，如图 2-3 所示。在公差带图解中，由代表上偏差和下偏差的两条直线所限定的区域称为公差带。

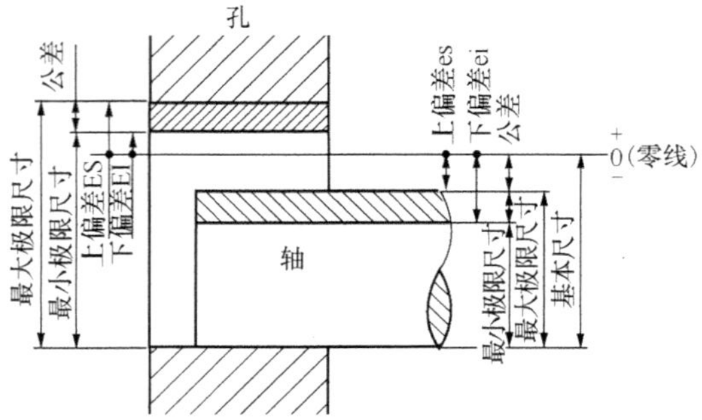

图 2-2　极限与配合示意图

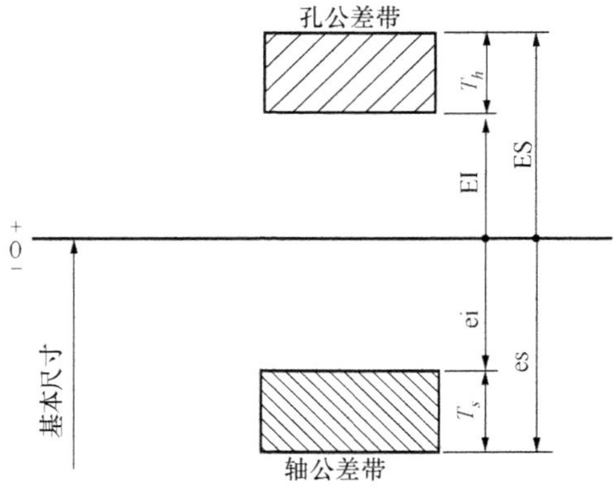

图 2-3　公差带图解

公差带图的作图方法见例 2-2。

例 2-2　作出孔 $\phi20^{+0.041}_{+0.020}$ 的公差带图。

解　(1) 绘制零线（零线是表示基本尺寸的一条水平直线，以零线为基准确定偏差）

绘制出一条水平线段作为零线。在零线左端标上“+”“−”号和“0”，在零线下方画一条指向零线的单向箭头线，并标上基本尺寸 $\phi20$，如图 2-4 (a) 所示。

(2) 绘制极限偏差线

将尺寸偏差按 1000∶1 的比例放大画出（常用的比例还有 500∶1），孔的上偏差为 +0.041mm，放大 1000 倍后变成 +41mm，即在零线上方 41mm 处划一水平线；孔的下偏差为 +0.020，放大 1000 倍后变成 +20mm，即在零线上方 20mm 处划一水平线。如图 2-4 (b) 所示。

小提示

正偏差位于零线上方，负偏差位于零线下方，零偏差与零线重合。

(3) 连接偏差线并绘制剖面线

在极限偏差线的两端分别画出垂直于偏差线的两条线段，围成一个矩形，在矩形内部绘制出剖面线，并在偏差线的相应位置标注出原上、下偏差，如图 2-4 (c) 所示。

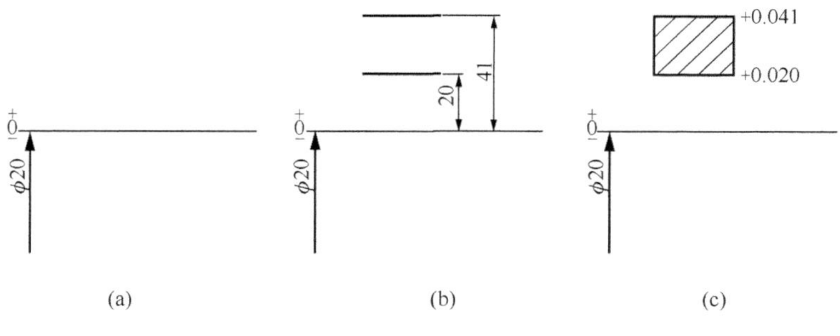

图 2-4　尺寸公差带图

小提示

读数前要校零，即将游标卡尺的两个量爪合拢，使游标零线与尺身零线对齐。

轴的尺寸公差带图画法与孔的尺寸公差带画法一致，但是相互配合的孔轴公差带图中画轴时要求剖面线的方向与孔的相反，间距疏密程度不同即可。

确定尺寸公差带的两个要素是公差带的大小和公差带的位置。公差带的大小是指上、下偏差线间的宽度，公差带的位置是指公差带相对于零线的位置，由靠近零线的上偏差或下偏差决定。

2.2 知识储备：测量误差与测量用具

任何测量过程，无论采用如何精密的测量方法，其测量值都不可能等于几何量的真实值，都会存在测量误差。

2.2.1 测量误差

测量误差产生的原因很多，归纳起来主要有以下几种。

1. 计量器具误差

计量器具误差是由于计量器具本身在设计、制造、装配和使用调整上的不准确而引起的。

2. 方法误差

方法误差是由于测量方法不完善引起的。如计算公式不准确，测量方法选择不当、工件安装定位不准确等引起的误差都属于方法误差。

3. 环境误差

环境误差是指测量时，测量环境不符合标准条件而产生的误差。影响测量环境的因素有温度、湿度、气压、振动、灰尘等，其中温度对测量误差影响最大。

4. 人员误差

人员误差是由于测量人员主观因素和操作技术水平所引起的误差。例如由测量人员视觉偏差、估读判断错误等引起的误差都属于人员误差。

测量误差是不可以避免的。在实际生产中，只要根据被测量的精度要求，合理选择计量器具、测量方法及环境，准确操作，将误差控制在一定范围内，就可以满足测量精度要求。

2.2.2 千分尺

1. 千分尺的结构、特点及用途

外径千分尺简称千分尺，是比游标卡尺更精密的长度计量器具。千分尺由尺架、固定套筒、测微螺杆、微分筒、测力装置、砧座、锁紧装置等组成，如图 2-5 所示。当旋转测力旋钮时，就带动微分筒和测微螺杆一起转动，并利用螺纹传动副沿轴向移动，使砧座和测微螺杆两个测量面之间的距离发生变化。

千分尺使用方便、读数准确，在生产中使用广泛。常用千分尺的测量范围有 0～25mm、25～50mm、50～75mm、75～100mm 等。

2. 千分尺的刻线原理

在千分尺的固定套管上刻有轴向中线，作为微分筒读数的基准线。在中线两侧，

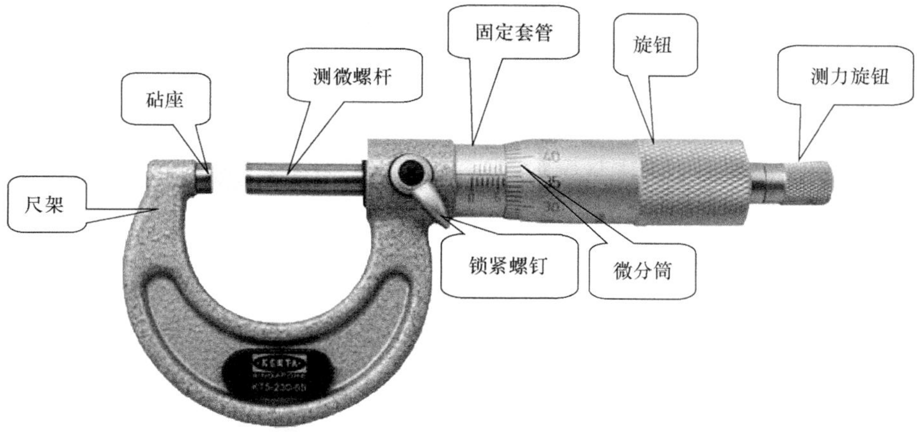

图 2-5 外径千分尺的结构

刻有两排刻线，每排刻线的间距为 1mm，上下两排相互错开 0.5mm。测微螺杆的螺距为 0.5mm，微分筒的外圆周上刻有 50 等分的刻度。当微分筒旋转一周时，螺杆轴向移动 0.5mm。若微分筒的只移动一格，则螺杆的轴向移动为 0.5÷50＝0.01（mm），因而 0.01mm 就是千分尺的分度值。

3. 千分尺的读数方法

1）读整数：从固定套筒上标有数字的一侧读出整数刻度。

2）读小数：从固定套管半刻度线一侧读出半毫米数，再从微分筒上找到与固定套管基准线对齐的刻线，将此刻线数乘以 0.01mm 就是小于 0.5mm 的小数部分的读数。

3）把以上两部分读数值相加即为测量值。

4. 使用注意事项

1）测量前，使用人员应将测量面的油污擦干净，检查千分尺各部分是否正常，尤其是校验零位是否对齐，即观察微分筒上的零线与固定套管的中线是否对齐，如有偏差，应送检验部门调整或加修正值。

2）测量时，先旋转旋钮，如图 2-6（a）所示，在测微螺杆快靠近被测物体时应停止使用旋钮，而改用测力旋钮，如图 2-6（b）所示，避免测量力过大影响测量精度。

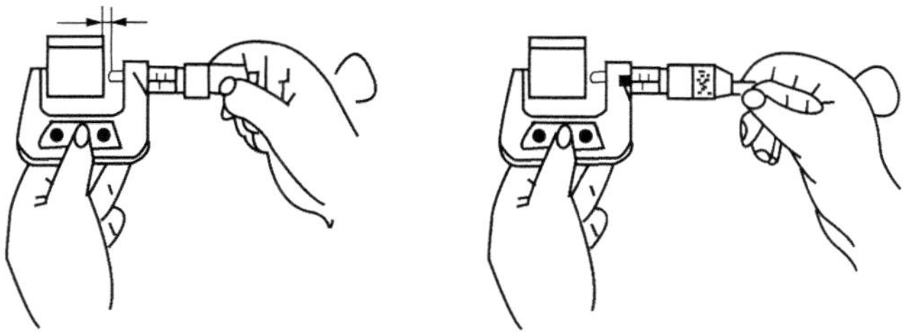

(a) (b)

图 2-6 外径千分尺测量零件

3）读数时最好不要从工件上取下千分尺，如需取下，必须先锁紧测微螺杆，然后再轻轻取下，以防止尺寸变动产生测量误差。

2.2.3 内径千分尺

1. 内径千分尺的结构、特点及用途

内径千分尺是用来测量孔径、槽宽和两个内端面之间距离等各种内尺寸，其结构如图 2-7 所示。内径千分尺主要由量爪、锁紧装置、固定套管、微分筒、螺杆和测力装置等组成。

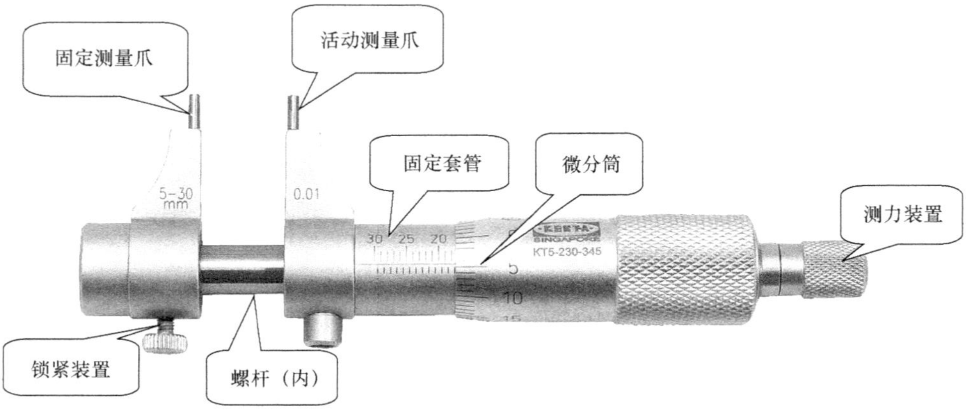

图 2-7 内径千分尺结构

内径千分尺有 5～30mm 和 25～50mm 两种测量范围，其分度值为 0.01mm。

2. 刻线原理与读数方法

内径千分尺固定套管上的刻线与外径千分尺刻线相反，但读数方法与外径千分尺相同，如图 2-8 所示。

3. 注意事项

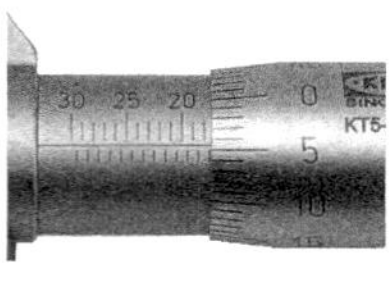

图 2-8 内径千分尺读数

1）使用前应先清洁测量面，并校准零位。校零方法是用测力装置使量爪两测量面接触，然后使其分别与校对环规（或校对卡规）的量面接触，看微分筒上的零线与固定套管上的零线是否重合，若不重合，则要进行调整，直至零线对齐。

2）不得把量爪当做固定卡规使用，以免量爪加快磨损。

2.2.4 其他类型千分尺简介

千分尺按其用途可分为外径千分尺、内径千分尺、深度千分尺、螺纹千分尺、公法线千分尺等，它们的读数原理和读数方法与外径千分尺相同，只是由于用途不同，在外形和结构上有所差异，如图 2-9 所示。

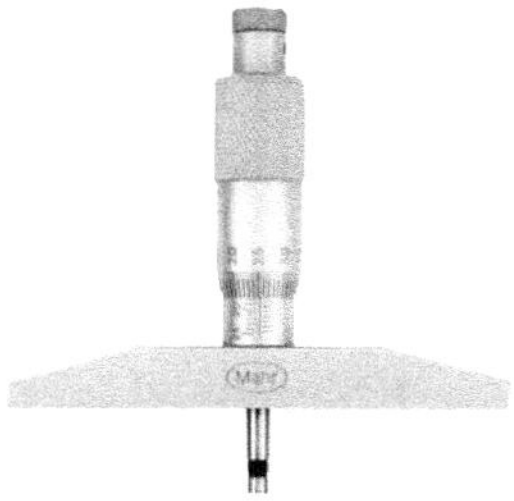

(a) 深度千分尺

(b) 螺纹千分尺

(c) 壁厚千分尺

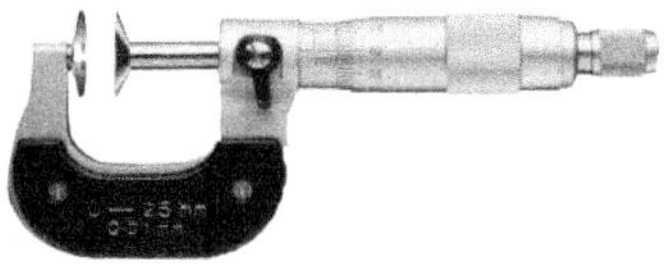

(d) 公法线千分尺

图 2-9　其他类型千分尺

2.3　任务实施

选用合适的千分尺，对图 2-10 所示零件进行测量，并判断该零件相关尺寸是否符合图样要求。

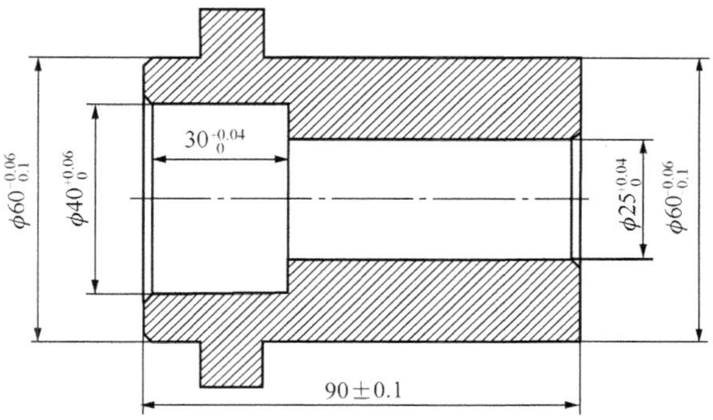

(a)

(b)

图 2-10　轴套

2.3.1　实施程序

1. 分析图样与零件

读图 2-10 并分析该零件，本实验一共需要测量六个尺寸，根据尺寸选择合适的千分尺。

2. 测量并记录

用不同的千分尺分别对六个尺寸进行多次测量，并做好实验数据记录。

3. 判断合格性

判断零件的实际尺寸是否合格的方法：把测量后计算得出的实际偏差与极限偏差进行比较，若实际偏差不大于上偏差且不小于下偏差，则该尺寸合格，反之则该尺寸不合格。

4. 工量具归位

实验完成后，清理、清洁工具、量具，并放入相应的工具箱或量具盒中。

2.3.2 数据分析

填写测量数据，并对其中的数据进行分析、计算，从而判断出尺寸是否合格，填入数据分析表（表 2-1）中。

表 2-1 数据分析表

图样尺寸	上偏差	下偏差	基本尺寸	实际尺寸	实际偏差	是否合格	超差值
$30^{+0.04}_{0}$							
90 ± 0.1							
$\phi60^{-0.06}_{-0.1}$							
$\phi40^{+0.06}_{0}$							
$\phi25^{+0.04}_{0}$							
$\phi60^{-0.06}_{-0.1}$							

实验结论

操作者成绩评价

学后自测

一、填空题

1. 外径千分尺测微螺杆的螺距为________ mm，当微分筒旋转一周时，测微螺杆轴向移动________ mm，微分筒的外圆周上刻有________等分的刻度，则微分筒每转动一格时测微螺杆的轴向移动为________ mm。

2. 内径千分尺的分度值为__________ mm。

3. 尺寸公差是指尺寸允许的__________。

4. 零件的尺寸合格时，其实际尺寸应在__________和__________之间。

5. 极限偏差是__________尺寸减__________尺寸所得的代数差。

6. 测量误差产生的原因很多，主要原因有__________、__________、__________、__________四大类。

二、选择题

1. 尺寸 $\phi40^{+0.30}_{+0.20}$ 的公差为（　　）mm。

A. 0.3　　B. +0.1　　C. 0.1　　D. +0.3

2. 尺寸公差带图的零线表示（　　）。

A. 最大极限尺寸　　B. 最小极限尺寸　　C. 基本尺寸　　D. 实际尺寸

3. 千分尺上棘轮的作用是（　　）。

A. 校正千分尺的零位　　B. 便于旋转微分筒

C. 限制测量力　　D. 补偿温度变化的影响

4. 最小极限尺寸与基本尺寸的代数差称为（　　）。

A. 上偏差　　B. 下偏差　　C. 误差　　D. 公差带

三、判断题

1. 使用千分尺时，用等温方法将千分尺和被测件保持同温，这样可以减少温度对测量结果的影响。（　　）

2. 千分尺微分筒上均匀刻有 100 格。（　　）

3. 千分尺在使用前，应进行校零。（　　）

4. 读数时由于看错读数值产生的误差属于方法误差。（　　）

5. 尺寸公差是最大极限尺寸与最小极限尺寸的差，所以只能是正值。（　　）

四、解答题

1. 读出下列千分尺的数值。

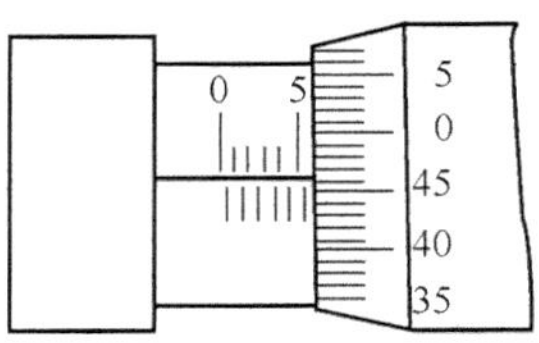

(a) 读数为______

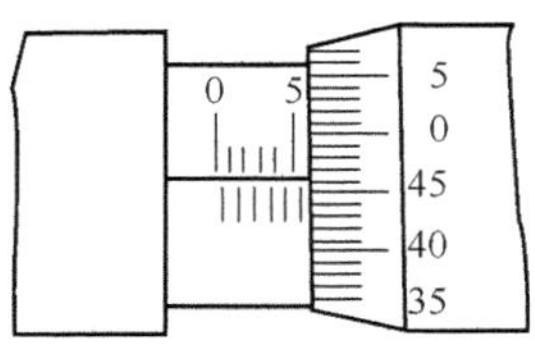

(b) 读数为______

2. 求出下列孔、轴的基本尺寸、极限尺寸，并分别绘制尺寸公差带图。

(1) 孔：$\phi50^{-0.025}_{-0.050}$ mm

(2) 轴：$\phi50^{+0.015}_{-0.010}$ mm

任务3 万能角度尺测量零件角度

【知识目标】

1. 理解标准公差与一般公差的含义。
2. 理解基本偏差的含义与作用。
3. 熟悉孔轴配合代号的含义。
4. 掌握万能角度尺的结构、刻线原理。

【技能目标】

1. 能够正确标注尺寸公差带代号。
2. 掌握正确的查询标准公差数值的方法。
3. 掌握尺寸公差带代号的标注方法。
4. 熟练使用万能角度尺测量零件的角度。
5. 熟练使用游标卡尺测量尺寸。

【任务描述】

本任务主要是用万能角度尺测量图3-1所示零件的角度尺寸，判断零件尺寸是否合格。

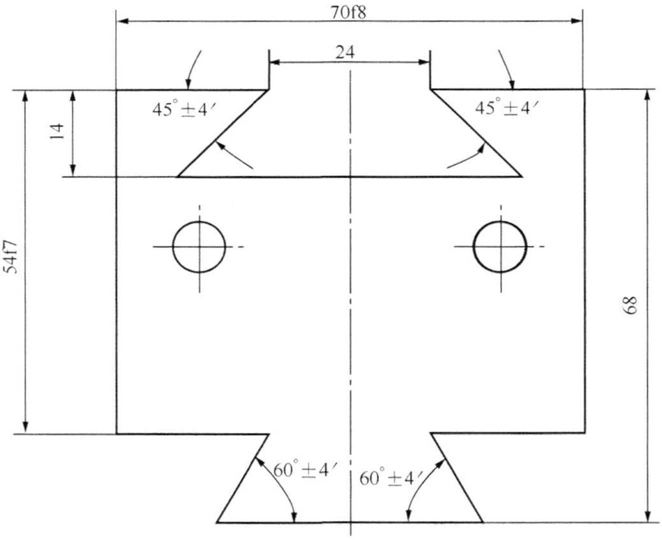

图3-1 燕尾件

3.1 知识储备：公差

3.1.1 标准公差和基本偏差

国家标准规定了尺寸公差带由标准公差和基本偏差两个要素组成。标准公差确定公差带的大小，而基本偏差确定公差带的位置，如图 3-2 所示。

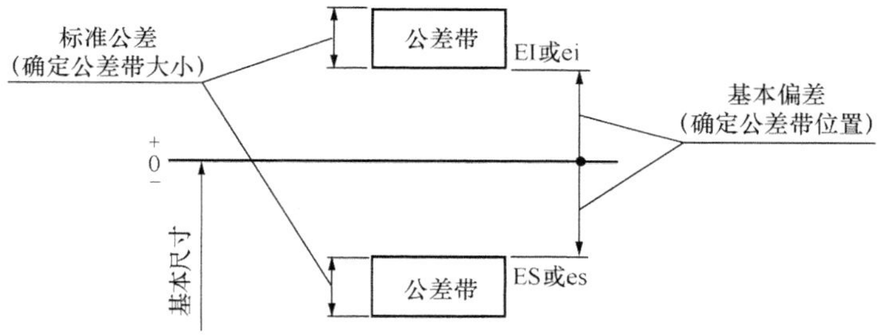

图 3-2 尺寸公差带的组成

1. 标准公差

为便于生产，实现零件的互换性及满足不同的使用要求，国家标准《极限与配合》规定的任一公差称为标准公差。标准公差数值由标准公差等级和基本尺寸来确定。

（1）标准公差等级

确定尺寸精确程度的等级称为公差等级。标准公差等级由标准公差符号和公差等级数字组成。标准公差符号用字母“IT”表示，公差等级共分为 20 级，公差等级数字依次为数字 01，0，1，2，3，4，…，16，17，18。公差等级的表示方法为 IT01，IT0，IT1，IT2，TI3，IT4，…，IT16，IT17，IT18。其中 IT01 精度最高，IT18 精度最低；精度从 IT01 到 IT18 依次降低。

（2）基本尺寸分段

国家标准对基本尺寸进行了分段。尺寸分段后，可以简化公差表格，有利于实现标准化。

标准公差的具体数值见有关标准。标准公差的具体数值可查表 3-1 得到。

表 3-1 标准公差数值表（摘自 GB/T 1800.3—1998）

基本尺寸/mm		标准公差等级																	
		IT1	IT2	IT3	IT4	IT5	IT6	IT7	IT8	IT9	IT10	IT11	IT12	IT13	IT14	IT15	IT16	IT17	IT18
大于	至	μm											mm						
—	3	0.8	1.2	2	3	4	6	10	14	25	40	60	0.1	0.14	0.25	0.4	0.6	1	1.4
3	6	1	1.5	2.5	4	5	8	12	18	30	48	75	0.12	0.18	0.3	0.48	0.75	1.2	1.8
6	10	1	1.5	2.5	4	6	9	15	22	36	58	90	0.15	0.22	0.36	0.58	0.9	1.5	2.2
10	18	1.2	2	3	5	8	11	18	27	43	70	110	0.18	0.27	0.43	0.7	1.1	1.8	2.7
18	30	1.5	2.5	4	6	9	13	21	33	52	84	130	0.21	0.33	0.52	0.84	1.3	2.1	3.3
30	50	1.5	2.5	4	7	11	16	25	39	62	100	160	0.25	0.39	0.62	1	1.6	2.5	3.9
50	80	2	3	5	8	13	19	30	46	74	120	190	0.3	0.46	0.74	1.2	1.9	3	4.6
80	120	2.5	4	6	10	15	22	35	54	87	140	220	0.35	0.54	0.87	1.4	2.2	3.5	5.4
120	180	3.5	5	8	12	18	25	40	63	100	160	250	0.4	0.63	1	1.6	2.5	4	6.3
180	250	4.5	7	10	14	20	29	46	72	115	185	290	0.46	0.72	1.15	1.85	2.9	4.6	7.2

续表

基本尺寸/mm		标准公差等级																	
		IT1	IT2	IT3	IT4	IT5	IT6	IT7	IT8	IT9	IT10	IT11	IT12	IT13	IT14	IT15	IT16	IT17	IT18
大于	至	μm											mm						
250	315	6	8	12	16	23	32	52	81	130	210	320	0.52	0.81	1.3	2.1	3.2	5.2	8.1
315	400	7	9	13	18	25	36	57	89	140	230	360	0.57	0.89	1.4	2.3	3.6	5.7	8.9
400	500	8	10	15	20	27	40	63	97	155	250	400	0.63	0.97	1.55	2.5	4	6.3	9.7
500	630	9	11	16	22	32	44	70	110	175	280	440	0.7	1.1	1.75	2.8	4.4	7	11
630	800	10	13	18	25	36	50	80	125	200	320	500	0.8	1.25	2	3.2	5	8	12.5
800	1000	11	15	21	28	40	56	90	140	230	360	560	0.9	1.4	2.3	3.6	5.6	9	14
1000	1250	13	18	24	33	47	66	105	165	260	420	660	1.05	1.65	2.6	4.2	6.6	10.5	16.5
1250	1600	15	21	29	39	55	78	125	195	310	500	780	1.25	1.95	3.1	5	7.8	12.5	19.5
1600	2000	18	25	35	46	65	92	150	230	370	600	920	1.5	2.3	3.7	6	9.2	15	23
2000	2500	22	30	41	55	78	110	175	280	440	700	1100	1.75	2.8	4.4	7	11	17.5	28
2500	3150	26	36	50	68	96	135	210	330	540	860	1350	2.1	3.3	5.4	8.6	13.5	21	33

注：1）基本尺寸大于 500mm 的 IT1～IT5 的标准公差数值为试行的。

2）基本尺寸小于或等于 1mm 时，无 IT14～IT18。

同一基本尺寸分段中的不同基本尺寸，只要公差等级相同，则其标准公差值就相同。例如基本尺寸为 25，公差等级为 IT7 时，公差值为 0.021mm；基本尺寸为 29，公差等级依然为 IT7 时，公差值依然为 0.021mm，这是因为 25 与 29 都位于《标准公差数值表》中的同一基本尺寸分段中，而且两者公差等级相同，其公差值必然一样。

同一基本尺寸公差等级不同，则其公差值不同。例如基本尺寸为 25，公差等级为 IT7 时，公差值为 0.021mm，公差等级为 IT8 时，其公差值为 0.033mm。可见，同一基本尺寸，公差等级越低，其公差值越大，精度也越低，加工也越容易。

同一公差等级，基本尺寸位于不同的分段中，则其公差值也不同。例如基本尺寸为 25，公差等级为 IT7 时，公差值为 0.021mm；基本尺寸为 55，公差等级为 IT7 时，公差值为 0.030mm。可见，同一公差等级不同分段内的基本尺寸，其公差值不同，随着尺寸变大其公差值也相应增大，说明其尺寸精度一样，加工难易程度一样。

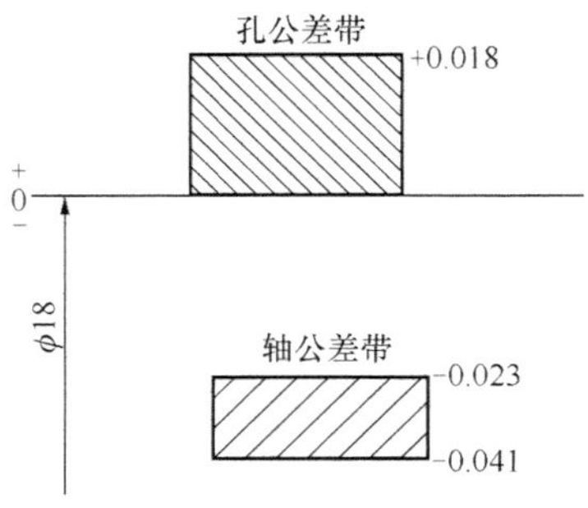

图 3-3　孔、轴的基本偏差

2. 基本偏差

基本偏差是确定尺寸公差带位置的偏差。在公差带图中，基本偏差是指上下偏差中靠近零线的那个偏差。例如图 3-3 所示，孔的基本偏差为 0，轴的基本偏差为−0.023。

国家标准对孔和轴均规定了 28 个不同的基本偏差。基本偏差代号用拉丁字母表示，大写字母表示孔，小写字母表示轴。图 3-4 是孔和轴的 28 个基本偏差系列图。

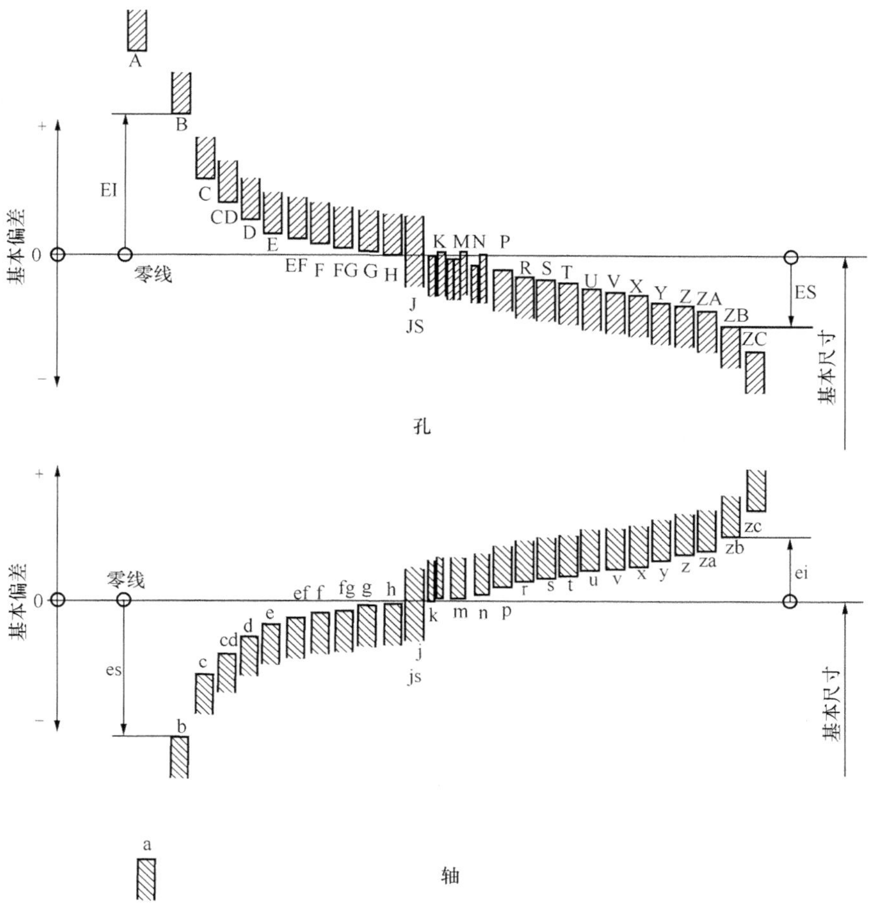

图 3-4　基本偏差系列图

从基本偏差系列图可知，轴的基本偏差从 a 到 h 为上偏差（es），且是负值，其绝对值依次减小；从 j 到 zc 为下偏差（ei），且是正值，其绝对值依次增大。

孔的基本偏差从 A 到 H 为下偏差（EI），且是正值，其绝对值依次减小，从 J 到 ZC 为上偏差（Es），且是负值，其绝对值依次增大；其中 H 和 h 的基本偏差为零。JS 和 js 对称于零线，其上，下偏差分别为＋IT/2 和－IT/2。

基本偏差系列图只表示了公差带的各种位置，所以只画出属于基本偏差的一端，另一端则是开口的，即公差带的另一端取决于标准公差（IT）的大小。这种公差带我们称为开口公差带。显然，孔和轴的另一个极限偏差数值不需要加以规定，可用下列公式计算而得到

对于孔　　$ES=EI+IT$ 或 $EI=ES-IT$　　(3-1)

对于轴　　$es=ei+IT$ 或 $ei=es-IT$　　(3-2)

例 3-1　已知孔的基本尺寸为 125，其公差等级为 IT8，基本偏差代号为 E，试查表求其基本偏差数值和标准公差值，并计算另一极限偏差。

解　查附表二“孔的基本偏差数值”，得其基本偏差为下偏差 EI＝＋0.085mm；查

标准公差数值表，得其标准公差值 IT=0.063mm。

根据公式（3-1）计算另一极限偏差，即

$$ES=EI+IT=+0.085+0.063=+0.148\ (mm)$$

3.1.2 一般公差（线性尺寸的未注公差）

一般公差就是图样上不单独注出公差（极限偏差）或公差代号，而是在图样上、技术文件或标准（企业标准或行业标准）中，做出总的说明的公差要求。它是在车间普通工艺条件下，机床设备一般加工能力可保证的公差，在正常维护和操作情况下，它代表经济加工精度。

一般公差主要用于零件上无特殊要求的尺寸、精度较低的非配合尺寸以及由工艺方法保证的尺寸。一般公差与标注公差区别开来的好处在于，有利于简化制图、节省设计时间和减少产品检验要求，而且突出了有公差要求的重要尺寸，以便于在加工和检验时引起足够的重视。

1. 一般公差的公差等级和极限偏差数值

一般公差分精密 f、中等 m、粗糙 c、最粗 v 共 4 个公差等级。按未注公差的线性尺寸给出了各公差等级的极限偏差数值（表 3-2 和表 3-3）。

表 3-2 线性尺寸的极限偏差数值（摘自 GB/T 1804—2000） （单位：mm）

公差等级	基本尺寸分段							
	0.5～3	>3～6	>6～30	>30～120	>120～400	>400～1000	>1000～2000	>2000～4000
精密 f	±0.05	±0.05	±0.1	±0.15	±0.2	±0.3	±0.5	—
中等 m	±0.1	±0.1	±0.2	±0.3	±0.5	±0.8	±1.2	±2
粗糙 c	±0.2	±0.3	±0.5	±0.8	±1.2	±2	±3	±4
最粗 v	—	±0.5	±1	±1.5	±2.5	±4	±6	±8

表 3-3 倒圆半径和倒角高度尺寸的极限偏差数值（摘自 GB/T 1804—2000） （单位：mm）

公差等级	基本尺寸分段			
	0.5～3	>3～6	>6～30	>30
精密 f	±0.2	±0.5	±1	±2
中等 m				
粗糙 c	±0.4	±1	±2	±4
最粗 v				

2. 一般公差的表示方法

一般公差在表示时，是由一般公差标准号和公差等级符号组成，并在两者之间用一短横线隔开表示。例如选用 f（精密级）时，则表示为 GB/T 1804－f，这表明图样中凡一般公差的线性尺寸均按 f（精密级）加工和检验。

3.1.3　公差带代号

孔、轴的公差带代号由基本偏差代号和公差等级代号组成。例如 ϕ60E8、ϕ30f7。

例 3-2　试说明尺寸公差带代号 ϕ50H8、ϕ60f7 的含义。

解

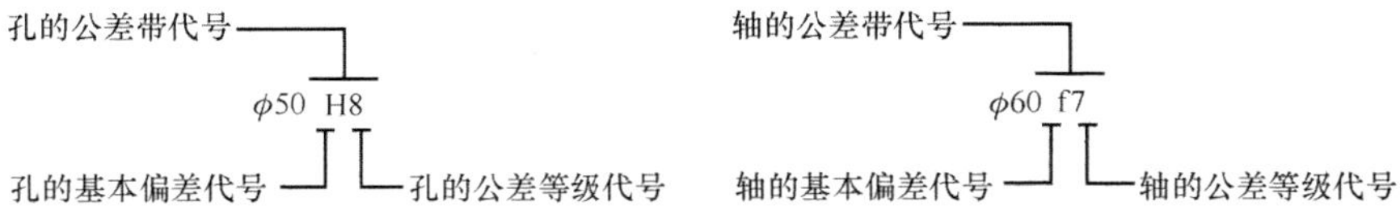

尺寸公差在图样上标注形式有三种，如图 3-5 所示。

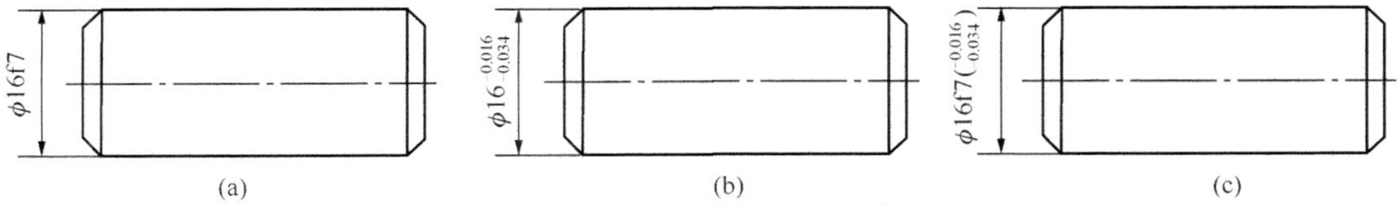

图 3-5　尺寸公差的标注形式

图 3-5（a）用公差带代号标注尺寸公差，能直观判断其配合性质和公差等级，常用于大批量生产的零件图上。

图 3-5（b）用极限偏差标注尺寸公差，数值明确，便于加工与检验，常用于单件或小批量生产的零件图上。

图 3-5（c）采用公差带代号和极限偏差同时标注尺寸公差，清晰但复杂，多用于中、小批量生产的零件图上。

3.1.4　一般、常用和优先公差带

GB/T 1801—1999 规定了基本尺寸≤500mm 的一般用途轴的公差带 116 个和孔的公差带 105 个，再从中选出常用轴的公差带 59 个和孔的公差带 44 个，并进一步挑选出孔和轴的优先用途公差带各自 13 个。在图形中，方框中表示常用公差带，圆圈表示优先公差带（图 3-6 和图 3-7）。

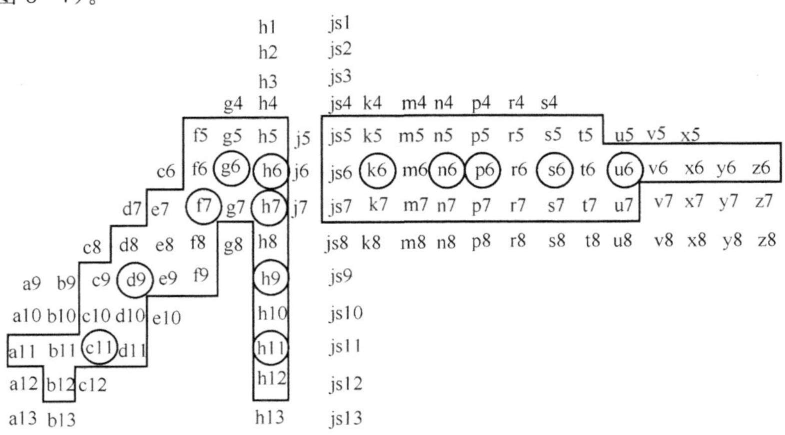

图 3-6　基本尺寸≤500mm 的一般、常用和优先轴公差带

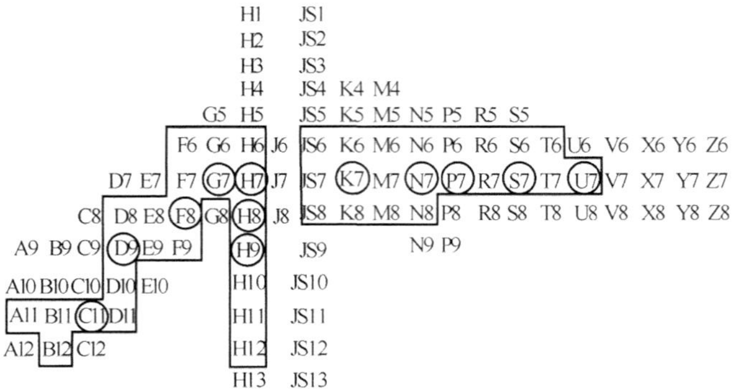

图 3-7　基本尺寸≤500mm 的一般、常用和优先孔公差带

公差带选择原则：先选优先公差带，其次是常用公差带，最后选择一般用途公差带。

3.2　知识储备：角度测量器具

在机械加工中，我们有时需要测量零件的内外角度，万能角度尺是测量角度常用的器具之一。

3.2.1　万能角度尺

万能角度尺是测量工件内外角度的量具，分度值有 5′和 2′两种，根据尺身形状不同可分为扇形（Ⅰ型）和圆形（Ⅱ型）两种。我们介绍Ⅰ型万能角度尺。

1. 结构

Ⅰ型万能角度尺主要由尺身、游标、基尺、直尺、角尺、制动器、夹块、扇形板等部分组成，如图 3-8 所示。

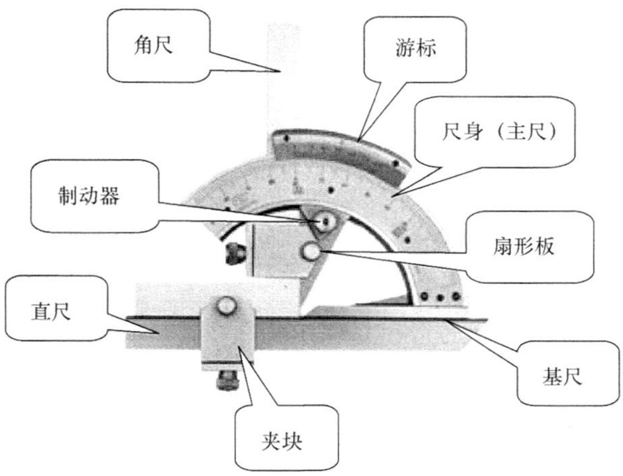

图 3-8　Ⅰ型万能角度尺结构图

2. 刻线原理

我们常用的是分度值为 2′的万能角度尺，其刻线原理图如图 3-9 所示。尺身刻线每格为 1°，游标刻线共 30 格 29°，即游标的每一小格为（29/30)°，与尺身一格相差 2′，即分度值为 2′。

3. 读数方法

万能角度尺的读数方法类似于游标卡尺，读数步骤如下：

1）先读尺身在游标零线前的整度数。

2）判断游标上第几根刻线与尺身刻线对齐，用游标刻线序号乘以分度值即为“分”的数值。

3）将两者相加即为所测角度值。

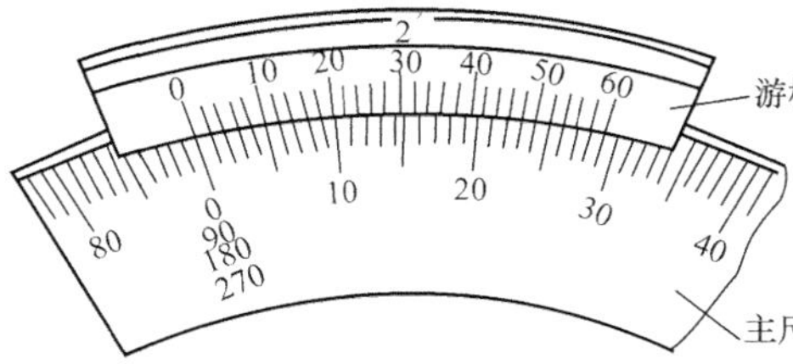

图 3-9　万能角度尺刻线原理图

4. 测量范围

万能角度尺可以测量 0°～320°的任意角度。根据所测角度的不同，可以将直尺、角尺与扇形板以不同方式组合，如图 3-10 所示。

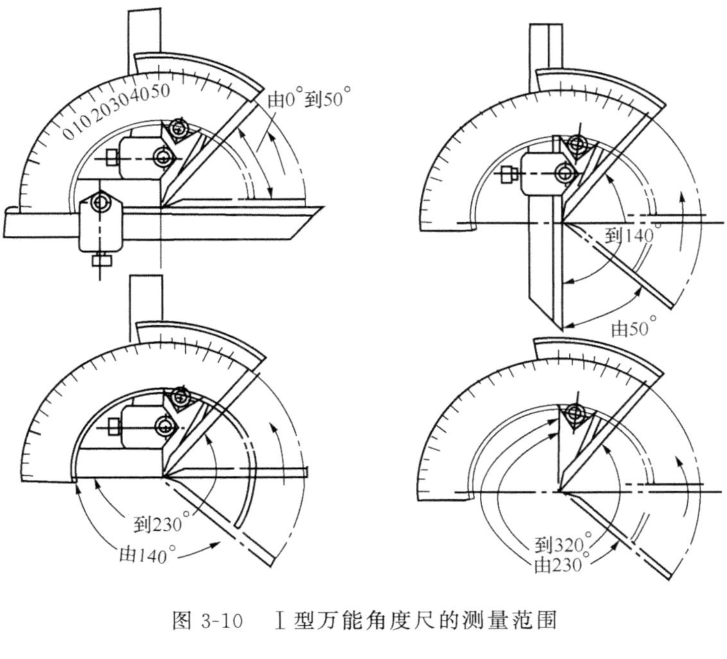

图 3-10　Ⅰ型万能角度尺的测量范围

由图 3-10 可见，将角尺与直尺都安装上时，其测量范围为 0°～50°；取下角尺时，其测量范围变为 50°～140°；安上角尺并取下直尺时，其测量变为 140°～230°；将直尺、角尺都取下时，其测量范围为 230°～320°。

5. 使用注意事项

1）测量前应先校准零位。万能角度尺的零位是当角尺与直尺均装上，而角尺的底边及基尺与直尺无间隙接触，此时尺身与游标的零线应对齐。

2）要根据被测工件的不同角度，正确搭配使用直尺和角尺。

3）测量时，工件应与万能角度尺的两个测量面在全长上接触良好，避免误差。

3.2.2 其他角度测量器具的简介

除了Ⅰ型万能角度尺，图 3-11 中的角度样板、Ⅱ型万能角度尺等在实际应用也是很广泛的。

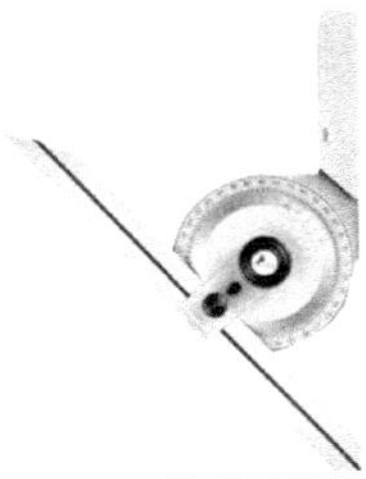

Ⅱ型万能角度尺

数显万能角度尺

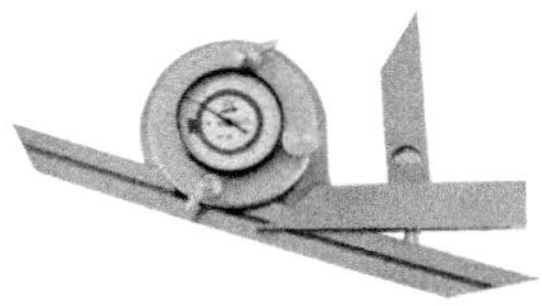

带表万能角度尺

角度样板

图 3-11 其他角度测量器具

3.3 任务实施

用万能角度尺、外径千分尺对图 3-12 所示零件进行测量，并对测量数据进行分析、处理，判断出线性尺寸、角度尺寸是否符合图纸要求。

3.3.1 实施程序

1. 分析图样与零件

1）读图 3-12，并分析该零件，实验需要测量的尺寸共有九个，既有线性尺寸，又有角度尺寸。

2）确定测量方法，选择合适的量具：万能角度尺、外径千分尺。

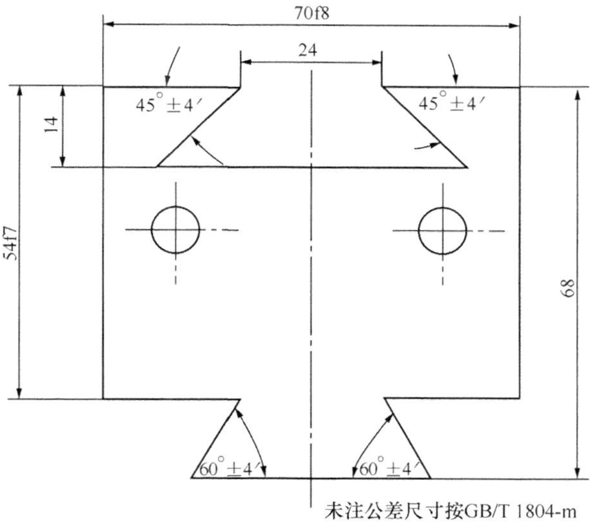

图 3-12　燕尾件

2. 测量并记录

1）清理万能角度尺与外径千分尺的测量面与待测零件表面。
2）将两种量具分别进行校零。
3）使用万能角度尺对待测零件的角度进行正确测量，并做好实验记录。
4）使用外径千分尺对待测零件的线性尺寸进行正确测量，并做好实验记录。

3. 判断合格性

判断零件的实际尺寸是否合格的方法：若测出的下燕尾不小于 59°56′且不大于 60°4′，则说明该角度合格，若在此范围以外，则说明角度误差超差不合格；若测出的上燕尾不小于 44°56′且不大于 45°4′，则说明该角度合格，若在此范围以外，则说明角度误差超差不合格。

其余的线性尺寸的判断方法：实际测量尺寸位于两极限尺寸间则该尺寸为合格尺寸，否则为不合格。

4. 工量具归位

实验完成后，清理、清洁工具、量具，并放入相应的工具箱或量具盒中。

3.3.2　数据分析

填写实验数据，对其中的尺寸进行分析，从而判断出尺寸是否合格，将结果填入数据分析表 3-4 中。

表 3-4　数据分析表

角度尺寸	最大极限角度	最小极限角度	角度尺的组合方式	实测尺寸值	是否合格	超差值
60°±4′（左侧）						
60°±4′（右侧）						
45°±4′（左侧）						
45°±4′（右侧）						
线性尺寸	上偏差	下偏差	基本偏差	实测尺寸值	是否合格	超差值
70f8						
54f7						
14						
24						
68						

“未注公差尺寸按 GB/T 1804-m”的含义

实验结论

操作者成绩评价

学后自测

一、填空题

1. 确定标准公差数值的两个因素是__________和__________。

2. 国家标准对一般公差规定了四个等级，即__________、__________、__________和__________。

3. 孔和轴各有__________个基本偏差代号。孔和轴同字母的基本偏差相对于零线基本呈__________分布。

4. 万能角度尺的种类按其精度可分为__________和__________两种。

5. 尺寸 ϕ48F6 中，“6”代表__________。

二、选择题

1. 国标规定，对于一定的基本尺寸，其标准公差共有（　　）个等级。

A. 10　　B. 18　　C. 20　　D. 28

2. 比较不同尺寸的精度，取决于（　　）。

A. 偏差值的大小　　B. 公差值的大小

C. 公差等级的大小　　D. 公差单位数的大小

3. ϕ20f6、ϕ20f7、ϕ20f8 三个公差带（　　）

A. 上、下偏差相同　　B. 上偏差相同、下偏差不相同

C. 上、下偏差都不同　　D. 下偏差相同、上偏差不相同

4. 用来测量工件内外角度的量具是（　　）。

A. 万能角度尺　　B. 内径千分尺

C. 游标卡尺　　D. 量块

5. 万能角度尺在 50°～140°的测量范围内，应装（　　）。

A. 角尺　　B. 直尺

C. 角尺和直尺　　D. 角尺、直尺和夹块

6. 万能角度尺的测量范围为（　　）。

A. 0°～120°　　B. 0°～180°　　C. 0°～320°　　D. 0°～210°

三、判断题

1. 孔轴公差带代号由基本偏差代号和标准公差带等级代号组成。（　　）

2. 用以确定公差带相对于零线位置的上偏差或下偏差称为尺寸公差。（　　）

3. 选用公差带时，应按常用、优先、一般用途公差带的顺序选取。（　　）

任务4 百分表、量块测直径

【知识目标】

1. 掌握孔、轴公差带的配合性质。
2. 掌握百分表的结构与原理。
3. 掌握量块的尺寸系列与精度。

【技能目标】

1. 掌握判断孔轴配合性质的方法。
2. 掌握计算极限盈隙的方法。
3. 掌握量块、百分表测量零件的方法。

【任务描述】

本任务是根据配合的特点和性质，用百分表、量块对图 4-1 零件的图示尺寸进行测量，判断零件尺寸是否合格。

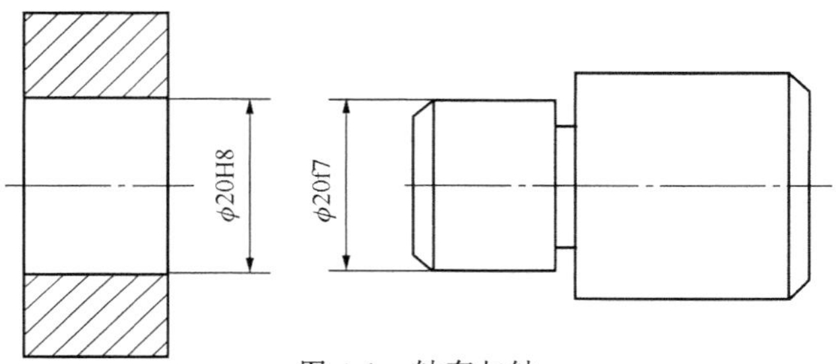

图 4-1 轴套与轴

4.1 知识储备：配合

基本尺寸相同的、相互结合的孔和轴公差带之间的关系，称为配合。

孔轴公差带之间的不同关系，决定了孔、轴配合的松紧程度，也就是决定了孔轴的配合性质。孔轴公差带的位置关系如图 4-2 所示，图 4-2（a）为孔公差带位于轴公差带之上，为间隙配合；图 4-2（b）为孔公差带位于轴公差带之下，为过盈配合；图 4-2（c）为孔公差带与轴公差带有部分交叠，为过渡配合。

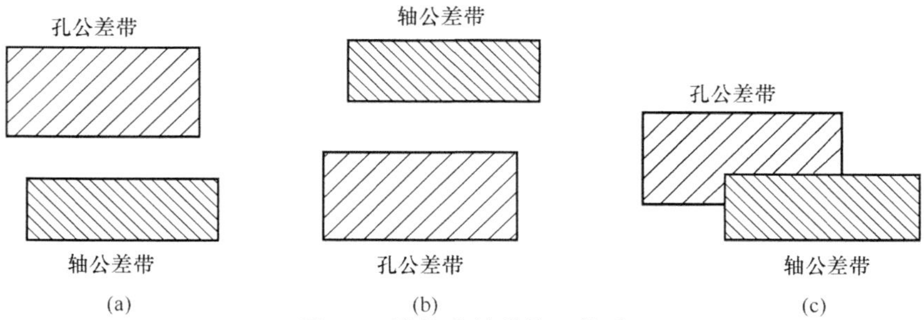

图 4-2 孔轴公差带位置关系

小提示

孔轴的配合性质共分为 3 种，分别是间隙配合、过盈配合、过渡配合。

4.1.1　间隙配合

孔轴装配时，孔的尺寸减去轴的尺寸大于零或等于零时，称为间隙。

孔与轴装配时，总是有间隙（包括最小间隙等于零）的配合，称为间隙配合。如图 4-3 所示，（a）图为间隙大于零时的间隙配合，（b）图为间隙等于零时的间隙配合。

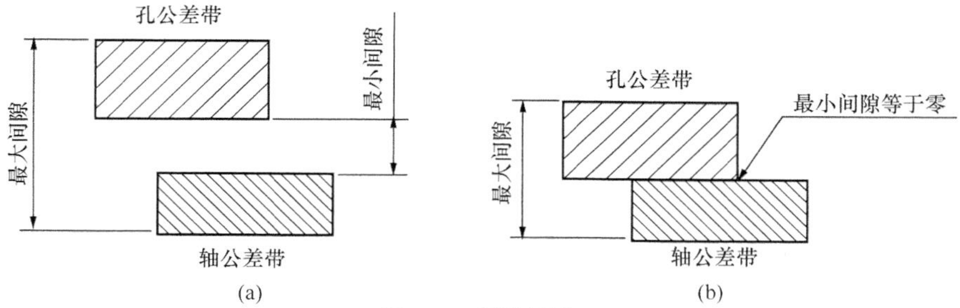

图 4-3　间隙配合

由于零件尺寸合格的条件是实际尺寸不小于最小极限尺寸且不大于最大极限尺寸，因此配合时孔与轴的实际尺寸也不一定每个都是完全相同的，这说明不同尺寸的孔轴配合的间隙大小也有可能是不同的。孔轴间隙值的大小用字母“X”表示，间隙值前应标有“＋”号。最大间隙用“X_{max}”表示，最小间隙用“X_{min}”表示。

用最大极限尺寸的孔与最小极限尺寸的轴装配时，孔轴配合处于最松状态，此时产生的间隙为最大间隙，其表达式为

$$X_{max} = D_{max} - d_{min} \quad \text{或者} \quad X_{max} = \mathrm{ES} - \mathrm{ei} \qquad (4\text{-}1)$$

用最小极限尺寸的孔与最大极限尺寸的轴装配时，孔轴配合处于最紧状态，此时产生的间隙为最小间隙，其表达式为

$$X_{min} = D_{min} - d_{max} \quad \text{或者} \quad X_{min} = \mathrm{EI} - \mathrm{es} \qquad (4\text{-}2)$$

最大间隙与最小间隙统称为极限间隙，它们表示间隙配合中允许间隙变动的两个界限值。在间隙配合中，孔轴配合的实际间隙位于极限间隙之间才是合格的。

小提示

1. 间隙配合中，孔的最小极限尺寸等于轴的最大极限尺寸时，最小间隙为零，称为零间隙。

2. 孔轴的间隙值前标有“＋”号，零间隙除外，即间隙值为“0”时，前面不能加“＋”号。

4.1.2　过盈配合

孔轴装配时，孔的尺寸减去轴的尺寸小于零或等于零时，称为过盈。

孔与轴装配时有过盈（包括最小过盈等于零的配合）的配合称为过盈配合。如图 4-4 所示，(a) 图为过盈不为零时的过盈配合，(b) 图为过盈等于零时的过盈配合。

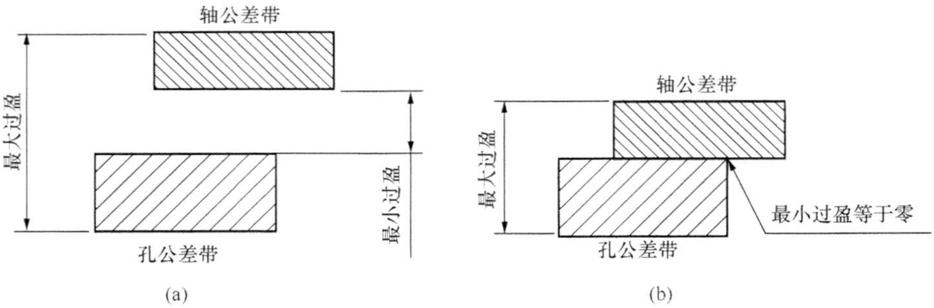

图 4-4　过盈配合

由于零件尺寸合格的条件是实际尺寸不小于最小极限尺寸且不大于最大极限尺寸，因此配合时孔与轴的实际尺寸也不一定每个都是完全相同的，这说明不同尺寸的孔轴配合的过盈大小也有可能是不同的。孔轴过盈值的大小用字母“Y”表示，过盈值前应标有“—”号。最大过盈用“Y_{max}”表示，最小过盈用“Y_{min}”表示。

用最小极限尺寸的孔与最大极限尺寸的轴装配时，孔轴配合处于最紧状态，此时产生的过盈为最大过盈，其表达式为

$$Y_{max} = D_{min} - d_{max} \quad 或者 \quad Y_{max} = EI - es \tag{4-3}$$

用最大极限尺寸的孔与最小极限尺寸的轴装配时，孔轴配合处于最松状态，此时产生的过盈为最小过盈，其表达式为

$$Y_{min} = D_{max} - d_{min} \quad 或者 \quad Y_{min} = ES - ei \tag{4-4}$$

最大过盈与最小过盈统称为极限过盈，它们表示过盈配合中允许过盈变动的两个界限值。在过盈配合中，孔轴配合的实际过盈值位于极限过盈值之间才是合格的。

小提示

1. 过盈配合中，孔的最大极限尺寸等于轴的最小极限尺寸时，最小过盈为零，称为零过盈。

2. 孔轴的过盈值前应标有“—”号，零过盈除外，即过盈值为“0”时，前面不能加“—”号。

4.1.3　过渡配合

孔与轴装配时，可能有间隙或过盈的配合，称为过渡配合。如图 4-5 所示，(a，b，c)三种情况都是过渡配合的孔公差带与轴公差带有部分互相交叠的情形。

用最大极限尺寸的孔与最小极限尺寸的轴装配时，孔轴配合处于最松状态，此时产生的间隙为最大间隙 X_{max}，其表达式为

$$X_{max} = D_{max} - d_{min} \quad 或者 \quad X_{max} = ES - ei \tag{4-5}$$

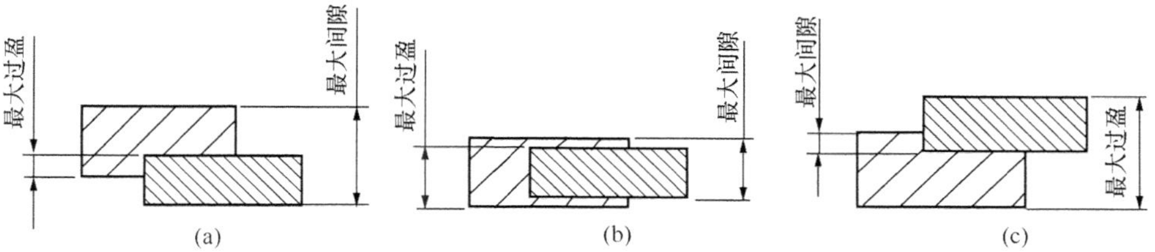

图 4-5　过渡配合

用最小极限尺寸的孔与最大极限尺寸的轴装配时，孔轴配合处于最紧状态，此时产生的过盈为最大过盈 Y_{max}，其表达式为

$$Y_{max}=D_{min}-d_{max} \quad \text{或者} \quad Y_{max}=EI-es \tag{4-6}$$

4.1.4　配合公差（T_f）

配合公差是允许间隙或过盈的变动量，配合公差用 T_f 表示。

配合公差越大，则配合后的松紧差别程度越大，配合的精度低。配合的公差越小，配合的松紧差别程度越小，配合的精度高。

间隙配合

$$T_f=|X_{max}-X_{min}|=T_h+T_s \tag{4-7}$$

过盈配合

$$T_f=|Y_{min}-Y_{max}|=T_h+T_s \tag{4-8}$$

过渡配合

$$T_f=|X_{max}-Y_{max}|=T_h+T_s \tag{4-9}$$

小提示

特别注意：配合公差与尺寸公差具有相同的特性，同样以绝对值定义，没有正负之分，也不能为零。

例 4-1　已知直径为 ϕ18H7 的孔和直径为 ϕ18r6 的轴相配合，试求孔轴的极限偏差，画出其公差带图，判别其配合性质，计算极限盈隙和配合公差。

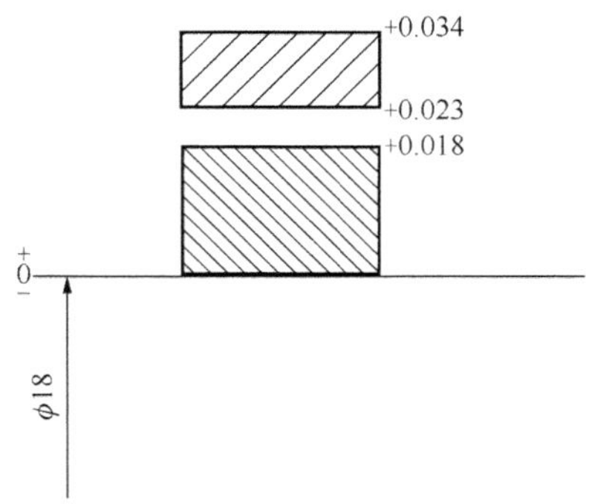

解　(1) 确定孔、轴的极限偏差

查附表四“孔的极限偏差”得：$\phi18H7\left(^{+0.018}_{0}\right)$

查附表三“轴的极限偏差”得：$\phi18r6\left(^{+0.034}_{+0.023}\right)$

(2) 画公差带图

(3) 判别配合性质

由公差带图可见，因为孔公差带位于轴公差带之下，所以该配合性质为过盈配合。

(4) 计算极限盈隙

因为该配合性质为过盈配合，所以需要计算极限过盈值。

$$Y_{max} = EI - ei = 0 - (+0.034) = -0.034mm$$

$$Y_{min} = ES - ei = +0.018 - (+0.023) = -0.005mm$$

(5) 计算配合公差

$$T_f = |Y_{min} - Y_{max}| = |(-0.034) - (-0.005)| = 0.029mm$$

4.2 知识储备：量块与机械式量仪

4.2.1 量块

1. 量块的形状、用途

量块也称块规，是一种没有刻度的平行端面量具，是用微变形钢或陶瓷材料制成的长方体，由于其材料的特殊性，所以量块具有线膨胀系数小，不易变形，耐磨性好等特点。量块中具有经过精密加工很平很光滑的两个平行面，称为测量面。两测量平面之间的距离叫做工作尺寸，又称标称尺寸。当标称尺寸≥10mm 时，其测量面的尺寸为 35mm×9mm；当标称尺寸在 10mm 以下，其测量面尺寸为 30mm×9mm。如图 4-6 所示。

图 4-6　量块

量块在机械制造厂和各级计量部门中应用较广，常用来检验、校准其他量具、量仪；相对测量时，可以用量块组合成某一标准尺寸，还可以用于精密机床、精密划线和直接测量精密零件等。

量块使用中要用到一个重要的特性——研合性。量块的测量面非常平整和光滑，用少许压力推合两块量块，使其测量面紧密接触，两块量块就能粘合在一起。量块的这种特性称为研合性。利用量块的研合性，便可以组成所需要的各种尺寸。

2. 量块的尺寸系列

量块是成套使用的，每套包含了数量不同的标称尺寸的量块，以便组合成各种尺寸。如表 4-1 所示。

表 4-1　量块尺寸系列图

套别	总块数	级别	尺寸系列/mm	间隔/mm	块数
1	91	00，0，1	0.5		1
			1		1
			1.001，1.002，…，1.009	0.001	9
			1.01，1.02，…，1.49	0.01	49
			1.5，1.6，…，1.9	0.1	5
			2.0，2.5，…，9.5	0.5	16
			10，20，…，100	10	1

续表

套别	总块数	级别	尺寸系列/mm	间隔/mm	块数
2	83	00，0，1，2，(3)	0.5		1
			1		1
			1.005		1
			1.01，1.02，…，1.49	0.01	49
			1.5，1.6，…，1.9	0.1	5
			2.0，2.5，…，9.5	0.5	16
			10，20，…，100	10	10
3	46	0，1，2	1		1
			1.001，1.002，…，1.009	0.001	9
			1.01，1.02，…，1.09	0.01	9
			1.1，1.2，…，1.9	0.1	9
			2，3，…，9	1	8
			10，20，…，100	10	10
4	38	0，1，2，(3)	1		1
			1.005		1
			1.01，1.02，…，1.09	0.01	9
			1.1，1.2，…，1.9	0.1	9
			2.3，…，9	1	8
			10，20，…，100	10	10

3. 量块的精度

量块按制造精度可以分为五级：00，0，1，2，(3)。其中 00 级精度最高，3 级精度最低。

国标规定了 17 套量块，组合量块时，为了减少累积误差，应尽量减少量块组合块数，一般不超过 4～5 块。选用量块时，应根据所需组合的尺寸，从最后一位数字开始选择，每选一块，应使尺寸数字的位数减少一位，以此类推，直到组合成完整的尺寸。

例 4-2　从 83 块一套的量块中选取尺寸为 36.745mm 的量块组，其选取方法是怎样的？组合成该尺寸需要哪几块量块？

解

36.745
−1.005……第一块量块尺寸
35.74
−1.24　……第二块量块尺寸
34.5
−4.5　……第三块量块尺寸
30　　……第四块量块尺寸

所以，组合成该尺寸需要的量块尺寸分别为 1.005，1.24，4.5，30。

4. 量块使用注意事项

1）不能碰伤和划伤其表面，特别是测量面。要防止腐蚀性气体侵蚀量块，不能用手接触测量面，以免影响量块的组合精度。

2）组合前，应根据工件尺寸选择好量块，一般不超过 4～5 块。

3）量块选好后，在组合前要用麂皮或软绸将各面擦净，用推压的方法逐块研合。在研合时应保持动作平稳，以免测量面被量块棱角划伤。

4）使用后，拆开组合量块，清洗、擦拭干净（钢制量块涂上防锈油）后，装在特制的木盒内。

5）必须符合温度规范。检定量具或在车间使用量块时，应使量块与量具或工件温度尽可能一致。

6）绝不允许将量块结合在一起存放。

4.2.2 机械式量仪

机械式量仪又称指示式量仪，是借助杠杆、齿轮、齿条和扭簧的传动，将测量杆的微小直线移动，经传动和放大机构转变为表盘上指针的角位移，从而指示出相应的数值。

指示表量仪包括百分表、千分表、杠杆百分表、杠杆千分表、内径百分表、内径千分表、深度百分表等。

1. 百分表

（1）结构及工作原理

百分表的结构如图 4-7 所示，当测量杆上下移动时，小齿轮 1 转动，此时与小齿轮 1 同轴的大齿轮 2 也随着转动。大齿轮又带动中间齿轮 3 以及与齿轮 3 同轴的指针转动。这样就将测量杆的微小位移转变成指针的转动，并在刻度盘上指示出相应的示值。

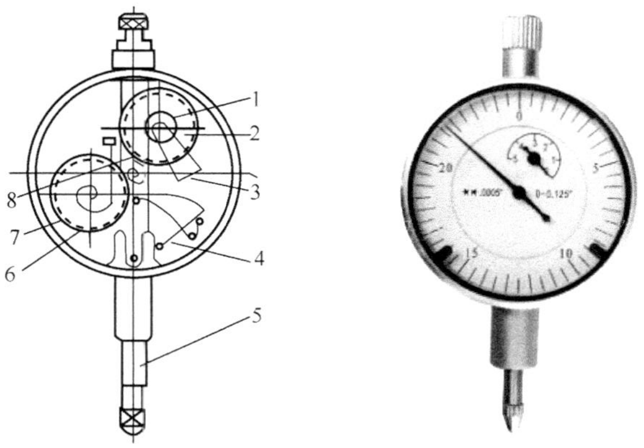

图 4-7　百分表的结构图

—小齿轮；2，7—大齿轮；3—中间齿轮；4—弹簧；5—测量杆；6—指针；8—游丝

为消除齿轮传动中因啮合间隙引起的误差，使传动平稳可靠，在百分表上装了游丝。

(2) 分度原理

测量杆移动 1mm，大指针回转一周，而刻度盘沿圆周刻有 100 格刻度，当指针转过一格时，表示所测量的尺寸变化为 1/100＝0.01mm，即分度值为 0.01mm。

(3) 特点及用途

百分表体积小，结构紧凑，读数方便，测量范围大。一般百分表的示值范围有 0～3mm，0～5mm，0～10mm 三种。

百分表主要用于测量长度尺寸、形位公差、检测机床的几何精度等，是机械加工生产和机械设备维修中不可缺少的量具。

(4) 注意事项

1) 百分表应固定在可靠的表座上，根据测量需要，可选择适当的表座，如图 4-8 所示。

图 4-8　百分表座

2) 百分表装夹套筒紧固时，夹力不宜过大，以免使夹套筒变形，卡住表杆。夹紧后不可再转动百分表。

3) 测杆与工件表面必须垂直，否则会产生较大的测量误差。

4) 测量圆柱形工件时，测杆轴线应沿着径向方向测量。

5) 在测量时，应轻轻提起测杆，把工件移至测头下面，缓慢下降测头，使之与工件接触，不准将工件强迫推入至测头下，也不准急骤下降测头，以免产生冲击力，给测量带来误差。测杆和工件应有 0.3～1mm 的压缩量，以保持一定的起始测力。

2. 千分表

千分表的外形结构（图 4-9）和测量原理与百分表大致相同，其传动系统主要也是采用齿条和齿轮传动系统，也有用杠杆齿轮和蜗轮蜗杆传动的。一般千分表的测量范围为 0～1mm，0～2mm，0～3mm。千分表也是安装在磁性表座（图 4-10）上进行测量。不同之处在于，千分表的精度更高，一般为 0.001mm，即测量轴移动 0.2mm 相当于长指针转动一圈。

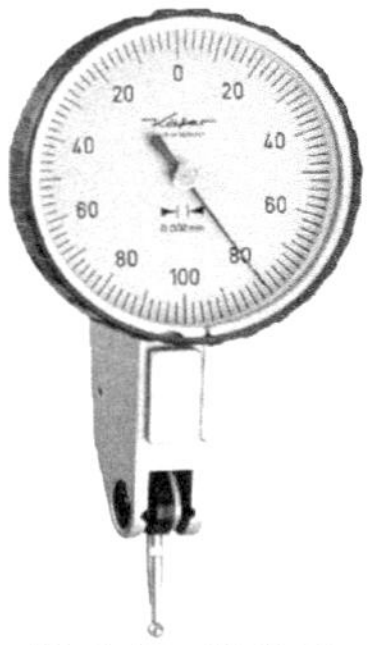

图 4-9　千分表

图 4-10　磁性表座

3. 内径百分表

（1）内径百分表的结构

内径百分表的结构如图 4-11 所示，主要用于测量光滑孔的内径尺寸或尺寸误差，特别是用于测量内径千分尺不能测量的较深孔的内径尺寸或尺寸误差。

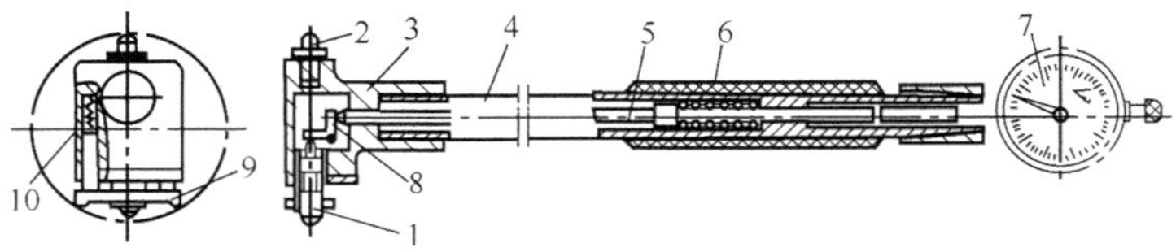

图 4-11　内径百分表的结构图

1—活动测头；2—可换测头；3—表架头；4—表架套杆；5—传动杆；6—测力弹簧；7—百分表；8—杠杆；9—定位装置；10—定位弹簧

（2）读数原理

内径百分表是利用活动测头移动的距离与百分表示值相等的原理来读数的。活动测头的移动量通过百分表内部的齿轮传动机构转变为指针的偏转量显示在表盘上。当活动测头移动 1mm 时，百分表指针回转一圈。表盘上共刻有 100 格，每 1 格即为 0.01mm。读数时先读短指针与起始位置之间的整数，再读长指针在表盘上所指的小数部分值，两个数值相加就是被测尺寸值。

（3）测量范围

内径百分表活动测头的移动量有 0～3mm，0～5mm，0～10mm，它的测量范围是通过更换可换测头的长度来实现，每只内径百分表都配有一套可换侧头。测量范围有 10～18mm，18～35mm、35～50mm，50～100mm，100～160mm 等。

（4）使用方法

1）使用前先将百分表装入量杆内，预压 1mm 左右，使小指针指在 0～1mm 的位置上，旋紧锁紧螺母，如图 4-12 所示。

2）根据被测零件公称尺寸选择适当的可换测头装入量杆的头部，并用专用扳手扳紧锁紧螺母。此时应特别注意可换测头与活动测头之间的长度须大于被测尺寸 0.8～1mm，以便测量时活动测头能在公称尺寸的正负一定范围内自由运动。

插装　　　　预压　　　　锁紧

图 4-12　百分表安装示意图

3）校正零位。百分表是相对法测量的量具，在使用前必须用其他量具根据被测零件的公称尺寸校对内径百分表的零位。

① 用量块校对零位：按被测零件的公称尺寸组合量块，并装夹在量块的附件中，将内径百分表的两测头放在量块附件两量脚之间，摆动量杆使百分表读数最小，此时可转动百分表的滚花环，将刻度盘的零刻线转到与百分表的长指针对齐。

此方法能保证校对零位的准确度及内径百分表的测量精度，但其操作比较麻烦，且对量块的使用环境要求较高。

② 用标准环规校对零位：按被测零件的公称尺寸选择与其相同的标准环规，按标准环规的实际尺寸校对内径百分表的零位，如图 4-13 所示。

此方法操作简单，并能保证校对零位的准确度。因校对零位需要制造专用的标准环规，故此方法只适合检测生产批量较大的零件。

③ 用外径千分尺校对零位：按被测零件的公称尺寸选择适当测量范围的外径千分尺，将外径千分尺调至被测公称尺寸，把内径百分表的两测头放在外径千分尺两测砧之间校对零位（图 4-14）。

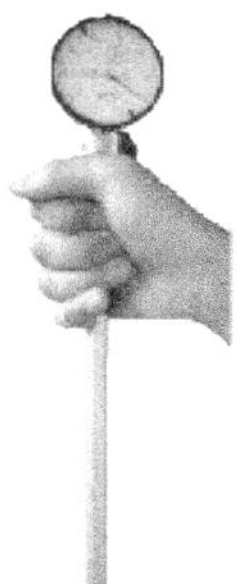

图 4-13　用标准环规校对零位

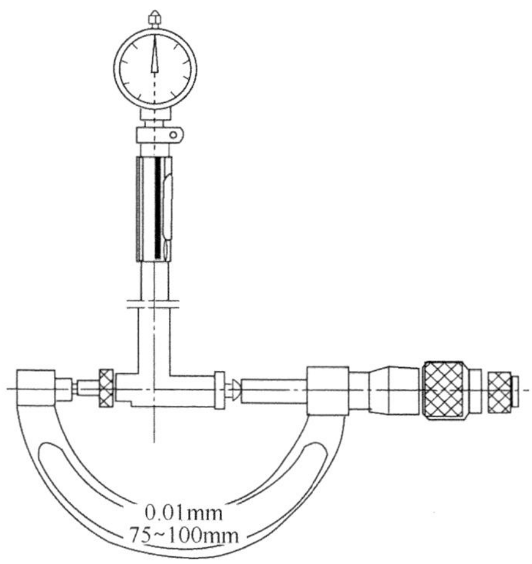

图 4-14　外径千分尺校对零位

此方法因受外径千分尺精度的影响，其校对零位的准确度和稳定性不高，从而降低了内径百分表的测量精确度。此方法易于操作和实现，在生产现场对精度要求不高的单件或小批量零件的检测，仍得到较广泛的应用。

4）零件的测量。手握内径百分表的隔热手柄，先将内径百分表的活动量头和定位护桥轻轻压入被测孔径中，然后再将可换测头放入。测量时将表杆在测量头的轴线所在平面内轻微摆动，在摆动过程中读取最小读数，即为孔径的实际偏差。

使用内径百分表测量方法和位置如图 4-15 和图 4-16 所示。

5）测量后将内径百分表擦拭干净，存放在专用盒内。

图 4-15　用内径百分表测量示意图

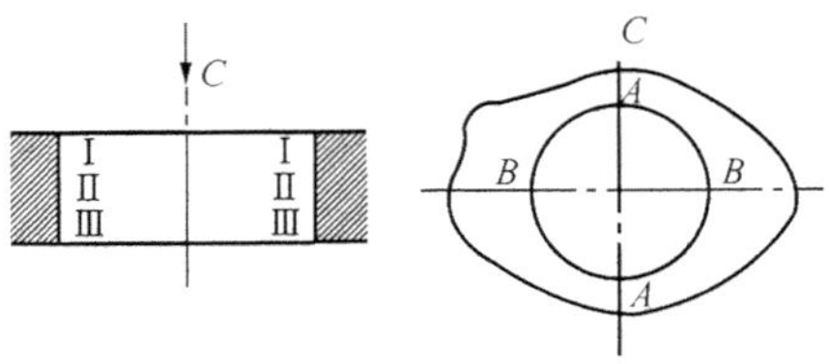

图 4-16　测量位置示意图

4.3　任务实施

用百分表、量块对图 4-17 所示零件尺寸进行测量，判断该零件尺寸是否符合图样要求。

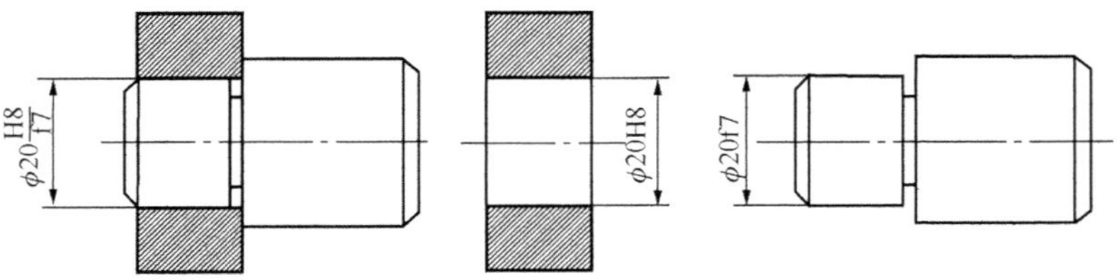

图 4-17　孔、轴配合

4.3.1　实施程序

1. 分析图样与零件

读图 4-17，分析零件，首先查表得出极限偏差，作好记录。

2. 测量并记录

1）准备实验所需工、量具与零件：百分表、内径百分表、量块一套、待测零件。

2）选择为尺寸 20mm 的量块。

3）用百分表测量零件轴径时，应记录好百分表的读数值，再根据结果计算出零件轴径。

4）用内径百分表测量零件的孔径时，应记录好百分表的读数值，再进行计算得出孔径尺寸。

3. 判断合格性

判断零件的实际尺寸是否合格：把测量的实际尺寸与极限尺寸进行比较，若实际尺寸值都在极限尺寸范围内则该尺寸合格，反之则不合格。

4. 工量具归位

实验完成后，清理、清洁工具、量具，并放入相应的工具箱或量具盒中。

4.3.2　数据分析

填写实验数据，并进行分析与计算，从而判断出尺寸是否合格，并判断孔与轴配合的配合性质，计算其极限盈隙（表 4-2）。

表 4-2　数据分析表

图样尺寸	极限偏差	最大极限尺寸	最小极限尺寸	百分表读数值	轴径（孔径）实测尺寸	是否合格	超差值	配合性质	极限盈隙值
ϕ20f7									
ϕ20H8									
实验结论									
操作者成绩评价									

学后自测

一、填空题

1. ________________孔和轴公差带之间的关系，称为配合。

2. 百分表的分度原理是：百分表的测量杆每移动________ mm 时使大指针回转一周。因为刻度盘上的刻线等分为________格，当指针每转过 1 格时，测量杆移动________，所以百分表的分度值为________。

3. 百分表的示值范围通常有________ mm，________ mm，________ mm 三种。

4. 代表过渡配合松紧程度的特征值是________和________。

二、选择题

1. 百分表校正零位后，若测量时长针沿逆时针方向转过 20 格，指向标有 80 的刻度线，则测量杆沿轴线相对于测头方向（　　）。

A. 缩进 0.2mm　　B. 缩进 0.8mm　　C. 伸出 0.2mm　　D. 伸出 0.8mm

2. 配合的松紧程度取决于（　　）。

A. 基本尺寸　　B. 极限尺寸　　C. 基本偏差　　D. 标准公差

3. 当孔的公差带位于轴的公差带之上时，轴与孔装配在一起则必定是（　　）。

A. 间隙配合　　B. 过盈配合　　C. 过渡配合　　D. 不能确定

三、判断题

1. 百分表的示值范围最大为 0～10mm，因而百分表只能用来测量尺寸较小的工件。（　　）

2. 用内径百分表测量孔径属于相对测量法，可以直接读出被测尺寸的数值。（　　）

3. 在选择零件间的配合时，有相对运动的，应选择间隙配合，反之就选过盈配合。（　　）

四、解答题

如图所示为用百分表和量块测量轴径的示意图，轴径尺寸为 $\phi178_{-0.08}^{-0.01}$。

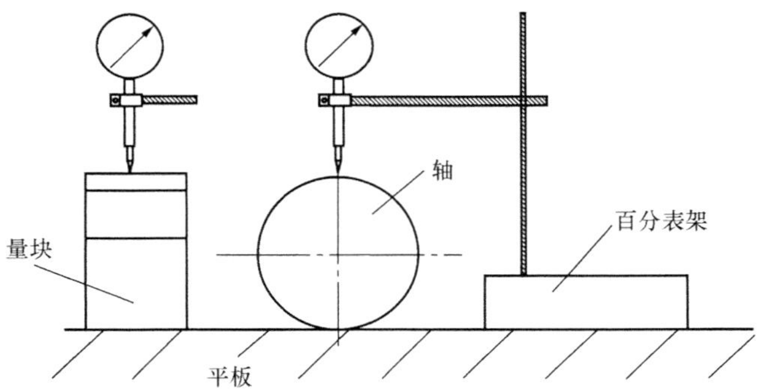

1. 此测量方法属于绝对测量还是相对测量？简述测量步骤。

____

____

____

____

____

____

____

____

____

____

____

2. 量块组的作用是＿＿＿＿＿＿＿＿＿＿。量块组的尺寸为轴的基本尺寸，用 46 块一套的量块组成量块组，量块的尺寸分别为＿＿＿＿＿＿＿＿＿＿。

3. 若轴径尺寸合格，测量时指针应按＿＿＿＿＿方向偏转，偏转范围：起始于＿＿＿＿＿格，终止于＿＿＿＿＿格。

4. 测一轴径，若百分表指针逆时针转了 9 格，该轴是否合格，其尺寸是多少？

任务5 量规检验零件合格性

【知识目标】

1. 理解配合代号的含义。
2. 掌握配合制的类型。
3. 理解配合制的选用原则。
4. 掌握用量规检验零件尺寸的合格性原则。

【技能目标】

1. 熟练使用孔用量规和轴用量规检验零件。
2. 能够根据实验状况判断零件的合格性。

【任务描述】

本任务是根据配合的特点和性质，用量规检验图5-1所示孔径与轴径，并判断该配合的配合制类型。

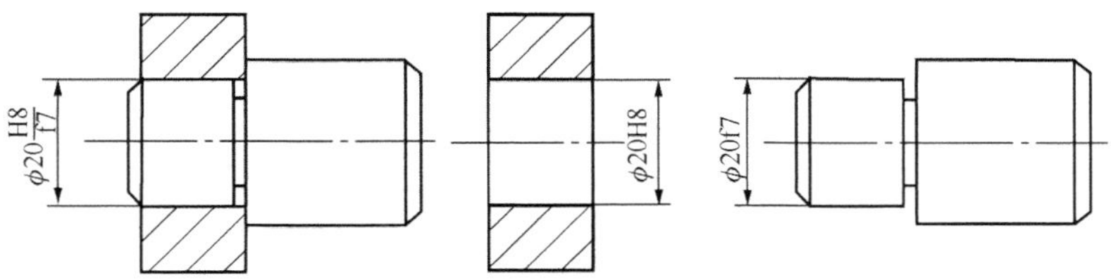

图5-1 孔轴配合

5.1 知识储备：配合

5.1.1 配合代号

国家标准规定，配合代号用孔、轴公差带代号的组合表示，写成分数的形式，分子为孔的公差带代号，分母为轴的公差带代号，如$\frac{H8}{f7}$或H8/f7。在图样上标注时，配合代号标注在基本尺寸之后。例如图5-2中的尺寸$\phi 18\ \frac{H7}{p6}$，表示孔、轴配合的基本尺寸为$\phi 18$，孔的公差带代号为H7，轴的公差带代号为p6。尺寸$\phi 14\ \frac{F8}{h7}$mm表示孔、轴配合的基本尺寸为$\phi 14$，孔的公差带代号为F8，轴的公差带代号为h7。

5.1.2 配合制

配合的性质由相配合的孔、轴公差带的相对位置决定，因为改变孔或轴的公差带位置，就可以得到不同性质的配合。从理论上讲，任何一种孔的公差带和任何一种轴的公差带都可以形成一种配合，但实际上并不需要同时变动孔、轴的公差带，只要固

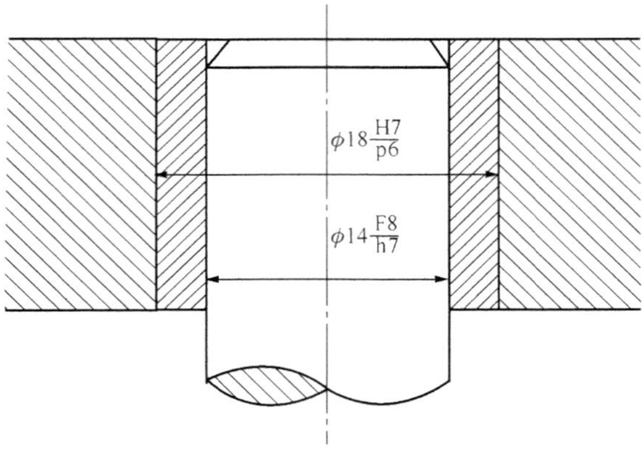

图 5-2 配合代号的标注

定一个，改变另一个，便能够使配合既能满足不同使用性能要求，又便于加工。因此，国家标准对孔与轴公差带之间的相互关系，规定了三种配合制，分别为基孔制、基轴制和混合制。

1. 基孔制配合

基本偏差为一定的孔的公差带，与不同的基本偏差的轴的公差带形成各种配合的一种制度称为基孔制。

基孔制中的孔是配合的基准件，称为基准孔。基准孔的基本偏差代号为“H”，它的基本偏差为下偏差，其数值为零，上偏差为正值，其公差带位于零线上方并紧邻零线。

基孔制中的轴是非基准件，由于轴的公差带相对零线可有各种不同的位置，因此可形成各种不同性质的配合，如图 5-3 所示。基孔制配合的公差带图如图 5-4 所示。

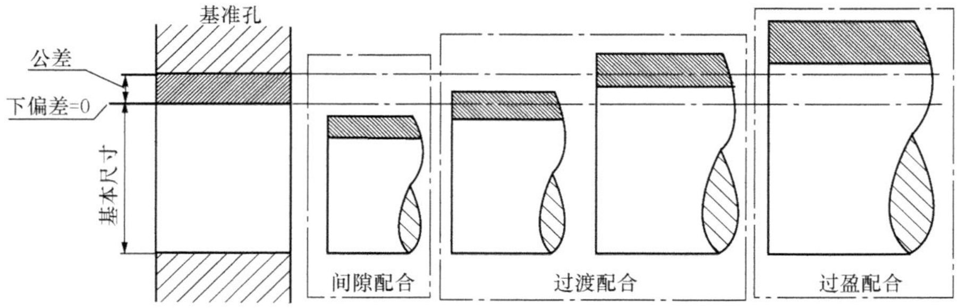

图 5-3 基孔制配合示意图

2. 基轴制配合

基本偏差为一定的轴的公差带，与不同的基本偏差的孔的公差带形成各种配合的一种制度称为基轴制。

基轴制中的轴是配合的基准件，称为基准轴。基准轴的基本偏差代号为“h”，它的基本偏差为上偏差，其数值为零，下偏差为负值，其公差带位于零线下方并紧邻零线。

基轴制中的孔是非基准件，由于孔的公差带相对零线可有各种不同的位置，因此可形成各种不同性质的配合，如图 5-5 所示。基轴制配合的公差带图如图 5-6 所示。

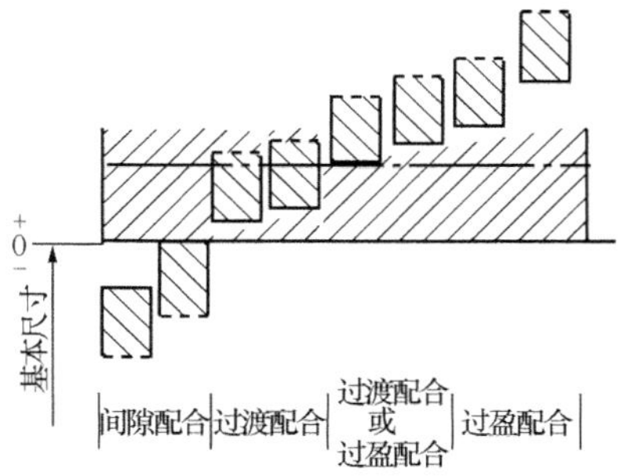

图 5-4 基孔制配合的公差带图

3. 混合配合

在实际生产中，根据需求有时也采用非基准孔和非基准轴相配合，这种没有基准件的配合称为混合配合。

5.1.3 配合制的选用

1. 优先选用基孔制

采用基孔制可以减少定尺寸刀具、量具的品种规格，有利于刀具和量具的标准化、系列化，从而降低生产成本，既经济又合理。

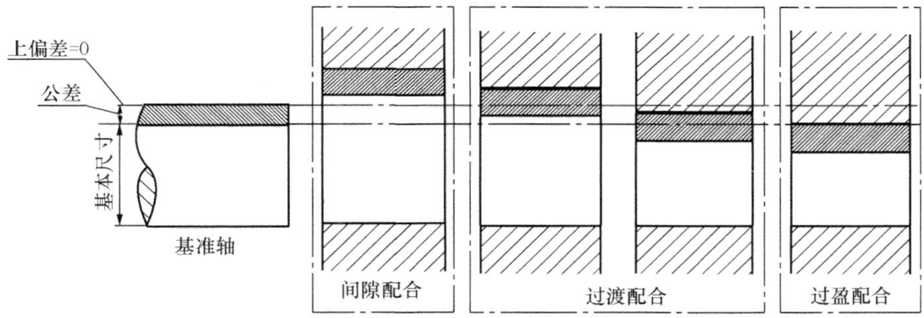

图 5-5 基轴制配合示意图

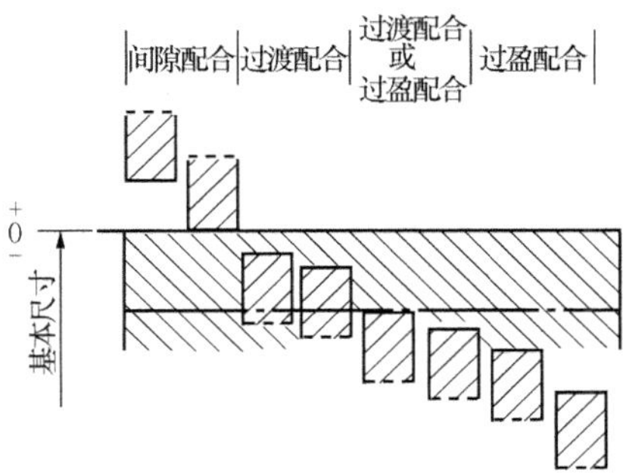

图 5-6 基轴制配合的公差带图

2. 在下列情况下，选用基轴制

1）当经济效益差别较大时选用基轴制。例如，用冷拉钢做轴时，由于本身的精度已能满足设计要求，故不需加工就可直接当轴使用，此时采用基轴制，只需对孔进行加工即可，而在技术上、经济上都是合理的。

2）同一轴与基本尺寸相同的几个孔配合，且配合性质要求不同的情况下，选用基轴制，这样在技术上和经济上都是合理的。

3）根据标准件选用配合制。当设计的零件与标准件相配合时，配合制的选择通常依标准件而定。例如，当零件与滚动轴承配合时，因滚动轴承是标准件，所以滚动轴承内圈与轴配合采用基孔制，而滚动轴承外圈与孔配合采用基轴制。

4）特殊情况。在特殊情况下，允许将任一孔、轴公差带组成配合（混合配合）。如果机器上出现一个非基准孔（轴）和两个以上轴（孔）要求组成不通性质的配合时，其中至少一个配合为混合配合。

由以上的分析可知，配合制的选用原则：在一般情况下优先选用基孔制，其次选用基轴制，如有特殊要求，允许采用混合制。

5.2 知识储备：量规

机械制造中，检验尺寸一般使用通用计量器具，直接测量工件的实际尺寸，以判定其是否合格，但是对于成批大量生产的工件，为提高检测效率，则常常使用量规来检验。量规是没有刻线的专用计量器具，不能测量工件的实际尺寸大小，只能确定被测零件尺寸是否在规定的极限尺寸范围内，从而判定零件是否合格。在批量生产中，用量规检测简单方便，效率高，省时可靠，应用广泛。

5.2.1 量规的分类

1. 根据量规的用途分类

1）工作量规：生产者在加工过程中使用的量规。

2）验收量规：检验部门或用户代表在验收产品时所用的量规。

3）校对量规：检验工作量规和验收量规所使用的量规。

2. 按照检验对象分类

1）塞规。检验孔的量规，如图 5-7 和图 5-8 所示，由通规和止规组成（通规用 T 表示，止规用 Z 表示），通规尺寸按照被测孔的最小极限尺寸制造，止规尺寸按照被测孔的最大极限尺寸制造。

检验工件时，如果通规能够通过，表示孔径大于最小极限尺寸。止规不能通过，表示孔径小于最大极限尺寸。利用塞规的两端，可以检验被测尺寸是否合格。

图 5-7 塞规

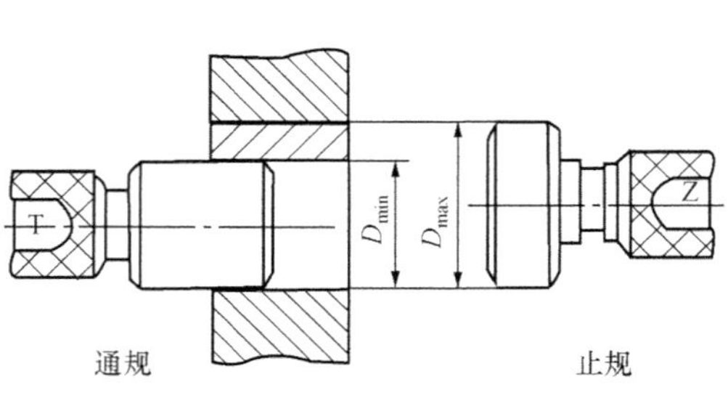

图 5-8 塞规尺寸示意图

2）卡规（或环规）。检验轴的量规。如图 5-9 和图 5-10 所示，由通规和止规组成，通规的尺寸按照被测轴的最大极限尺寸制造，止规按照被测轴的最小极限尺寸制造。

图 5-9　卡规与环规

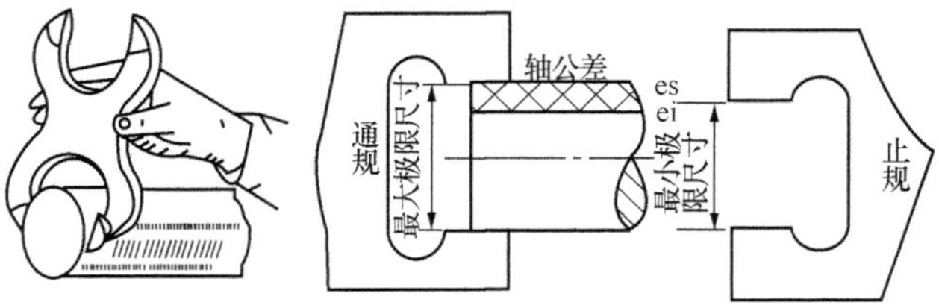

图 5-10　卡规尺寸示意图

检验工件时，如果通规能够通过，表示轴径小于最大极限尺寸。止规不能通过，表示轴径大于最小极限尺寸。利用卡规的两端，可以检验被测尺寸是否合格。

5.2.2　量规的使用方法

用塞规检测垂直位置的被测孔，应从上面检验。用手拿住塞规的柄部，凭塞规本身的重量，让通规滑进孔中。对于水平位置的被测孔，要顺着孔的轴线，把通规轻轻地送入孔中。不允许把塞规用力往孔里推或一边旋转一边往里推。

用卡规的通规检验工件时，尽可能从轴的上面来检验，用手拿住卡规，凭卡规自身的重量，从轴的外圆上滑过去。从水平方向检验，则一手拿工件，一手拿卡规，把通规轻轻的从轴上滑过去。注意，切不可用力强行通过。

5.3　任务实施

分别用孔用量规和轴用量规对图 5-11 所示零件的内径与外径进行检验，判断出该孔、轴所标注的尺寸是否合格并判断出该孔轴配合的配合制类型。

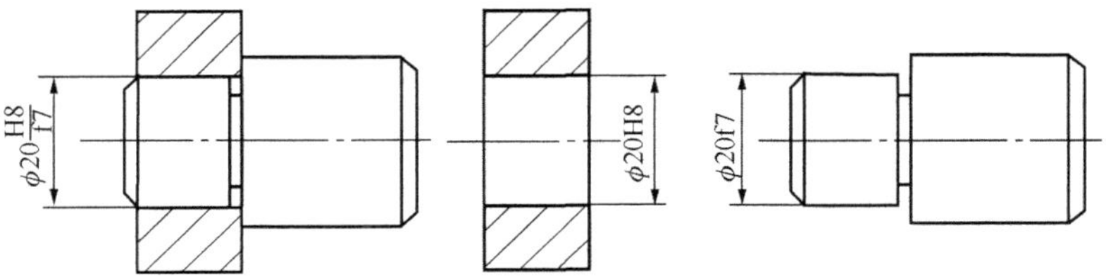

图 5-11　孔、轴配合

5.3.1 实施程序

1. 分析图样与零件

读图 5-11，分析零件，选择合适的量规，准备好待测零件。

2. 测量并记录

1）清理量规的测量面与待测零件表面。
2）用量规对零件待测部位进行检验。

3. 判断合格性

孔径与轴径的合格性判断原则：通规能通过而止规不能完全通过，则该零件孔径或轴径合格，其他情况皆为不合格。

4. 工量具归位

实验完成后，清理、清洁工具、量具，并放入相应的工具箱或量具盒中。

5.3.2 数据分析

填写实验数据（表 5-1），并进行分析，从而判断出零件的孔径、轴径尺寸是否合格，并判断孔与轴配合的配合制。

判断出被测孔、轴是否合格。

表 5-1 数据分析表

图样尺寸	公差带代号的含义	量规名称	通规开口尺寸	止规开口尺寸	通规检验情况	止规检验情况	是否合格
ϕ20H8							
ϕ20f7							
配合尺寸	配合代号的含义	配合制类型	孔径、轴径用量规检测与用百分表、量块检测的异同点				
$\phi 20\ \frac{H8}{f7}$							
实验结论							
操作者成绩评价							

学后自测

一、填空题

1. 配合代号中，分母写__________的公差带代号，分子写__________的公差带代号。

2. 根据量规的使用性质可将量规分为＿＿＿＿＿量规、＿＿＿＿＿量规和＿＿＿＿＿量规三种。

3. 卡规的通端是按被检验轴尺寸制造，止端按被检验轴的＿＿＿＿＿尺寸制造。塞规的通端按被检验孔的＿＿＿＿＿尺寸制造，止端按被检验孔的＿＿＿＿＿尺寸制造。

二、选择题

1. 下列情况中，不能采用基轴制配合的是（　　）。

A. 采用冷拔圆型材作轴

B. 滚动轴承内圈与转轴轴颈的配合

C. 滚动轴承外圈与壳体孔的配合

2. 说法关于公差等级的选用，下列说法错误的是（　　）。

A. 公差等级高，零件的使用性能好，但加工困难，生产成本高

B. 公差等级低，零件加工容易，生产成本低，但零件使用性能较差

C. 公差等级的选用，一般情况下采用试验法

3. 孔轴配合的配合代号由（　　）组成。

A. 基本尺寸与公差带代号　　B. 孔的公差带代号与轴的公差带代号

C. 基本尺寸与孔的公差带代号　　D. 基本尺寸与轴的公差带代号

4. 下列配合代号中，属于基孔制配合的是（　　）。

A. H7/f6　　B. F7/h6　　C. F7/n6　　D. N7/h5

5. 对于配合精度要求较高的圆锥工件，在工厂中一般采用（　　）检验

A. 圆锥量规涂色　　B. 万能角度尺　　C. 角度样板　　D. 游标卡尺

三、判断题

1. 用光滑极限量规检验零件时，如通规能够通过，表示工件尺寸小于最大极限尺寸；止规不能通过，表示工件尺寸大于最小极限尺寸，则此零件合格。（　　）

2. 基孔制的孔是配合的基准件，称为基准孔，其代号为 K。（　　）

3. 在一般情况下应优先选用基轴制。（　　）

第二模块

零件形状位置误差与检测

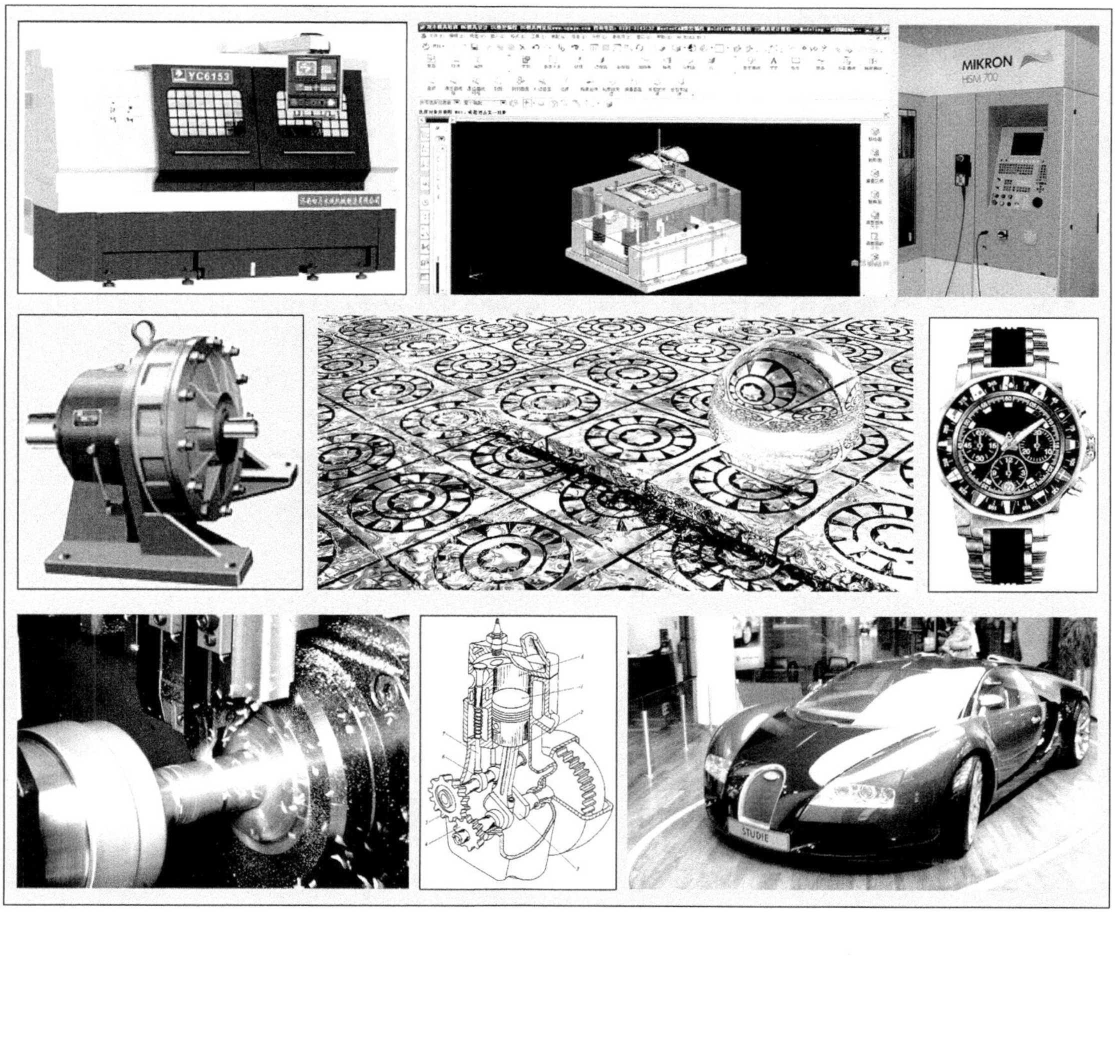

任务6 刀口尺、塞尺检验直线度误差

【知识目标】

1. 熟悉形状公差的含义。
2. 掌握形状公差和形状误差检测的相关知识。
3. 掌握直线度误差的应用。

【技能目标】

1. 掌握用刀口尺、塞尺检验直线度误差的方法。
2. 了解用水平仪测量并计算直线度误差值。
3. 能够对实验相关数据进行分析，判断出直线度是否合格。

【任务描述】

本任务是用不同的检测工具检测如图6-1所示零件的直线度误差，判断其是否合格。

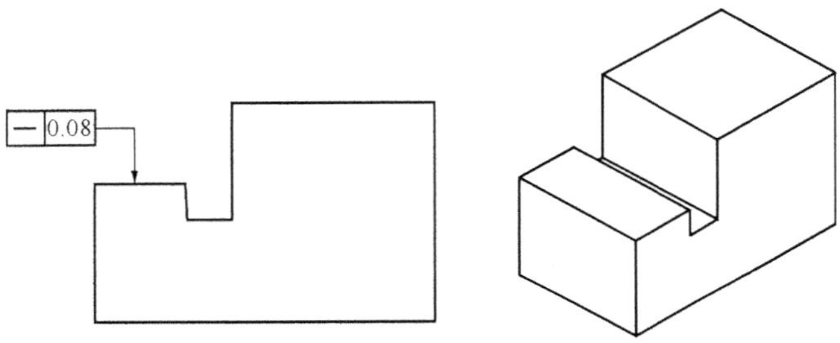

图6-1 阶台件

6.1 知识储备：零件的几何要素、形状公差与直线度公差

我们知道零件是构成机器的最小制造单元，在零件的加工过程中，不仅存在尺寸误差，而且同时还会产生形状与位置的误差，简称为形位误差。形位公差是针对构成零件几何要素的点、线、面的几何形状误差和相互位置误差所规定的公差。

6.1.1 零件的几何要素

任何零件都是由点、线、面组合而成的，这些构成零件几何特征的点、线、面称为零件的几何要素，如图6-2所示。

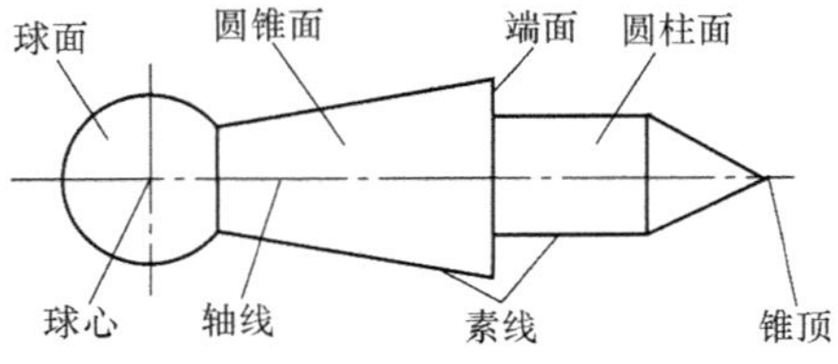

图6-2 零件的几何要素

对形位误差的检测实际上就是对有形位公差要求的这些零件的几何要素的检测和评定。几何要素共分为以下几类。

1. 零件的理想要素与实际要素

理想要素：指具有理想形状的点、线、面，

即不存在任何误差的要素。

实际要素：指零件上实际存在的要素。实际要素是由加工形成的，在加工中由于各种原因会产生加工误差。

2. 被测要素与基准要素

被测要素：指图样上给出形状或（和）位置公差要求的要素，也就是需要测量和评定的要素。

基准要素：指图样上规定用来确定被测要素的方向或（和）位置的要素，理想的基准要素简称为基准。

3. 轮廓要素与中心要素

轮廓要素：指构成零件外形轮廓的点、线、面。

中心要素：指轮廓要素的对称中心所表示的点、线、面。

6.1.2　形位公差

零件的加工误差不可避免，不但存在尺寸误差，其形状、位置也会出现误差，常常把形状和位置误差合称为形位误差，误差不能避免，但可控制，常用形位公差来控制形位误差。

1. 形位公差的种类和符号

限制零件要素的形状和位置的变动量，简称形位公差。

形位公差可分为形状公差、位置公差和形状或位置公差（轮廓度公差）三类，共十四个项目。

形状公差是被测实际要素的形状相对于其理想形状所允许的变动量。位置度公差是被测实际要素的位置对基准所允许的变动量。

形位公差各项目的名称和符号如表 6-1 所示。

表 6-1　形位公差项目及符号（摘自 GB/T 1182—1996）

公差		项目	符号	是否有基准
形状公差	形状	直线度	—	否
		平面度	⏥	否
		圆度	○	否
		圆柱度	⌭	否
形状或位置公差	轮廓	线轮廓度	⌒	是或否
		面轮廓度	⌓	是或否

续表

公差		项目	符号	是否有基准
位置公差	定向	平行度	∥	是
		垂直度	⊥	是
		倾斜度	∠	是
	定位	位置度	⌖	是或否
		同心度（对中心点）	◎	是
		同轴度（对轴线）		是
		对称度	⌯	是
	跳动	圆跳动	↗	是
		全跳动	⌰	是

2. 形位公差带

形状和位置公差带简称形位公差带，它是限制实际形状或实际位置变动的区域。因此，实际要素在形位公差带内则零件为合格，反之则不合格。

公差带的形状由要素的特征及对形位公差的要求确定，公差带的形状有许多种，如两平行直线、两等距曲线、圆、球、两平行平面等，其主要形状如图 6-3 所示。

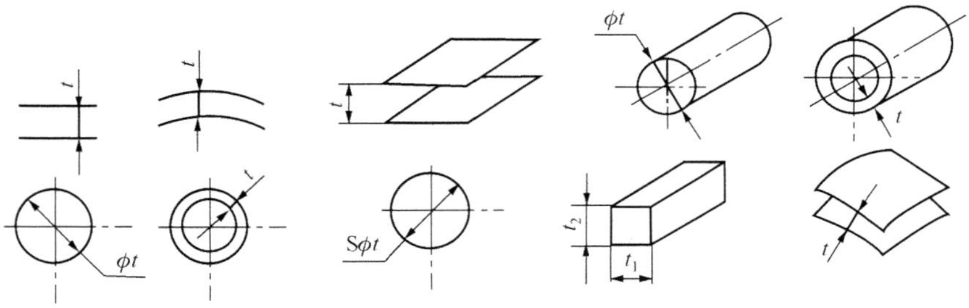

图 6-3 公差带形状

6.1.3 直线度公差

直线度是指零件上被测直线的不直程度。

直线度公差是指实际直线对理想直线所允许的变动量，用于控制平面或空间直线的形状误差。

直线度公差带的形状随被测实际直线所在的位置和测量方向的不同而不同。如表 6-2 所示。

表 6-2　直线度公差带的应用与解读

特征	标注示例和解释	公差带含义
直线度	在给定平面内的直线度 被测表面必须位于距离为 0.1mm 的两平行线之间 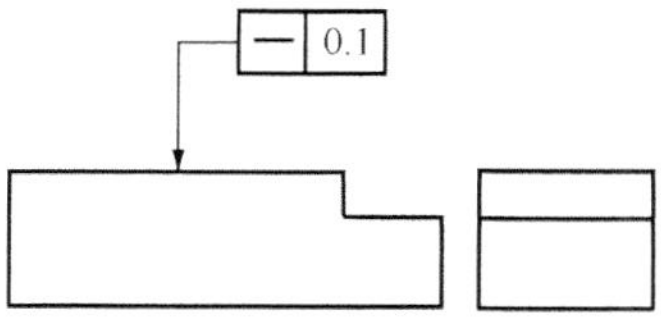	公差带是距离为公差值 t 的两平行线之间的区域 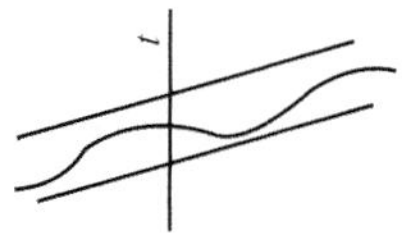
	给定方向上的直线度 被测直线必须位于垂直方向距离为 0.02mm 的两平行平面之间 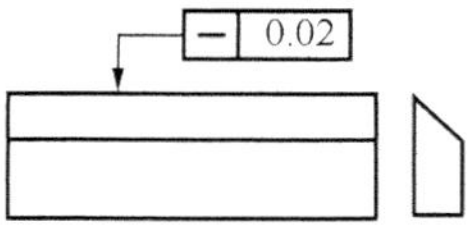	公差带是位于垂直方向距离为公差值 t 的两平行平面之间的区域 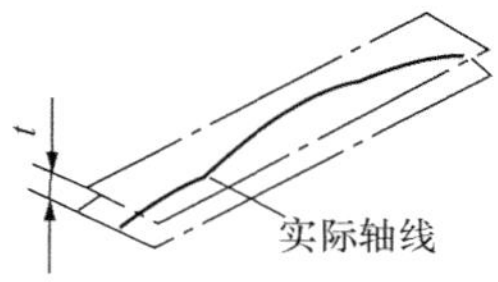
	任意方向上的直线度 被测轴线必须位于直径为 ϕ0.04mm 的圆柱面中 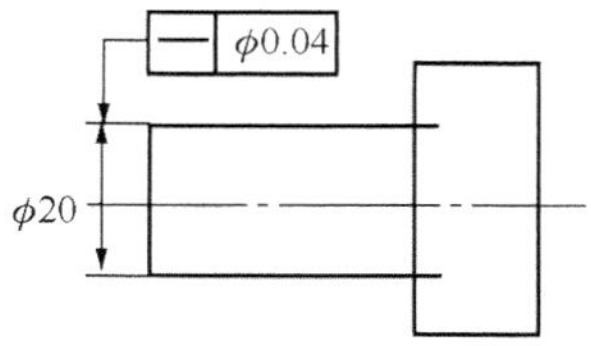	公差带是直径为公差值 ϕt 的圆柱面内的区域 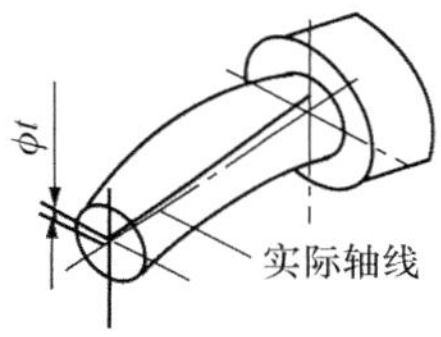

6.2　知识储备：塞尺、直角尺和水平仪

6.2.1　塞尺

塞尺又称厚薄规，用于检验两表面间间隙大小的量具。由若干厚薄不一的钢制塞片组成，如图 6-4 所示。塞尺可以单片使用也可以几片叠加在一起使用，用塞尺检验间隙时，如果用 0.09mm 厚度的塞片能塞入间隙，而 0.10mm 塞片无法塞入间隙，说明此间隙大小在 0.09～0.10mm 之间。

6.2.2　直角尺

直角尺是一种用来检测直角和垂直度误差的定值量具，直角尺的结构形式较多，常用的有刀口直角尺和宽座角尺，刀口直角尺如图 6-5 所示，可结合塞尺一起使用，用来检验零件的直线度误差。宽座角尺如图 6-6 所示。宽座直角尺结构简单，可以检测工件的内外角，结合塞尺使用还可以检测工件被测表面与基

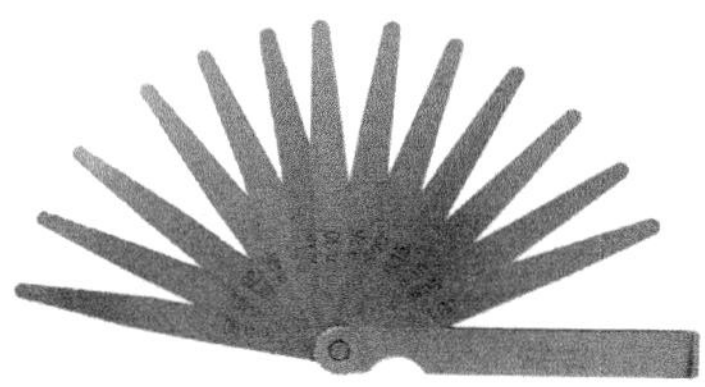

图 6-4　塞尺

准面间的垂直度误差，并可以用于划线和基准的校正等。

图 6-5　刀口直角尺

图 6-6　宽座直角尺

角尺的制造精度有 00 级、0 级、1 级和 2 级四个精度等级，00 级的精度最高，一般作为实用基准，用来检定精度较低的直角量具；0 级和 1 级用于检验精密工件，2 级用于一般工件的检验。

6.2.3　水平仪

水平仪是利用液面自然水平原理来制造的一种测角量仪。水平仪主要用于测量微小角度，检测机床等设备导轨的直线度、机件工作面间的平行度、垂直度及调整设备安装的水平位置，也可用来测量工件的微小倾角。

水平仪可以分为机械式水平仪和电子式水平仪，机械式水平仪分为三种：框式水平仪、条式水平仪和合像水平仪。如图 6-7 所示为三种常见的机械式水平仪。

图 6-7　框式水平仪、条式水平仪、合像水平仪

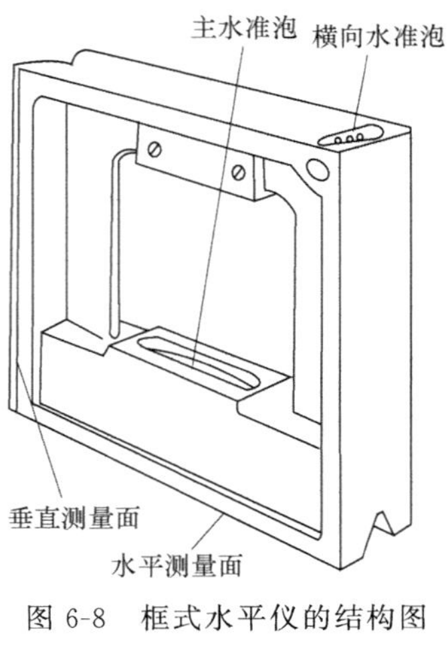

图 6-8　框式水平仪的结构图

框式水平仪以水准器作为测量和读数元件，其结构如图 6-8 所示，在框式水平仪上通常装有纵向水准器和横向水准器。纵向水准器即主水准泡，其准确度要求高，用于测量；横向水准器即副水准泡，准确度稍低，主要用于测量时的调整。

水准器的玻璃管上有刻度，管内装有乙醚或乙醇，不装满要留有一个气泡。气泡的位置随被测表面相对水平面的倾斜程度而变化，它总是向高的方向移动，倾斜角的大小可以从玻璃管上的刻度读出。若气泡在正中间，说明被测表面水平。

水平仪的刻度值是指气泡移动一格刻度时水平仪所需倾斜角的大小，常用水平仪的分度值为 0.02mm/

1000mm（4″），即当气泡移动一格，在1000mm长度上两端高度差为0.02mm，被测表面倾斜了4″。

设被测表面长度为 l，测量时气泡移动了 n 格，则相对倾角 α 为

$$\alpha = 4'' \times n \tag{6-1}$$

两端高度差为

$$h = \frac{0.02}{1000} \times l \times n(\text{mm}) \tag{6-2}$$

小提示

框式水平仪有两个测量面，一个是下测量面，另一个是与下测量面相垂直的侧测量面。因此框式水平仪除了可以检测直线度外，还可以用他的侧测量面与被测表面相靠，来检测被测表面与水平面的垂直度。

6.3　任务实施一

选合适的计量器具检验图6-9中所示零件的直线度误差，并判断出该直线度是否合格。

6.3.1　实施程序

1. 分析图样与零件

读图6-9并分析该零件，本任务是检验零件的直线度误差，准备好刀口直尺和塞尺、平板。

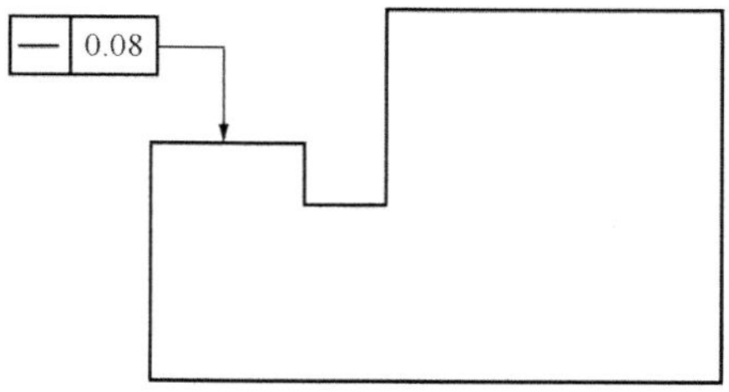

图6-9　阶台件

2. 测量并记录

1）清洁被测零件表面与计量器具表面。

2）将如图6-9所示的待测零件放在平板上，刀口直角尺的刀口直接与被测要素接触，并稍作摆动，使两者之间的最大间隙为最小，该最大间隙即为直线度误差，在最大间隙处塞入塞尺，判断间隙的大小范围。

3）按以上方法测量被测表面上的若干条直线，取其中最大的误差值作为被测零件的直线度误差。

4）将实验所得数据进行记录并分析。

3. 判断合格性

判断零件的实际直线度误差是否合格：根据所得实验数据进行分析判断，若最大间隙大于0.08mm，则该直线度误差不合格；若塞入的塞尺最大尺寸小于0.08mm，则

该直线度误差在公差范围内，零件的直线度合格。

4. 工量具归位

实验完成后，清理、清洁工具、量具，并放入相应的工具箱或量具盒中。

6.3.2 数据分析

填写测量数据，对其中的数据进行分析，从而判断出该直线度误差是否合格，并且填入数据分析表（表 6-3）中。

表 6-3 数据分析表

<table>
<tr><th rowspan="2">形状误差项目</th><th rowspan="2">实测直线</th><th colspan="2">测量结果</th><th rowspan="2">直线度误差是否合格</th></tr>
<tr><th>能通过的塞片厚度/mm</th><th>未能通过的塞片厚度/mm</th></tr>
<tr><td rowspan="6">直线度</td><td>第 1 条直线</td><td></td><td></td><td rowspan="6"></td></tr>
<tr><td>第 2 条直线</td><td></td><td></td></tr>
<tr><td>第 3 条直线</td><td></td><td></td></tr>
<tr><td>第 4 条直线</td><td></td><td></td></tr>
<tr><td>第 5 条直线</td><td></td><td></td></tr>
<tr><td>第 6 条直线</td><td></td><td></td></tr>
</table>

| — | 0.08 | 的含义

直线度误差与直线度公差的关系

实验结论

操作者成绩评价

6.4　任务实施二

利用框式水平仪测量并计算卧式车床导轨的直线度误差，如图 6-10 所示，实验要求车床导轨的直线度误差不能超过 0.02mm/200mm，通过实验判断导轨的直线度误差是否合格。

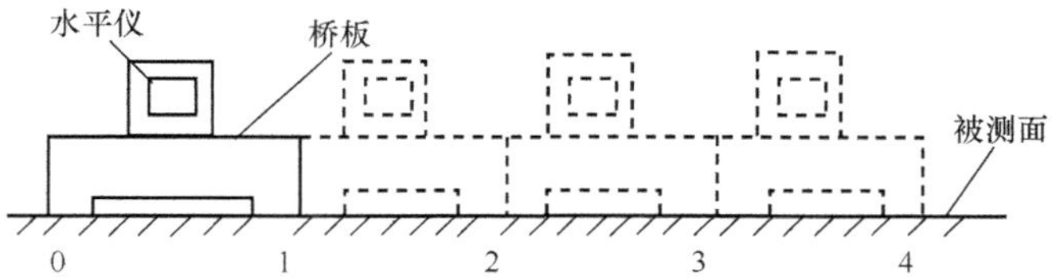

图 6-10　框式水平仪测量直线度误差

6.4.1　实施程序

1. 分析图样与零件

读图 6-10，准备实验所需的工、量具与零件：框式水平仪、长度为 200mm 的垫铁、床身导轨长度为 1600mm 的车床。

2. 测量并记录

1）将量具与待测零件表面擦拭干净。

2）将水平仪放在垫铁上，置于导轨一端，将导轨分为若干段，其长度应与垫铁长度相适应，然后按节距法首尾相连从左至右依次读出水平仪上的读数，作好记录。

3）根据记录的数据，绘制出直线度误差曲线。

3. 判断合格性

判断零件的直线度误差是否合格。

根据公式

$$\delta = n \times i \times l$$

式中，δ——直线度误差；

n——误差格数；

i——水平仪的精度；

l——垫铁的长度。

计算出直线度误差。

若计算出的直线度误差值小于或等于 0.02mm/200mm，则说明该直线度合格，如果计算出的直线度误差大于 0.02mm/200mm，则说明该直线度不合格。

4. 工量具归位

实验完成后，清理、清洁工具、量具，并放入相应的工具箱或量具盒中。

6.4.2 数据分析

填写测量数据，对其中的数据进行分析，从而判断出该直线度误差是否合格，填入数据分析表 6-4 中，并绘制直线度误差曲线图（图 6-11）。

表 6-4 数据分析表

导轨节距/mm	误差读数	最大误差格数 n	直线度误差 $\delta=n\times i\times l$	直线度误差是否合格
0～200				
200～400				
400～600				
600～800				
800～1000				
1000～1200				
1200～1400				
1400～1600				

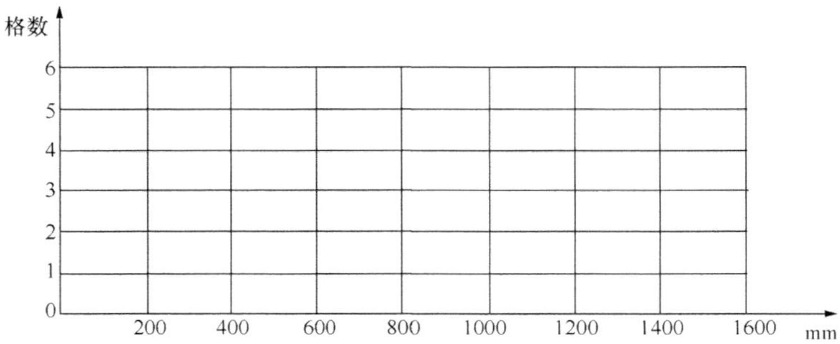

图 6-11 绘制直线度误差曲线图

实验结论
操作者成绩评价

学后自测

一、填空题

1. 塞尺又称__________，是用于检验两表面间__________大小的量具。

2. 常用的水准式水平仪有__________水平仪、__________水平仪和__________水平仪三种结构形式。

3. 在形状公差中，当被测要素是空间一直线，若给定一个方向时，其公差带是__________的区域，若给定任意方向时，其公差带是__________区域。

4. 形状和位置公差简称__________。

5. 形位公差带是限制实际形状或实际位置变动的__________。

二、选择题

1. 关于分度值为 0.02mm/1000mm（4″）的水平仪，下列说法中错误的是（　　）。

A. 气泡移动 1 格时，被测平面在 1000mm 距离上的高度差为 0.02mm

B. 气泡移动 1 格时，被测平面在全长上的高度差为 0.02mm

C. 气泡移动 1 格时，被测表面在 1000mm 距离上对水平面倾斜了 4″

D. 气泡移动 1 格时，被测表面在工件全长上对水平面倾斜了 4″

2. 下列公差属于形状公差的是（　　）。

A. 对称度　　B. 平行度　　C. 圆柱度　　D. 全跳动

3. 下列公差属于位置公差的是（　　）。

A. 直线度　　B. 平面度　　C. 垂直度　　D. 圆度

三、判断题

1. 分度值为 0.02mm/1000mm 的水平仪，当其水准器的气泡移动 1 格时，表示在 1000mm 内的长度上，两端的高度差为 0.02mm。（　　）

2. 直角尺是一种用来检测直角和垂直度误差的定值量具，直角尺的结构形式较多，常用的有刀口直角尺和宽座角尺。（　　）

四、解答题

1. 什么是理想要素、实际要素、轮廓要素和中心要素？

2. 什么是被测要素、基准要素？

3. 用一分度值为 0.02mm/1000mm（4″）的水平仪测量长度为 1200mm 的导轨工作面的倾斜程度。如测量时水平仪的气泡移动了 1.5 格，试求导轨工作面相对水平面的倾斜角度及导轨两端的高度差。

任务7 百分表测量平面度误差

【知识目标】

1. 熟悉平面度公差的含义及相关概念。
2. 掌握百分表的结构及工作原理。
3. 掌握平面度误差常用的测量评定方法。

【技能目标】

1. 能正确使用百分表等量仪进行平面度误差的测量。
2. 能对平面度误差测量后的数据进行处理与分析。
3. 了解指示表类量仪的维护和保养的方法。

【任务描述】

本任务是用百分表对如图7-1所示零件进行平面度误差的检测，判断该零件的平面度误差是否合格。

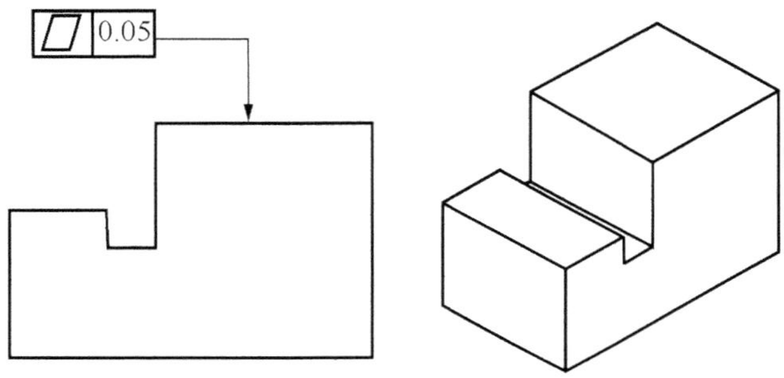

图7-1 阶台件

7.1 知识储备：平面度公差

7.1.1 平面度公差概念

平面度公差是指实际平面对理想平面所允许的最大变动量。

平面度公差用于控制平面的形状误差。

平面度公差带是距离为公差值 t 的两平行平面之间的区域。

7.1.2 平面度公差应用与解读

平面度公差应用与解读如表7-1所示。

表 7-1 平面度公差应用与解读

公差	标注示例和解释	公差带
平面度	上表面必须位于距离为 0.08mm 的两平行平面之间 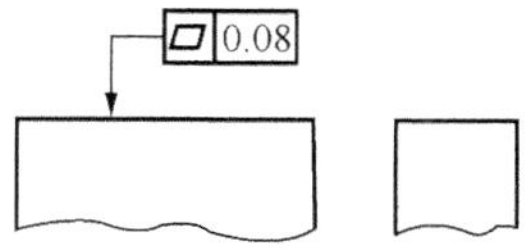 	公差带是距离为公差值 t 的两平行平面之间的区域 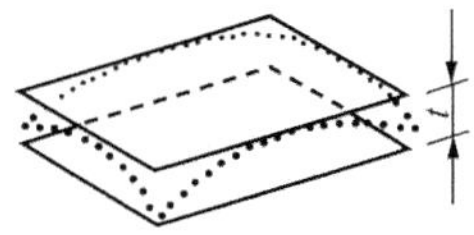

7.2 任务实施

用百分表对图 7-1 零件进行平面度误差的测量，并判断平面度误差是否符合图纸要求。

7.2.1 实施程序

1. 分析图样与零件

读图 7-2，分析该零件的图样要求，准备实验所需的工、量具与零件：百分表、百分表架、螺旋千斤顶、平板、待测零件。

2. 测量并记录

1）清理平板表面与待测零件表面。

2）将三个螺旋千斤顶置于支撑平板表面上。

3）再将待测零件置于支撑平板上。

4）将百分表装到百分表架上，调节千斤顶使待测零件表面处于水平状态。

5）用百分表对待测零件表面上的多个等距点（如图 7-2 所示位置）进行测量，并记录百分表的读数。

6）通过实验数据进行分析，计算平面度误差：

$$\delta = \delta_{max} - \delta_{min}$$

式中，δ——平面度误差；

δ_{max}——百分表最大读数；

δ_{min}——百分表最小读数。

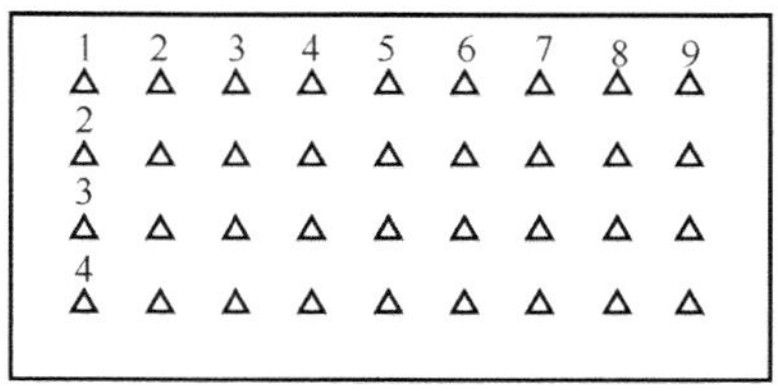

图 7-2 测量被测表面

3. 判断合格性

判断零件的实际平面度误差是否合格。

判断平面度误差是否在公差范围内，方法如下：若 δ 小于 0.05mm 或 δ 等于

0.05mm，则该零件的平面度符合要求；如是 δ 大于 0.05mm，则该零件的平面度超差，不符合要求。

4. 工量具归位

实验完成后，清理、清洁工具、量具，并放入相应的工具箱或量具盒中。

7.2.2 数据分析

填写实验数据，并对其中的尺寸进行分析，从而判断出尺寸是否合格，并且填入数据分析表 7-2 中。

表 7-2 数据分析表

实验各测点读数值	第 1 行	第 2 行	第 3 行	第 4 行
第 1 列				
第 2 列				
第 3 列				
第 4 列				
第 5 列				
第 6 列				
第 7 列				
第 8 列				
第 9 列				
δ_{max}				
δ_{min}				
δ				

▱	0.05	的含义

平面度误差与平面度公差的关系

实验结论

操作者成绩评价

学后自测

一、填空题

1. 百分表的分度值是__________，千分表的分度值是__________。
2. 平面度公差是指__________对理想平面所允许的最大变动量。
3. 平面度公差带的形状是__________间的区域。

二、解答题

1. 百分表如何读数？应注意什么问题？

2. 某同学在测量平面度时未将百分表校零，是否会影响测量结果，为什么？

任务8 百分表、偏摆仪测量圆度与圆柱度误差

【知识目标】

1. 熟悉圆度和圆柱度公差的含义。
2. 理解圆度公差带与圆柱度公差带的含义。

【技能目标】

1. 熟练使用百分表、偏摆仪等计量器具。
2. 掌握用百分表测量圆度和圆柱度误差的方法。

【任务描述】

本任务是用百分表对如图 8-1 所示零件进行圆度误差与圆柱度误差的检测，判断出零件的圆度误差、圆柱度误差是否合格。

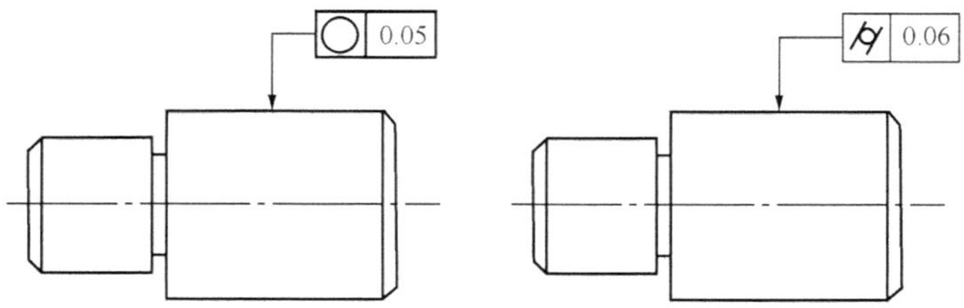

图 8-1 轴

8.1 知识储备：圆度与圆柱度公差

8.1.1 圆度与圆柱度公差概念

1. **圆度公差**

圆度是限制实际圆对理想圆变动量的一项指标。圆度公差是限制实际圆对其理想圆的变动全量，用于控制回转面在任一正截面上的圆轮廓的形状误差。

其公差带为在给定横截面内，半径差等于给定公差值 t 的两同心圆所限定的区域，如图 8-2 所示。

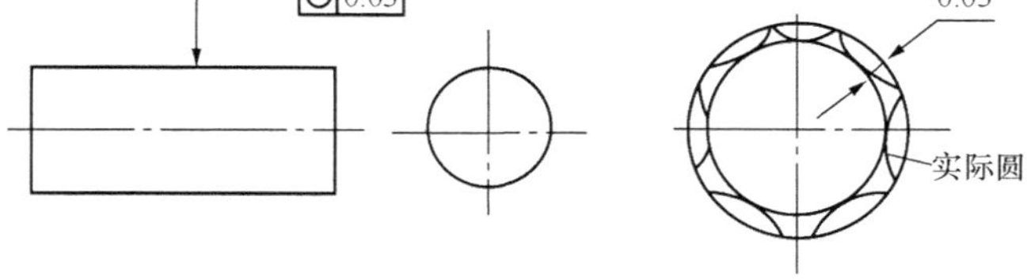

图 8-2 圆度的标注及圆度公差带

2. 圆柱度公差

圆柱度是限制实际圆柱面对理想圆柱面变动量的一项指标。圆柱度公差是限制实际圆柱面对其理想圆柱面的变动全量，用于控制被测实际圆柱面的形状误差。

其公差带为半径差等于公差值 t 的两同轴圆柱面所限定的区域，如图 8-3 所示。

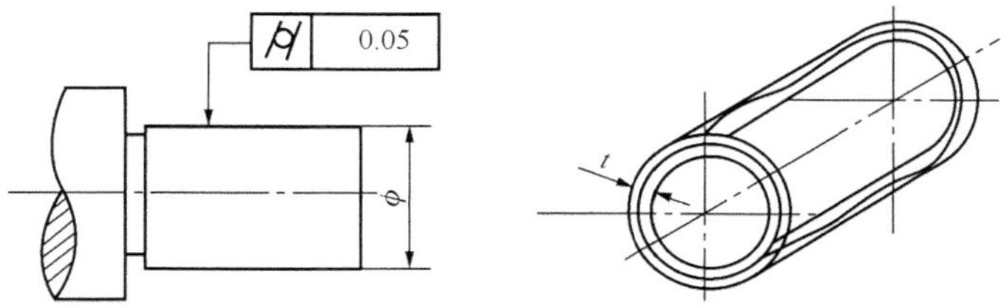

图 8-3　圆柱度的标注及圆柱度公差带

8.1.2　圆度公差和圆柱度公差的应用与解读

圆度公差和圆柱度公差的应用与解读如表 8-1 所示。

表 8-1　圆度公差和圆柱度公差的应用与解读

公差	标注示例和解释	公差带含义
圆度公差	被测圆柱面任一正截面的圆周必须位于半径差为公差值 0.03mm 的两同心圆之间 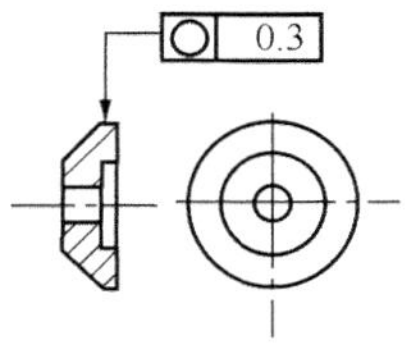 	公差带为在给定横截面内，半径差等于给定公差值 t 的两同心圆所限定的区域 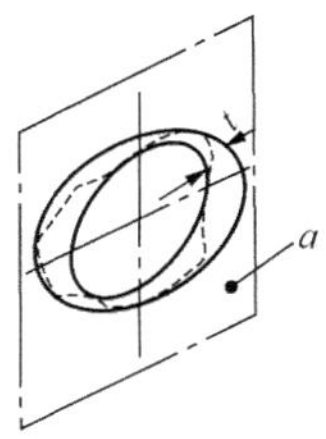
圆柱度公差	被测圆柱面必须位于半径为公差值 0.1 的两同轴圆柱面之间 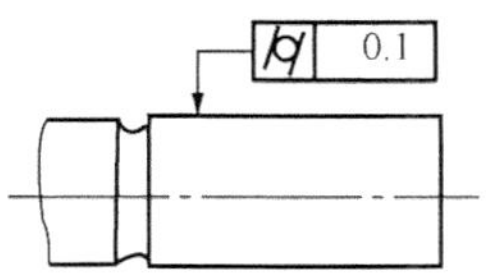 	公差带为半径差等于公差值 t 的两同轴圆柱面所限定的区域 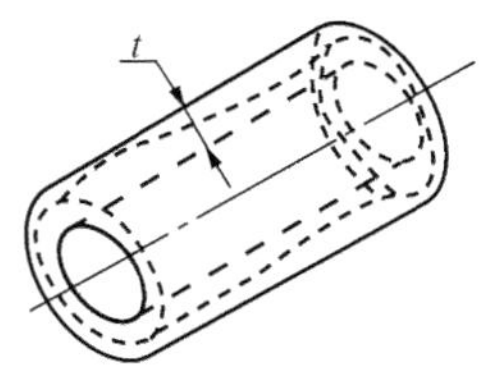

8.2　知识储备：偏摆仪

偏摆仪是工厂中常用的一种计量器具，一般用铸铁制成，带有可调整的前后顶尖座和高精度的纵向、横向导轨，并配有专用表架，利用百分表、千分表可对回转体零件进行各种跳动量的检测。

1. 偏摆仪的使用方法

1）拧紧偏心轴把手，将固定顶尖座固定在仪座上。

2）将被测零件长度将活动顶尖座固定在合适的位置。

3）压下球头手柄，装入零件，用两顶尖顶住零件中心孔。

4）拧紧紧定把手，将顶尖固定。

5）将支架座移动到合适位置后固定它，通过百分表或千分表即可进行检测。

2. 偏摆仪使用注意事项

偏摆检查仪是精密的检测仪器，操作者必须熟练掌握仪器的操作技能，精心地维护保养，并指定专人使用。操作时应始终保持设备完好，设备安装应平衡可靠，导轨面要光滑，无磕碰伤痕，使用时还需注意以下几点：

1）工件检测时，应小心轻放，导轨面上不允许放置任何工具或工件

2）工件检测完后，应立即对仪器进行维护保养，导轨及顶尖套应上油防锈，并保持周围环境整洁。

3）应指定专人于每月底对偏摆仪进行精度实测检查，确保设备完好，并做好实测记录。

8.3 任务实施

用百分表（见任务4）对如图8-4所示零件进行圆度误差或圆柱度误差的测量，并对测量数据进行正确处理，判断出零件的圆度误差或圆柱度误差是否符合图纸要求。

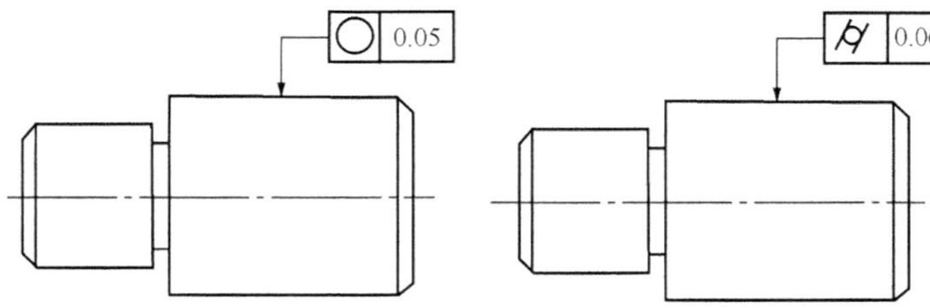

图 8-4　轴

8.3.1 实施程序

1. 分析图样与零件

准备实验所需的工、量具与零件：百分表、百分表架、偏摆仪、待测零件。

2. 测量并记录

1）将图8-4所示的待测零件置于偏摆仪两顶尖间，用两顶尖顶住零件两端面中心，

固定顶尖。

2）将百分表装到百分表架上，使百分表测头接触到零件外圆柱面，转动工件一周，记录下工件转动一周过程中百分表显示的最大读数与最小读数，然后计算出最大读数与最小读数的差值。

3）同样的方法，分别测量出在不同的正截面上百分表的最大读数与最小读数，并进行计算得到百分表读数的最大差值，做好实验数据记录。计算出各截面百分表读数最大差值的一半即为各截面的圆度误差值。

说明：圆柱度误差的测量方法，与圆度误差的第1）、2）步一样，不同的是第3）步：同样的方法，连续测量若干正截面，取各截面内所测得的所有百分表读数中最大与最小读数的差值的一半，作为该圆柱度误差值。

3. 判断合格性

判断零件的圆度误差是否合格。

取各截面的圆度误差值中最大的一个数值与0.05mm进行比较，若最大的圆度误差值小于或等于0.05mm，则说明该圆度误差符合图纸要求；若最大的圆度误差值大于0.05mm，则说明该圆度误差超差，不合格。

说明：圆柱度误差的合格性判断方法是测量所得的圆柱度误差值若小于或等于0.06mm，则该圆柱度误差符合图纸要求；若圆柱度误差值大于0.06mm，则说明该圆柱度误差超差，不合格。

4. 工量具归位

实验完成后，清理、清洁工具、量具，并放入相应的工具箱或量具盒中。

8.3.2　数据分析

填写实验数据，对其中的数据进行分析，从而判断出该圆度误差是否合格，并且填入数据分析表（表8-2）中。

表8-2　数据分析表

正截面序号	百分表最大读数	百分表最小读数	百分表读数的最大差值	圆度误差值	圆度误差是否合格
正截面1					
正截面2					
正截面3					
正截面4					
正截面5					
正截面6					
正截面7					
正截面8					

续表

○ | 0.05 的含义
⌭ | 0.06 的含义
圆度误差与圆度公差的关系
实验结论
操作者成绩评价

学后自测

一、判断题

1. 某圆柱面的圆柱度公差为 0.03mm，则说明该圆柱面的圆度公差也是 0.03mm。 （　　）
2. 圆柱度公差是控制圆柱形零件横截面和轴向截面内形状误差的综合性指标。 （　　）

二、解答题

1. 简述圆度和圆柱度误差的异同。

2. 若待测零件是圆柱形零件，是否可认为该零件的圆度误差即为其圆柱度误差，为什么？

3. 解释图中形位公差的含义。

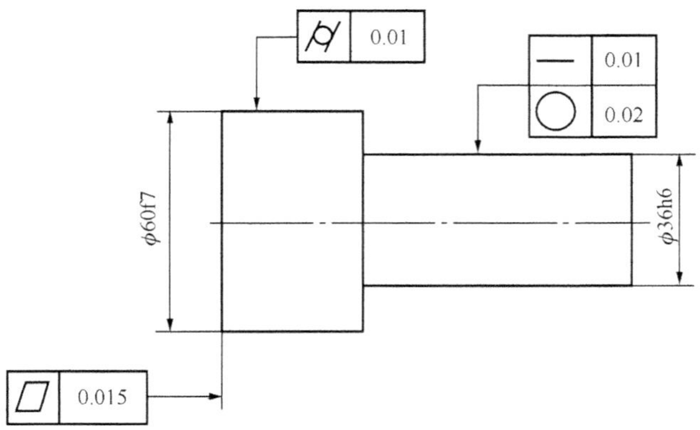

任务9 轮廓样板测量轮廓度误差

【知识目标】

1. 熟悉线轮廓度公差、面轮廓度公差的含义。
2. 掌握线轮廓度公差、面轮廓度公差的标注方法。

【技能目标】

1. 掌握用轮廓样板测量线轮廓度的方法。
2. 了解用轮廓仪测面轮廓度的方法。

【任务描述】

本任务是用轮廓度样板测量如图9-1所示零件的线轮廓度误差，用轮廓仪测量面轮廓度误差，判断出轮廓度误差值是否合格。

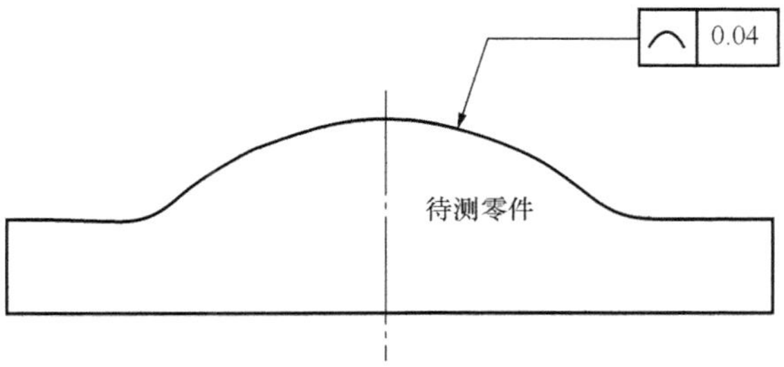

图9-1 弧度件

9.1 知识储备：线轮廓度和面轮廓度公差

9.1.1 线轮廓度公差

1. 线轮廓度公差概念

线轮廓度是限制实际曲线对理想曲线变动量的一项指标，它是对非圆曲线的形状精度要求。线轮廓度公差是实际被测要素（轮廓线要素）对理想轮廓线的允许变动。

2. 线轮廓度公差的标注及公差带识读

(1) 无基准要求（图9-2）

公差带是包络一系列直径为公差值t的圆的两包络线之间的区域，而各圆的圆心位于理想轮廓线上。

识读：在平行于图样所示的投影面的任一截面上，被测轮廓曲线必须位于包络一系列直径为公差值0.04，且圆心位于具有理论正确几何形状的线上的两包络线之间的区域内。

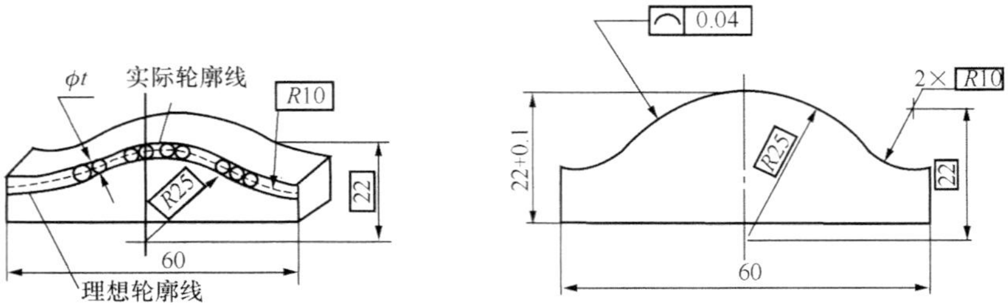

图 9-2　无基准的线轮廓度

（2）有基准要求（图 9-3）

公差带是直径等于公差值 t、圆心位于由基准平面 A 和基准平面 B 确定的被测要素理论正确几何形状上的一系列圆的两包络线所限定的区域。

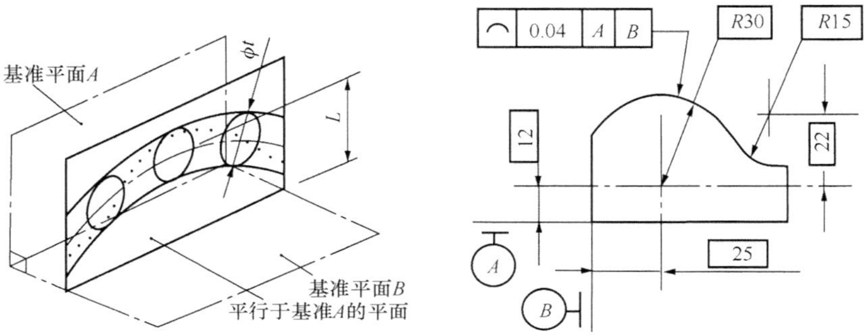

图 9-3　有基准的线轮廓度

识读：在平行于图样所示的投影面的任一截面上，被测轮廓曲线必须位于包络一系列直径为公差值 0.04，且圆心位于由基准面 A 和基准面 B 确定的被测要素具有理论正确几何形状的线上的两包络线之间的区域内。

9.1.2　面轮廓度公差

1. 面轮廓度公差概念

面轮廓度是限制实际曲面对理想曲面变动量的一项指标，它是对曲面形状精度的要求。面轮廓度公差是实际被测要素（轮廓面线要素）对理想轮廓面的允许变动量。

2. 面轮廓度公差的标注及公差带识读

（1）无基准要求（图 9-4）

公差带是直径为公差值 t、球心位于被测要素理论正确形状上的一系列圆球的两包络面所限定的区域。

识读：被测轮廓曲面必须位于包络一系列球的两包络面之间，诸球的直径为公差值 0.02，且球心位于具有理论正确几何形状的面上的两包络面之间。

（2）有基准要求（图 9-5）

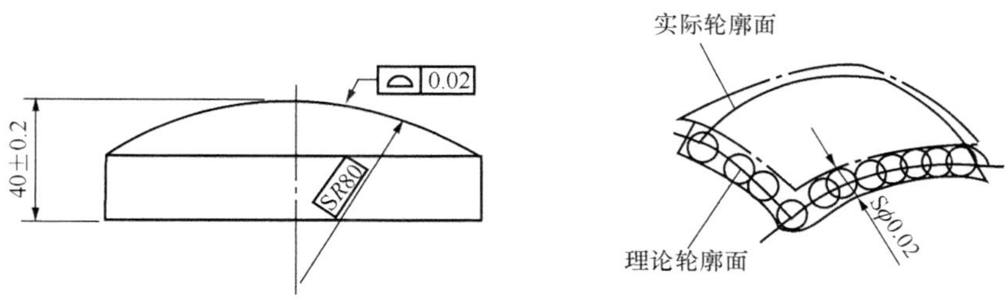

图 9-4　无基准的面轮廓度

公差带是直径为公差值 t、球心位于由基准平面确定的被测要素理论正确几何形状上的一系列圆球的两包络面所限定的区域。

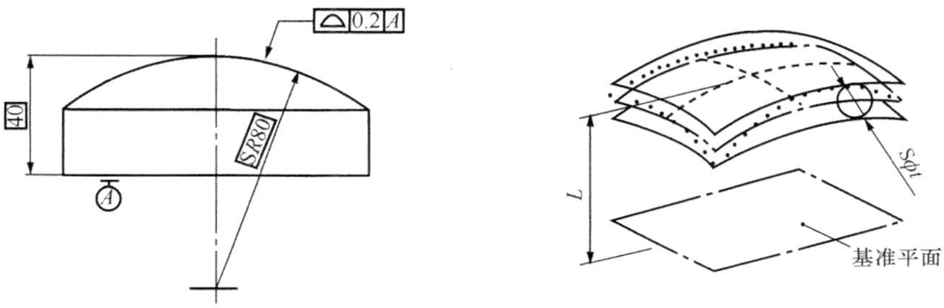

图 9-5　有基准的面轮廓度

含义：被测轮廓曲面必须位于包络一系列球的两包络面之间，诸球的直径为公差值 0.1，且球心位于由基准平面 A 确定的被测要素理论正确几何形状的面上的两包络面之间。

9.1.3　轮廓度误差的检测方法

轮廓度误差检测可通过样板测量法、投影仪检测法和坐标测量装置检测等方法检测。

粗糙度轮廓仪是专门用来检测零件表面粗糙度、表面轮廓的精密计量仪器。它采用金刚石触针与被测零件直接接触的方式来测定表面粗糙度和表面轮廓，通过传感器和专用软件定量地测量零件表面的几何形状，计算各种所需参数，按需要显示、存储、打印数据和图像。

如图 9-6 所示，由主机、电脑、电器控制箱、打印机组成，其中主机包括大理石平台、立柱升降系统、驱动箱、传感器。驱动箱可随升降套在立柱上垂直移动，万能工作台置于大理石平台上，可前后左右移动，测量头置于驱动箱一侧下端的测杆内，向着工作台，可水平左右移动。

广泛应用于机械加工、轴承制造、汽车制造、航天工业、模具制造、精密五金等行业。样板测量法是指用轮廓样板来模拟理想轮廓曲线，与实际轮廓进行比较的测量。

如图 9-7 所示，将轮廓样板按规定的方向放置在被测零件上，根据光隙法估读间隙的大小，取最大间隙作为该零件的线轮廓度误差。具体测量时，一种是采用透光法对比实施，一种是采用仿形法实施。该测量方法对测量条件要求不高，容易实现，适用面广，可测量一般的中、低精度的零件。

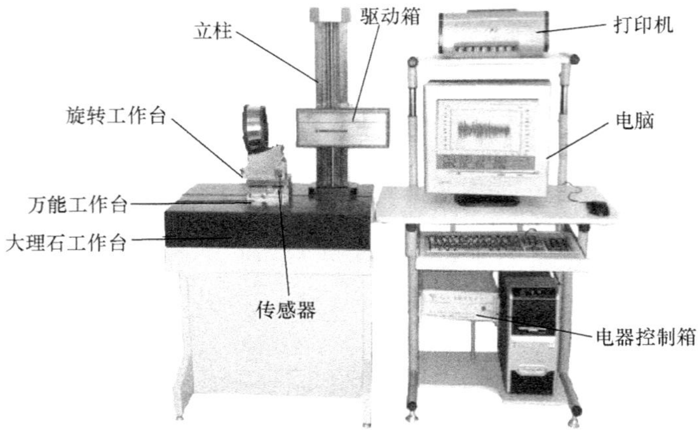

图 9-6　粗糙度轮廓仪

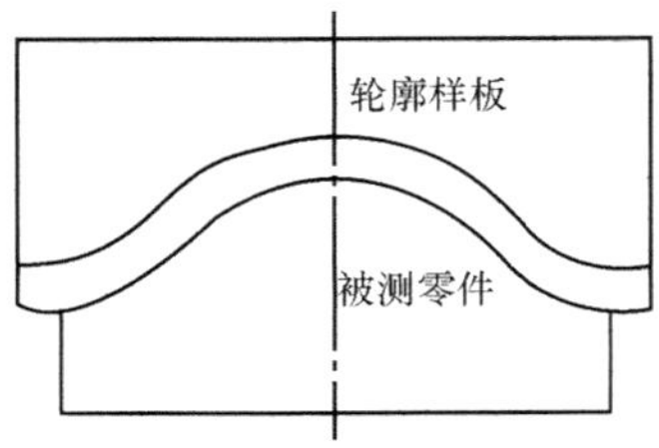

图 9-7　样板测量法

9.2　任务实施

选用与工件相应的轮廓样板测量图 9-8 所示零件的线轮廓度，并且利用光隙法判断该零件误差是否合格。

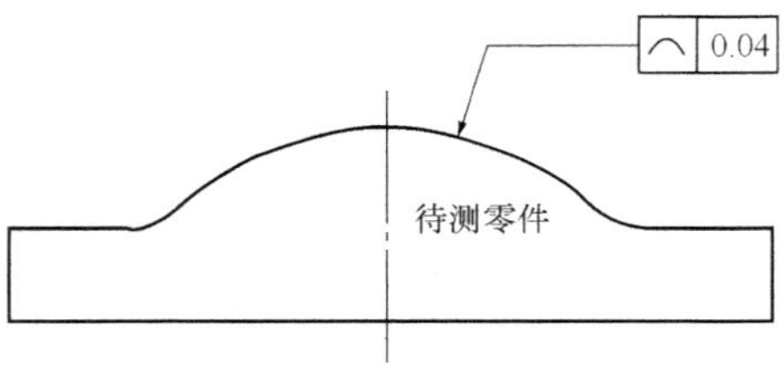

图 9-8　弧度件

9.2.1　实施程序

1. 分析图样与零件

读图分析图纸，准备好待测零件、与待测零件相应的轮廓样板。

2. 测量并记录

将轮廓样板按照规定的方向放置在被测零件上，利用光隙法估读出间隙值，取其中最大的间隙作为该零件的线轮廓度误差（图 9-9）。

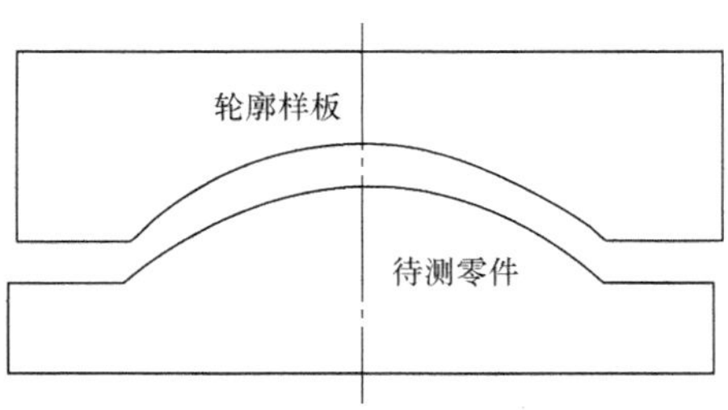

图 9-9　用轮廓样板检验零件

3. 判断合格性

判断零件的轮廓度误差是否合格。

把测量的最大间隙值与图中公差值进行比较，若实测值小于或等于 0.04mm，则该轮廓度误差合格，如果实际测量值大于 0.04mm，则该轮廓度误差超差，不合格。

4. 工量具归位

实验完成后，清理、清洁工具、量具，并放入相应的工具箱或量具盒中。

9.2.2　数据分析

填写测量数据，对其中的数据进行分析，从而判断出轮廓度误差是否合格，并填入数据分析表 9-1 中。

表 9-1　数据分析及测评表

测量位置	间隙值	实测线轮廓度误差	线轮廓度误差是否合格
1			
2			
3			
4			
5			
6			
7			
8			

| ⌒ | 0.04 | 的含义

线轮廓度误差与线轮廓度公差的关系

实验结论

操作者成绩评价

学后自测

一、填空题

1. 线轮廓度公差是指包络一系列直径为公差值 t 的圆的__________之间的区域，而各圆的圆心应位于________________________之上。

2. 如下图所示零件的公差是指__________相对于__________的线轮廓度，其公差带是_________。

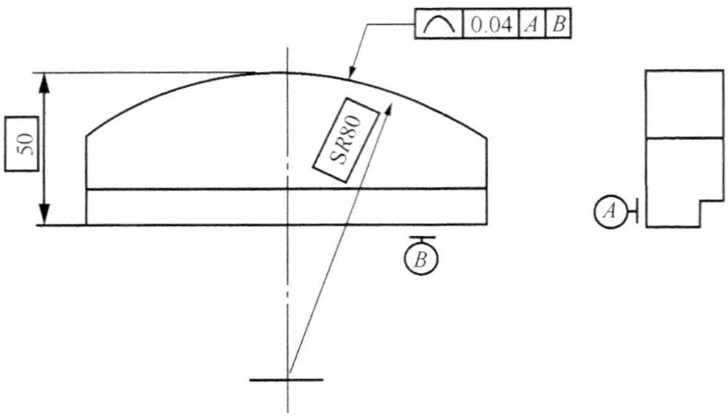

3. 线轮廓度公差带分为无基准要求和有基准要求两种，当有基准要求时，面轮廓度公差属于__________公差，其公差带位置__________。当无基准要求时，面轮廓度公差属于__________公差，其公差带位置__________。

4. 线轮廓度公差带分为无基准要求和有基准要求两种，当有基准要求时，面轮廓度公差属于__________公差，其公差带位置__________。当无基准要求时，面轮廓度公差属于__________公差，其公差带位置__________。

二、选择题

关于线、面轮廓公差，下列说法中错误的是（　　）。

A. 线轮廓度公差只能用来控制曲线的形状精度，面轮廓度公差只能用来控制曲面的形状精度

B. 线轮廓度的公差带是两条等距曲线之间的区域

C. 面轮廓度的公差带是两条等距曲面之间的区域

D. 线、面轮廓度公差带中的理论正确几何形状由理论正确尺寸确定

三、判断题

1. 线轮廓度公差带是指包络一系列直径为公差值 t 的圆的两包络线之间的区域，诸圆圆心应位于理想轮廓线上。（　　）

2. 线轮廓度是用来控制平面曲线或曲面截面轮廓的形状与位置误差。（　　）

3. 线轮廓度属于形状公差，只用于控制被测要素的形状误差。（　　）

4. 面轮廓度是用来控制曲面轮廓的形状与位置误差。（　　）

5. 面轮廓度属于形状公差，只用于控制被测要素的形状误差。（　　）

任务10 杠杆百分表测量平行度误差

【知识目标】

1. 熟悉平行度公差的含义。
2. 掌握形位公差的标注方法。

【技能目标】

1. 会用杠杆百分表测量平行度误差。
2. 熟悉常用的平行度误差的测量器具和测量方法。

【任务描述】

本任务是用百分表对图10-1所示零件进行平行度误差的检测，判断其平行度误差是否合格。

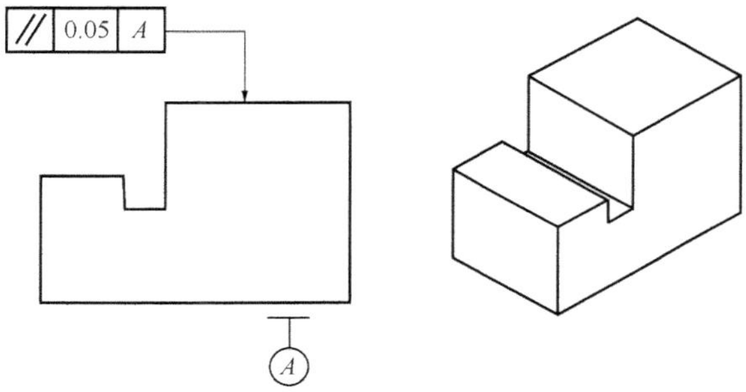

图10-1 阶台件

10.1 知识储备：平行度公差与形位公差标注方法

位置公差与形状公差的区别在于位置公差中存在基准要素，对被测要素起到定向或定位的作用。所以，位置公差又分为定向公差、定位公差和跳动公差。

定向公差是指实际要素对基准在方向上允许的变动全量，具有确定方向的功能，即确定被测要素相对于基准要素的方向精度。当被测要素对基准的理想方向为0°时，定向公差为平行度；当被测要素对基准的理想方向为90°时，定向公差为垂直度；当被测要素对基准的理想方向为其他任意角度时，定向公差为倾斜度。本次的任务就是学习用杠杆百分表测量平行度误差。

10.1.1 平行度

1. 平行度公差

平行度是限制实际要素对基准在平行方向上变动量的一项指标。平行度公差是指被测要素相对基准在平行方向上允许的变动全量。

根据被测要素与基准要素各自几何特征的不同，平行度包含面对面、线对面、面对线和线对线四种情况。

根据零件的功能不同，平行度公差有给定一个方向、给定互相垂直的两个方向和任意方向等情况。

当给定一个方向时，平行度公差带是距离为公差值 t 且平行于基准平面（或直线、轴线）的两平行平面之间的区域。当给定任意方向时，平行度公差带是直径为公差值 t 且平行于基准轴线的圆柱面内的区域。

2. 平行度公差带

平行度公差带的应用与解读如表 10-1 所示。

表 10-1　平行度公差带应用与解读

特征	标注示例和解释	公差带含义
线对线	被测轴线必须位于距离为公差值 0.2，且在给定方向上平行于基准线的两平行平面之间 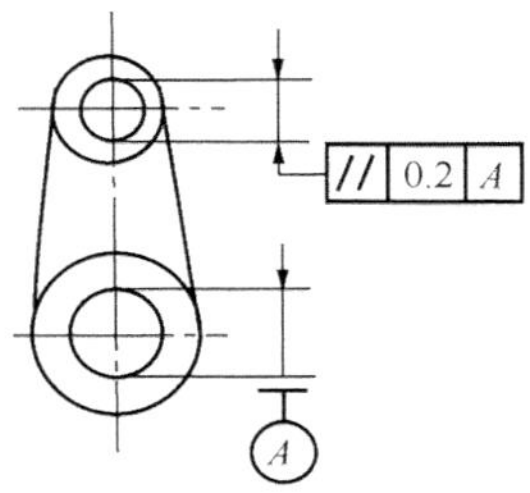	公差带为间距等于公差值 t_1，平行于基准轴线和基准平面的两平行平面所限定的区域 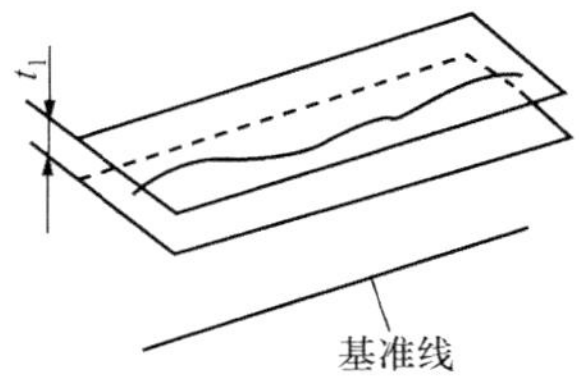
	被测轴线必须位于距离为公差值 0.2 且在给定方向上平行于基准线的两平行平面之间 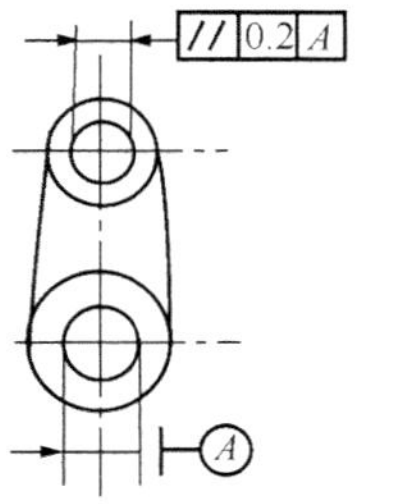	公差带为间距等于公差值 t_2，平行于基准轴线且垂直于基准平面的两平行平面所限定的区域 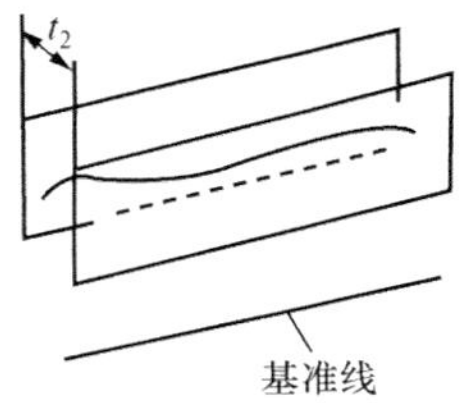
	被测轴线必须位于距离分别为公差值 0.2 和 0.1，在给定的互相垂直方向上且平行于基准轴线的两组平行平面之间 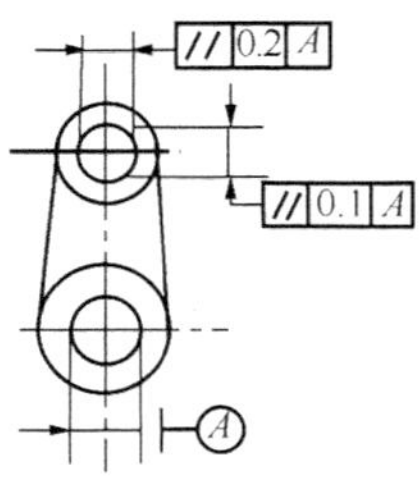	公差带是两对互相垂直的，距离分别为 t_1 和 t_2 且平行于基准线的两平行平面之间的区域 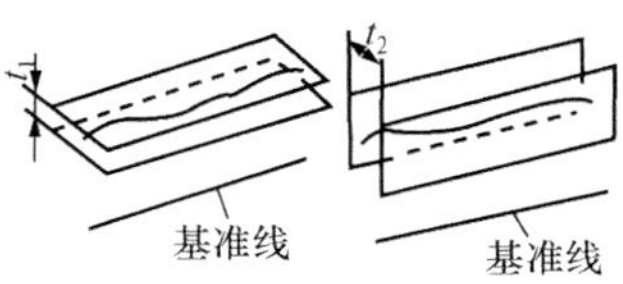

续表

特征	标注示例和解释	公差带含义
线对线	被测轴线必须位于直径为公差值 0.03 且平行于基准轴线的圆柱面内 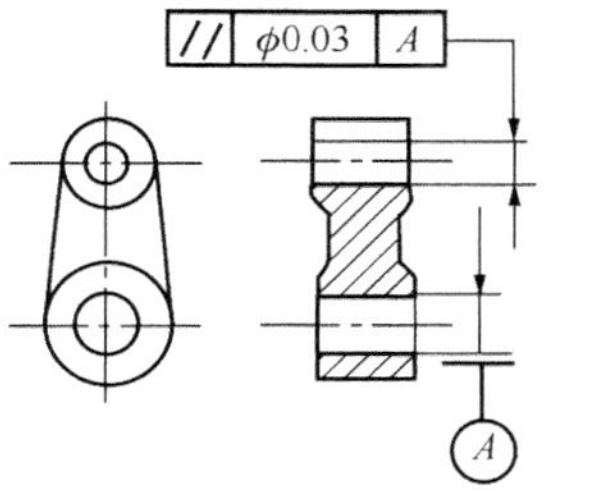	若公差值前加注了符号 ϕ 公差带为平行于基准轴线，直径等于公差值 ϕt 的圆柱面所限定的区域 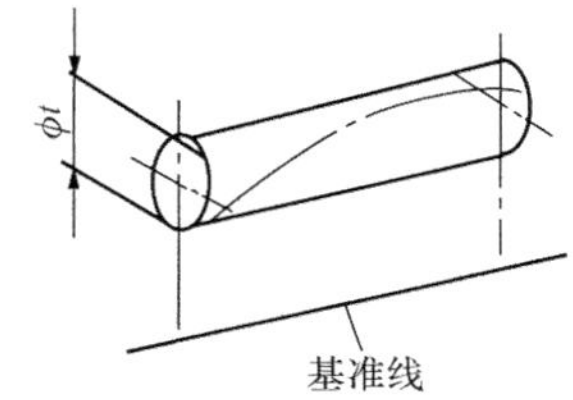
线对面	被测轴线必须位于距离为公差值 0.01 且平行于基准表面 B（基准平面）的两平行平面之间 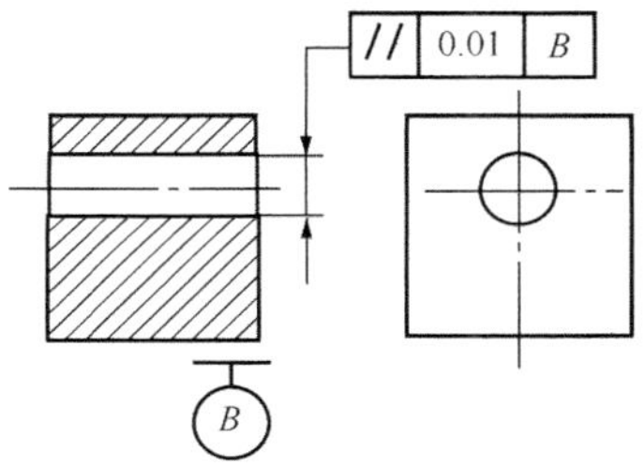	公差带是距离为公差值 t 且平行于基准平面的平行平面之间的区域 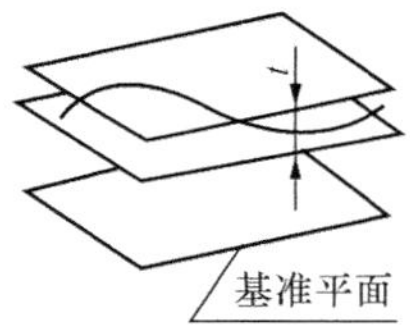
面对线	被测表面必须位于距离为公差值 0.01 且平行于基准轴线 C（基准轴线）的两平行平面之间 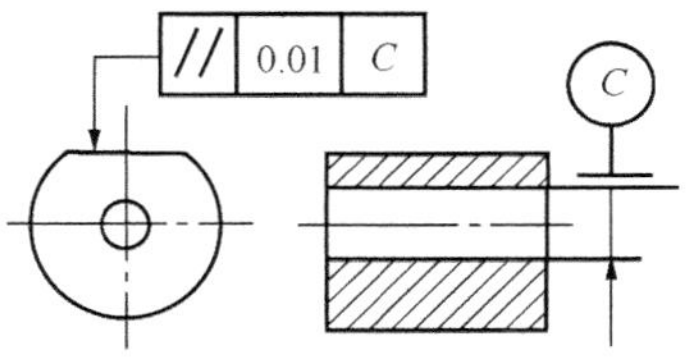	公差带是距离为公差值 t 且平行于基准轴线的两平行平面之间的区域 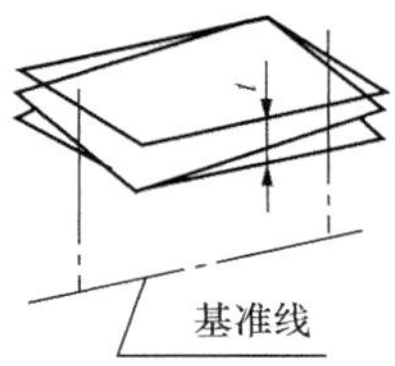
面对面	被测表面必须位于距离为公差值 0.01 且平行于基准便面 D（基准平面）的两平行平面之间 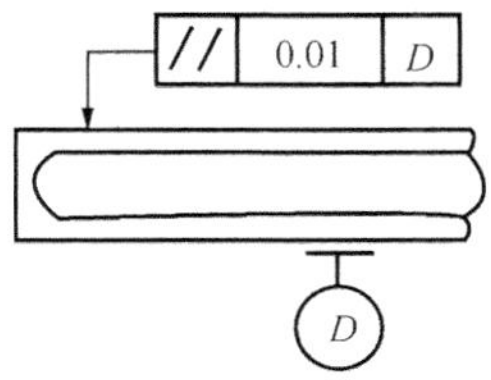	公差带是距离为公差值 t 且平行于基准面的两平行平面之间的区域 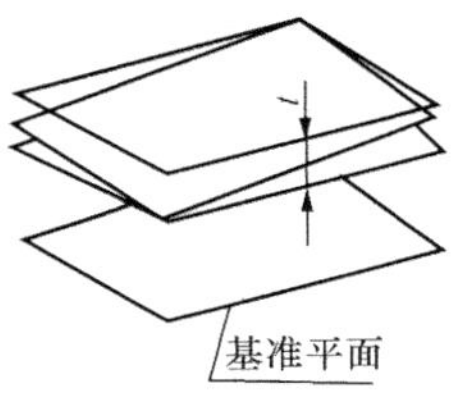

10.1.2 形位公差符号和框格

1. 形位公差附加符号

在表达形位公差的时候，除了需使用其项目符号外，还需要加入一些附加要求的符号，如表 10-2 所示。

表 10-2 形位公差附加符号

说明	符号	说明	符号	说明	符号
被测要素	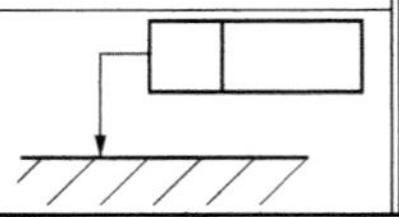	基准要素		理论正确尺寸	50

2. 形位公差框格

公差框格分为两格或多格式，框格内从左到右填写以下内容，如图 10-2 所示。

1）第一格填写形位公差项目符号。

2）第二格填写形位公差数值和有关符号。

3）第三格和以后各格填写基准代号的字母和有关符号。

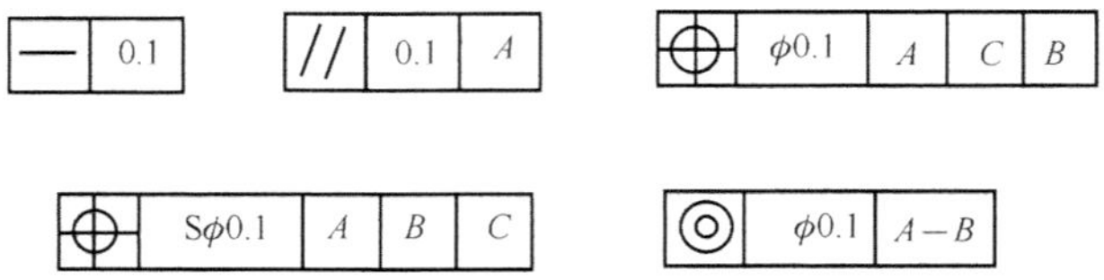

图 10-2 形位公差框格

10.1.3 被测要素的标注方法

1）当被测要素为轮廓要素时，指引线的箭头应指在该要素的轮廓线或其引出线上，并应明显地与尺寸线错开（应与尺寸线至少错开 4mm），如图 10-3 所示。

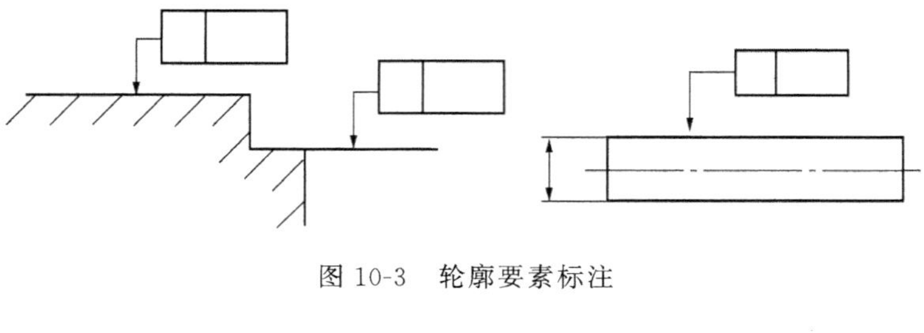

图 10-3 轮廓要素标注

2）当被测要素为中心要素时，指引线的箭头应与被测要素的尺寸线对齐，当箭头与尺寸线的箭头重叠时，可代替尺寸线箭头，指引线的箭头不允许直接指向中心线，如图 10-4 所示。

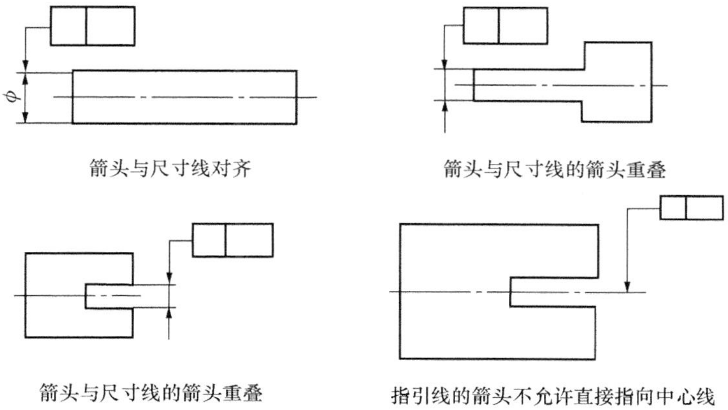

图 10-4 中心要素标注

被测要素是圆锥体轴线时，指引线箭头应与圆锥体的大端或小端的尺寸线对齐。必要时也可在圆锥体上任一部位增加一个空白尺寸线与指引箭头对齐，如图 10-5所示。

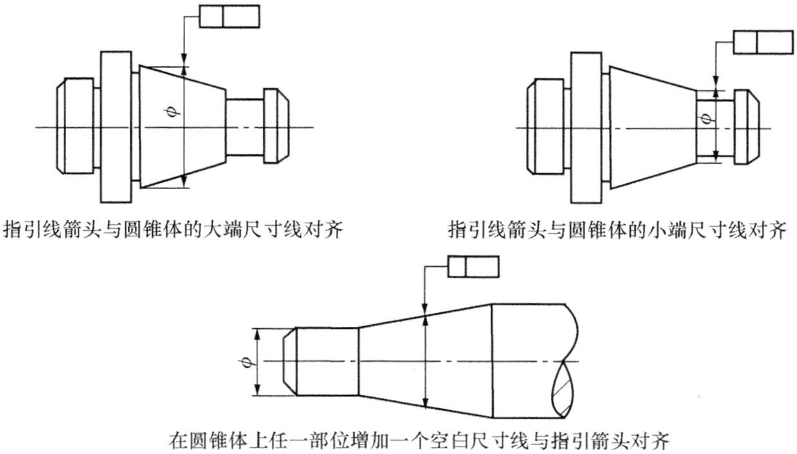

图 10-5 圆锥体轴线的标注

3）当被测要素为视图上局部表面时，可在该面上用一小黑点引出线，公差框格的指引线箭头指在参考线如图 10-6 所示。

4）当多个被测要素有相同的形位公差（单项或多项）要求时，可以在从框格引出的指引线上绘制多个指示箭头，并分别与被测要素相连，如图 10-7 所示。也可用符号进行标注，如图 10-8 所示。

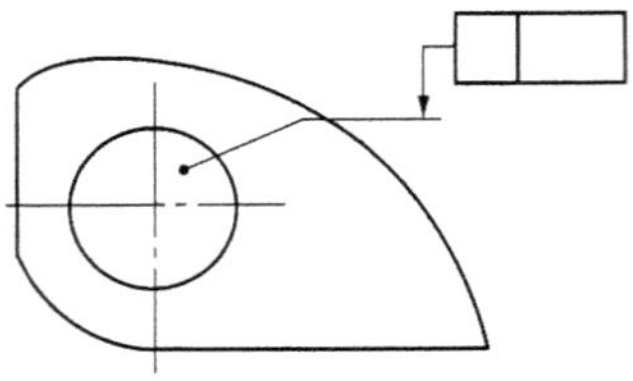

图 10-6　局部表面的标注

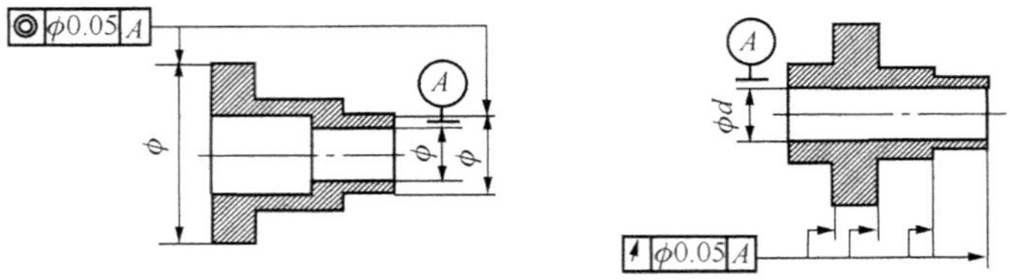

指引线箭头所指表面具有相同的同轴度公差要求

指引线箭头所指表面具有相同的圆跳动公差要求

图 10-7　被测要素有相同的形位公差的标注

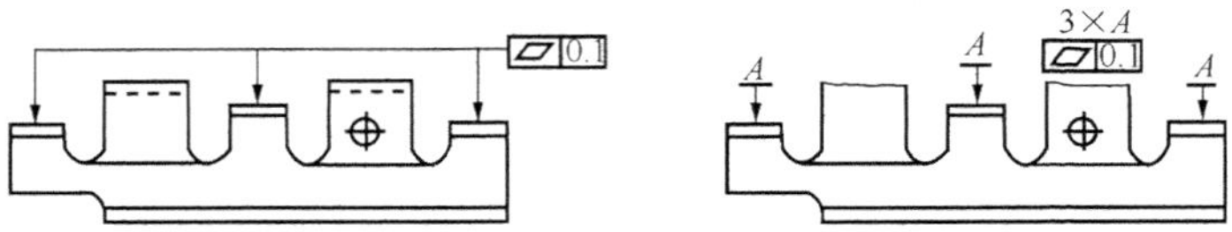

用指引线箭头与框格表示3个被测要素有相同的平面度公差

用符号与框格表3个被测要素有相同的平面度公差

图 10-8　多个被测要素有相同的形位公差的符号标注

注意：用同一公差带控制几个被测要素时，应在公差框格上注明“共面”或“共线”，如图 10-9 所示。

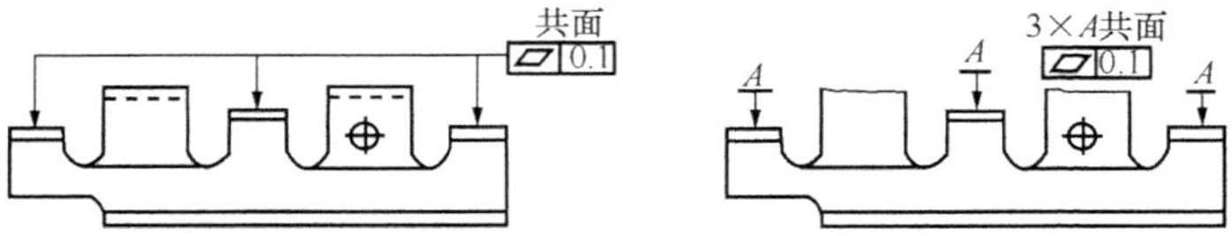

箭头所指表面具有相同的公差带

可用符号表示

图 10-9　用同一公差带控制几个被测要素的标注

5）当同一个被测要素有多项形位公差要求，可以将这些框格绘制一起，并引用一根指引线。

注意：如测量方向不完全相同，则应将测量方向的不同项目分开标注，如图 10-10 所示。

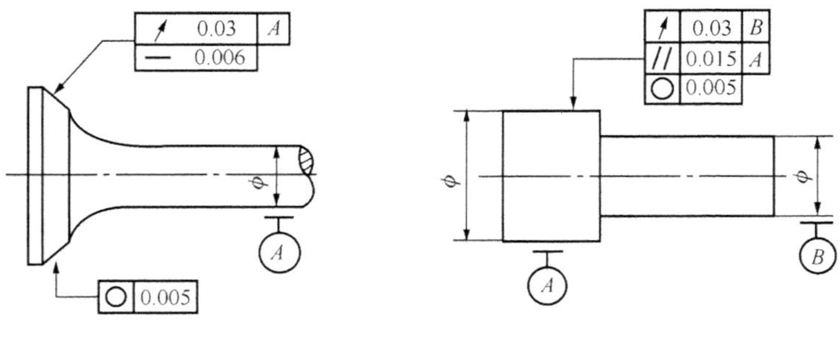

图 10-10　同一个被测要素有多项形位公差的标注

6）被测要素有附加要求的标注。对被测要素数量说明时，附加要求应写在公差框格的上方，如图 10-11（a，b）所示，对被测要素有解释性说明时，附加要求应写在公差框格的下方，如图 10-11（c，d）所示。

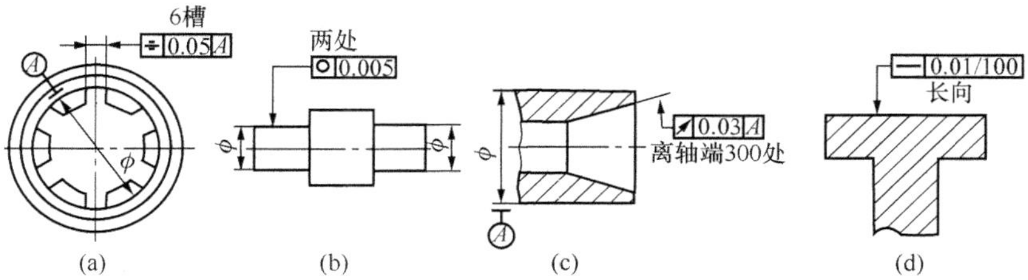

图 10-11　被测要素数量上的说明的标注

10.1.4　基准要素的标注

当基准要素为轮廓要素时，基准符号的连线应指在该要素的轮廓线或其延长线上，并应明显地与尺寸线错开。基准符号标注在轮廓的延长线上时，可以放置在引出线的任一侧，如图 10-12 所示。

图 10-12　基准要素为轮廓要素时的标注

当基准要素是轴线、中心平面或点时，则基准符号中的连线应与确定中心要素的轮廓的尺寸线对齐，如图 10-13 所示。

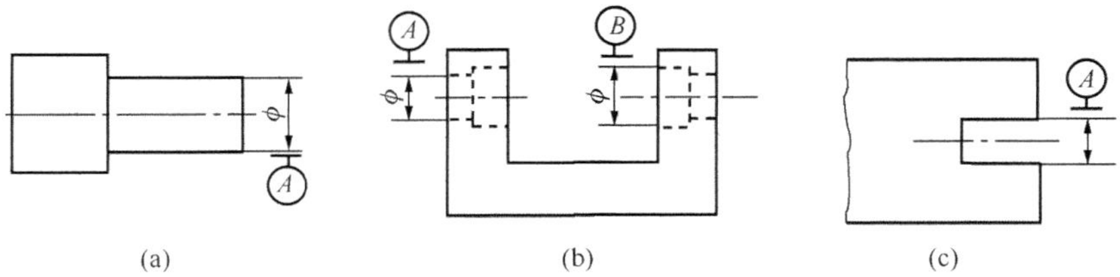

图 10-13　基准要素为中心要素时的标注

当基准要素为视图上局部表面时，基准符号可置于用圆点指向实际表面的投影的参考线上，如图 10-14 所示。

当以零件两端中心孔工作面的公共轴线作为基准时，可采用图 10-15 的标注方法。其中（a）图为两中心孔参数不同时的标注，（b）图为两中心孔参数相同时的标注。

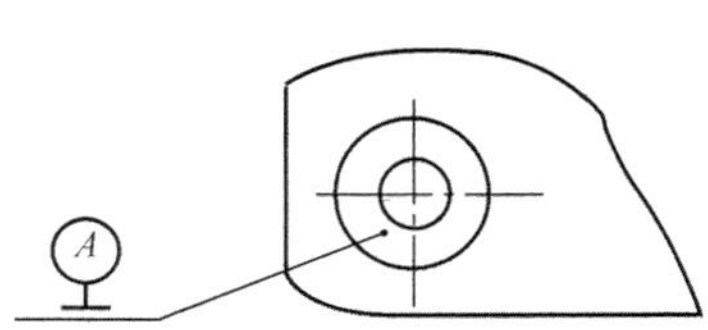

图 10-14　基准要素为视图上局部表面时的标注

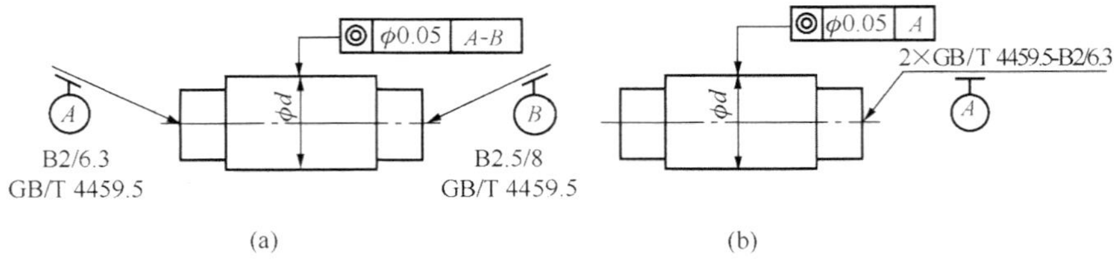

图 10-15 基准要素为公共基准时的标注

10.2 知识储备：杠杆百分表

杠杆百分表又被称为杠杆表，是利用杠杆—齿轮传动机构或者杠杆—螺旋传动机构，将被测尺寸微小变化（测杆摆动）转换为指针回转运动。

10.2.1 结构、工作原理及分度值

杠杆百分表的外形结构如图 10-16 所示。主要由杠杆、齿轮传动机构组成。杠杆测头位移时，带动扇形齿轮绕其轴摆动，使其与啮合的齿轮转动，从而带动与齿轮同轴的指针偏转。当杠杆测头的位移为 0.01mm 时，杠杆齿轮传动机构使指针正好偏转一格，即杠杆百分表的分度值为 0.01mm。

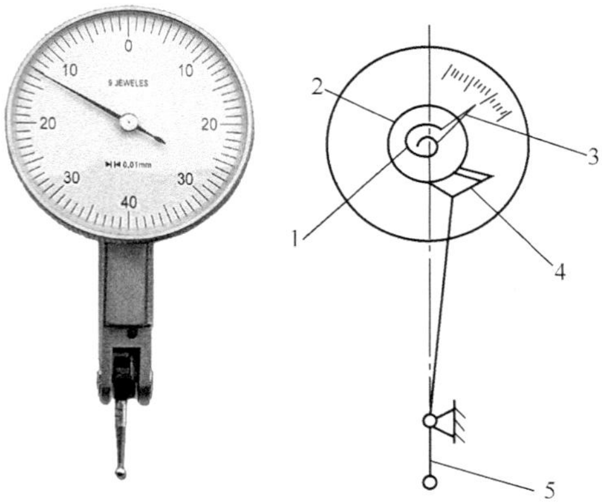

图 10-16 杠杆百分表结构图

1—游丝；2—齿轮；3—指针

4—扇形齿轮；5—杠杆测头

10.2.2 用途

杠杆百分表体积小，杠杆测头的位移方向可以改变，因而在校正工件和测量工件时都很方便。尤其是对小孔的测量和在机床上校正零件时，使用杠杆百分表就十分方便。

10.2.3 使用方法

1. 使用前检查

1）轻轻移动测杆，表针应有较大位移，指针与表盘应无摩擦，测杆、指针无卡阻或跳动；

2）轻轻拨动几次测头，松开后指针均应回到原位；

3）沿测杆安装轴的轴线方向拨动测杆，测杆无明显晃动，指针位移应不大于 0.5 个分度。

2. 正确使用

1）将表固定在表座或表架上，调整表的测杆轴线垂直于被测尺寸线。

2）测量前调零位。调零位时，先使测头与基准面接触，压测头到量程的中间位置，转动刻度盘使零线与指针对齐，然后反复测量同一位置 2～3 次后检查指针是否仍与零线对齐，如不齐则重调。

3）测量时，用手轻轻抬起测杆，将工件放入测头下测量，不可把工件强行推入测头下（图 10-17）。

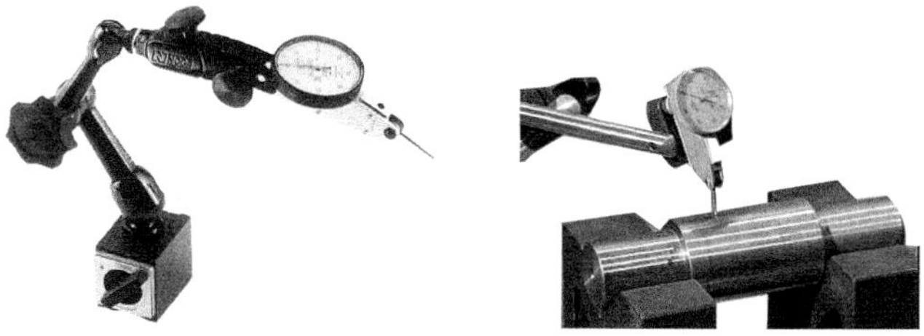

图 10-17　杠杆百分表安装与使用

3. 读数

读数时眼睛要垂直于表针，防止偏视造成读数误差。

10.3　任务实施

选用合适的百分表，测量出图 10-18 所示零件的平行度误差，并判断该零件平行度误差是否符合图样要求。

10.3.1　实施程序

1. 分析图样与零件

读图分析零件，准备实验所需的工、量仪与零件：杠杆百分表、待测零件。

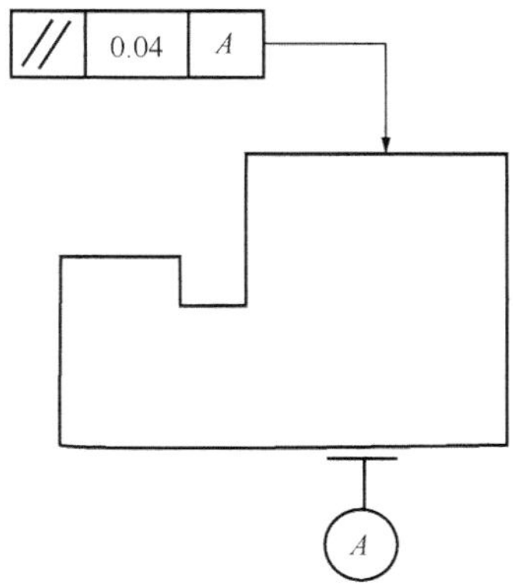

图 10-18　杠杆百分表测平行度

2. 测量并记录

1）清理待测零件表面。

2）将杠杆百分表进行校零后准备进行测量。

3）用杠杆百分表零件的待测表面不同位置进行测量，作好实验数据记录。

3. 判断合格性

判断零件的平行度误差是否合格。

把测量出的最大误差值与图纸所标注的公差值 0.04mm 作比较，若最大误差值小于或等于 0.04mm，则该平行度误差合格；若最大误差值大于 0.04mm，则说明该平行度误差超差，不合格。

4. 工量具归位

实验完成后，清理、清洁工具、量具，并放入相应的工具箱或量具盒中。

10.3.2 数据分析

填写测量数据，对其中的数据进行分析，从而判断出该位置误差是否合格，并且填入表10-3中。

表10-3 数据分析表

形状误差项目	百分表读数值	百分表最大读数与最小读数的差值	平行度误差值	平行度误差是否合格
平行度				

| // | 0.04 | A | 的含义

(A) 的含义

平行度误差与平行度公差的关系

实验结论

操作者成绩评价

学后自测

一、填空题

在形状公差中，当被测要素是空间一直线，若给定一个方向时，其公差带是________的区域，若给定任意方向时，其公差带是________区域。

二、选择题

1. 关于杠杆百分表的使用特点，下列说法中错误的是（　　）。

A. 杠杆百分表体积较小且杠杆测头的位移方向可以改变

B. 尤其适用于小孔的测量

C. 在机床上校正工件时使用灵活

D. 杠杆百分表的测量头必须垂直于工件被测表面

2. 下列公差属于形状公差的是（ ）。

A. 圆柱度　　B. 平行度　　C. 对称度　　D. 全跳动

3. 平面度公差带的形状是（ ）间的区域。

A. 两平行直线　　B. 圆柱面　　C. 两平行平面　　D. 两同轴圆柱面

三、判断题

1. 用内径百分表测量孔径属于相对测量法，可以直接读出被测尺寸的数值。（ ）

2. 平面的几何特性要比直线复杂，因而平面度公差的公差带形状要比直线度公差的公差带形状复杂。（ ）

四、解答题

1. 杠杆百分表与百分表的异同点在哪里？

2. 什么是理想要素、实际要素、轮廓要素和中心要素？

3. 什么是被测要素、基准要素、单一要素和关联要素？

任务 11 直角尺和塞尺测量垂直度误差

【知识目标】

1. 熟悉垂直度公差与垂直度公差带的含义。
2. 掌握垂直度公差带的应用。

【技能目标】

掌握直角尺与塞尺配合使用检验垂直度误差的方法。

【任务描述】

本任务是用直角尺和塞尺对如图 11-1 所示零件进行垂直度误差的检测，判断其垂直度误差是否合格。

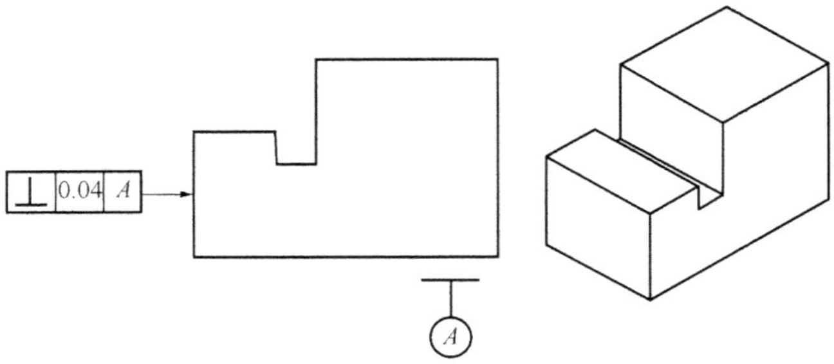

图 11-1 阶台件

11.1 知识储备：垂直度公差与公差带

11.1.1 垂直度公差

垂直度公差是指被测要素相对基准在垂直方向上允许的变动全量。

11.1.2 垂直度公差带

垂直度公差带的应用与解读如表 11-1 所示。

表 11-1 垂直度公差带的应用与解读

特征	标注示例和解释	公差带含义
线对线	被测轴线必须位于距离为公差值 0.06 且垂直于基准 A（基准轴线）的两平行平面之间 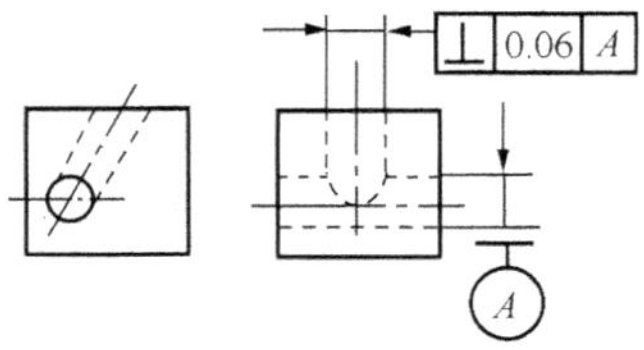	公差带是距离为公差值 t 且垂直于基准线的两平行平面之间的区域 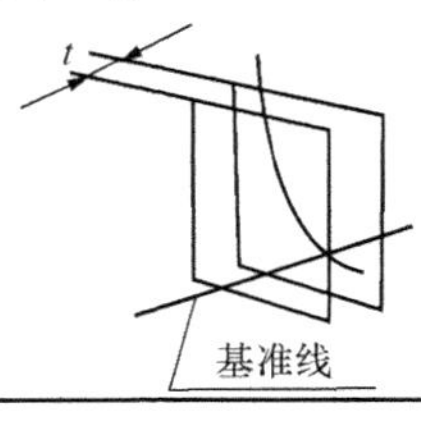

续表

特征	标注示例和解释	公差带含义
给定方向	在给定方向上被测要素必须位于距离为公差值0.1且垂直于基准表面A的两平行平面之间 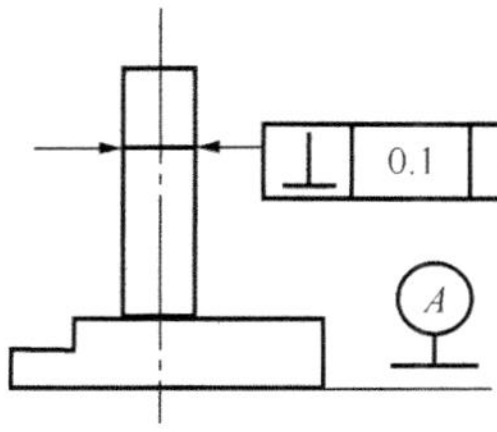	在给定方向上，公差带是距离为公差值t且垂直于基准面的两平行平面之间的区域 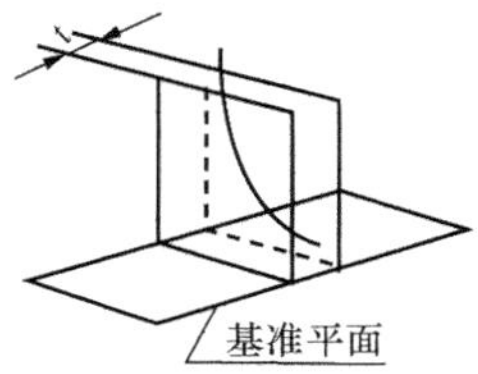
互相垂直两个方向	被测轴线必须位于距离分别为公差值0.2和0.1之间的互相垂直且垂直于基准平面的两对平行平面之间 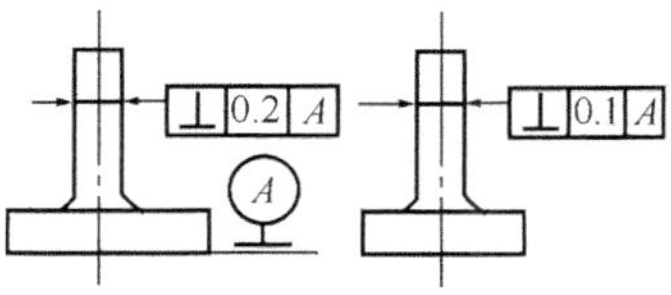	公差带是相互垂直的距离分别为t_1和t_2且垂直于基准面的两对平行平面之间的区域 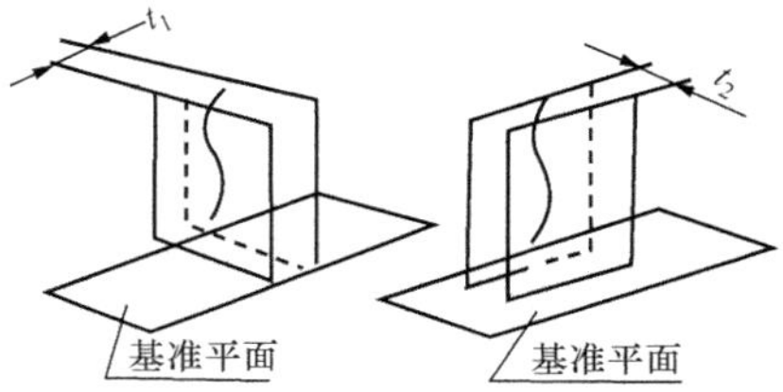
任意方向上	被测轴线必须位于直径为公差值$\phi0.01$，且垂直于基准面A（基准平面）的圆柱面内 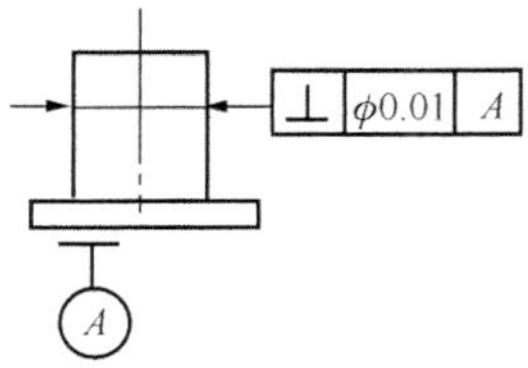	若公差值前加注了符号ϕ，公差带为直径等于公差值ϕt，轴线垂直于基准平面圆柱面所限定的区域 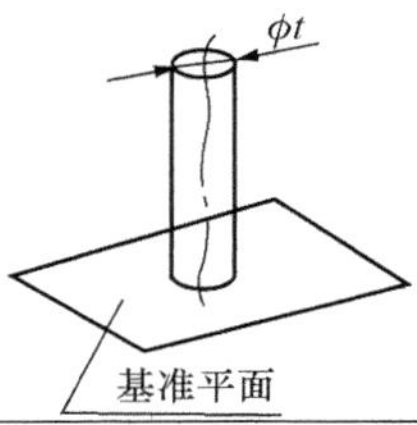
面对线	被测面必须位于距离为公差值0.08且垂直于及基准线A（基准轴线）的两平行平面之间 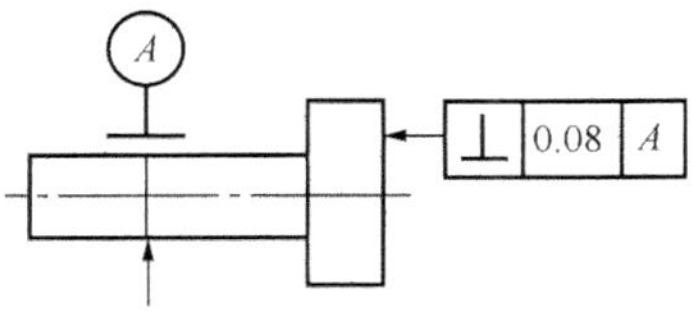	公差带为间距等于公差值t，且垂直于基准轴线的两平行平面所限定的区域 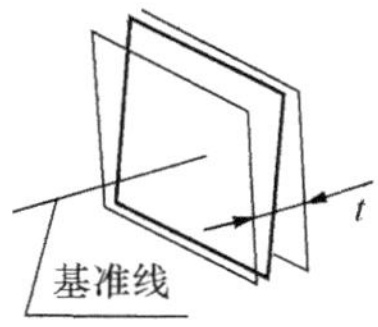
面对面	被测面必须位于距离为公差值0.08且垂直于及基准平面A的两平行平面之间 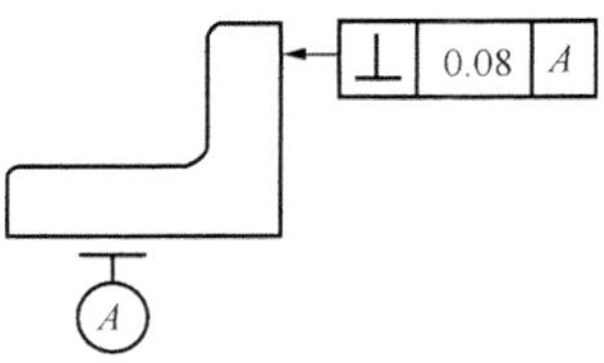	公差带是距离为公差值t且垂直于基准面的两平行面之间的区域 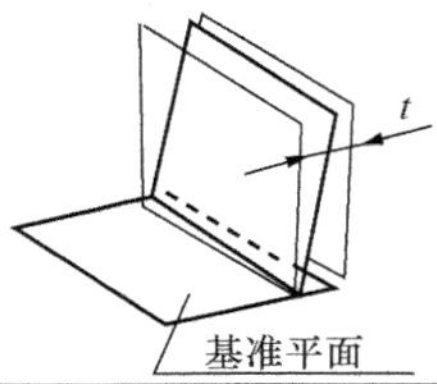

11.2 任务实施

用直角尺、塞尺对图 11-2 所示零件进行垂直度误差的检验，并对实验数据进行正确处理，判断出零件的垂直度误差是否符合图纸要求。

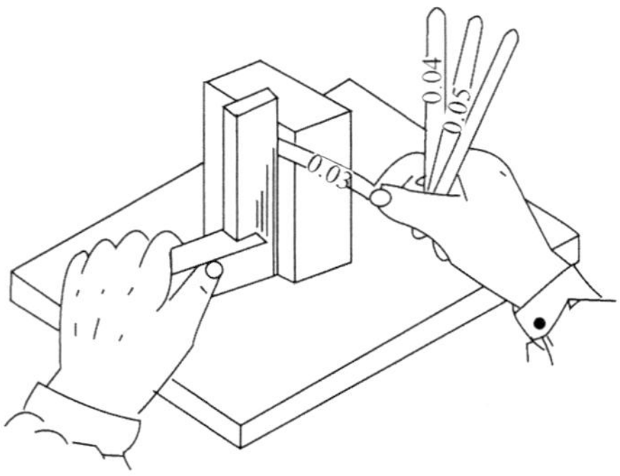

图 11-2　垂直度误差测量示意图

11.2.1　实施程序

1. 分析图样与零件

读图分析该零件，准备实验所需的工、量具与零件：平板、直角尺、塞尺、待测零件。

2. 测量并记录

1）将工、量具与待测零件表面擦拭干净，然后将待测零件置于平板上。

2）将直角尺与零件被测表面直接接触，观察两者之间的间隙，用塞尺的不同塞片塞入间隙中，得到间隙范围值，作好记录，取其中最大的间隙值作为被测零件的垂直度误差。

3. 判断合格性

判断零件的实际尺寸是否合格。

若测得的最大误差值小于或等于 0.04mm，则该零件的垂直度误差符合图纸要求；若测得的最大误差值大于 0.04mm，则该零件的垂直度误差超差，不合格。

4. 工量具归位

实验完成后，清理、清洁工具、量具，并放入相应的工具箱或量具盒中。

11.2.2　数据分析

填写测量数据，对其中的数据进行分析，从而判断出该垂直度误差是否合格，并且填入表 11-2 中。

表 11-2　数据分析表

形状误差项目	塞尺塞片厚度	塞片能否塞入间隙	垂直度误差值的范围	垂直度误差是否合格
垂直度	0.02mm			
	0.03mm			
	0.04mm			
	0.05mm			

续表

[⊥ | 0.04 | *A*] 的含义
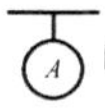 的含义
垂直度误差与垂直度公差的关系
实验结论
操作者成绩评价

学后自测

一、填空题

1. 塞尺是用于检验两表面间________大小的量具，直角尺是用来检测________和政________误差的定值量具。

2. 宽座角尺结构简单，可以检测工件的________，结合________使用还可以检测工件被测表面基准面间的垂直度误差，并可以用于________和________等。

二、判断题

1. 圆度、平行度、垂直度都是属于位置公差。（　　）

2. 平行度与垂直度都有基准，直线度无基准。（　　）

任务12 正弦规、指示表测量倾斜度误差

【知识目标】

1. 掌握倾斜度公差含义。
2. 掌握倾斜度公差带的含义及其标注。

【技能目标】

熟悉用正弦规、量块、指示表检测倾斜度误差的方法。

【任务描述】

本任务是用正弦规、量块、指示表检测零件倾斜度误差，从而判断误差是否在公差范围内。

12.1 知识储备：倾斜度公差与公差带

12.1.1 倾斜度公差与公差带概念

1. 倾斜度公差

倾斜度是限制实际要素对基准在倾斜方向上变动量的一项指标。倾斜度公差是指限制被测实际要素对基准在倾斜方向上的变动全量。

2. 倾斜度公差带

1）公差带为间距等于公差值 t 的两平行平面所限定的区域。该两平行平面按给定角度倾斜于基准轴线。

2）公差带为直径等于公差值 t 的圆柱面所限定的区域。

12.1.2 倾斜度公差带含义及其标注

倾斜度公差带含义及其标注见表 12-1 所示。

表 12-1 倾斜度公差带含义及其标注

特征	标注示例和解释	公差带含义
线对线	被测轴线必须位于距离为公差值 0.08 且于 $A-B$ 公共轴线成一理论正确角度 60°的两平行平面之间 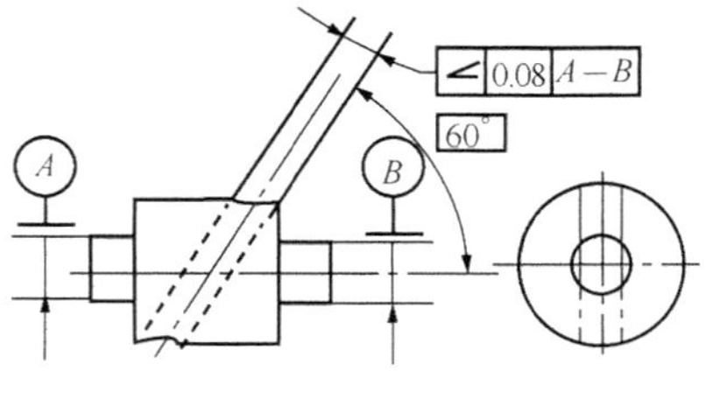 	被测要素和基准线在同一平面内，公差带是距离为公差值 t 且与基准线成一给定角度的两平行平面之间的区域 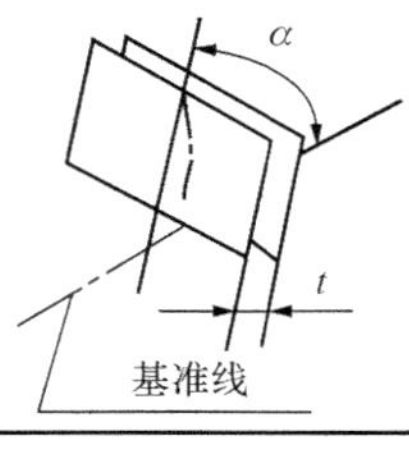

续表

特征	标注示例和解释	公差带含义
线对面	被测轴线必须位于距离为公差值 0.08 且与基准面 A（基准平面）成理论正确角度 60°的两平行平面之间 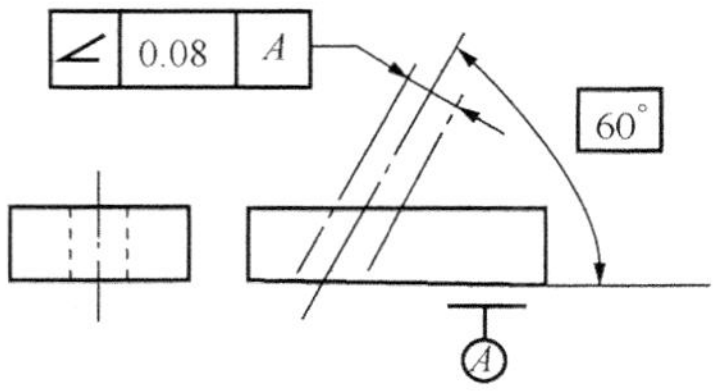	公差带是距离为公差值 t 且与基准成一定角度的两平行平面之间的区域 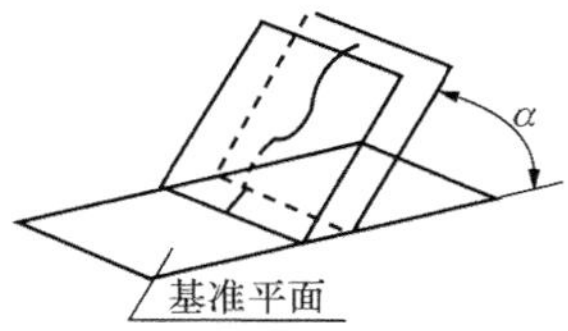
线对面	被测轴线必须位于直径为公差值 $\phi0.1$ 的圆柱面公差带内，该公差带的轴线应与基准表面 A（基准平面）呈理论正确角度 60°并平行于基准平面 B 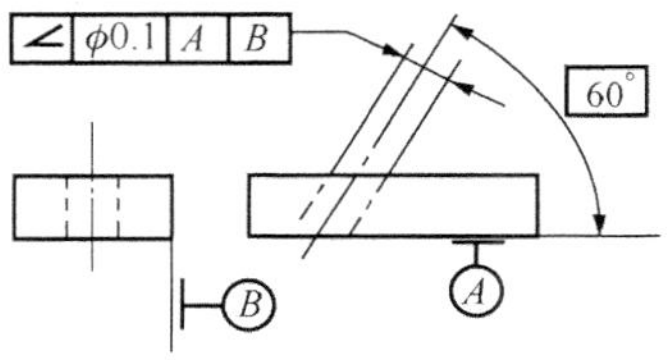	公差值前加注 ϕ，则公差值是直径为公差值 t 的圆柱面内的区域，该圆柱面的轴线应与基准平面呈一给定的角度并平行于另一基准平面 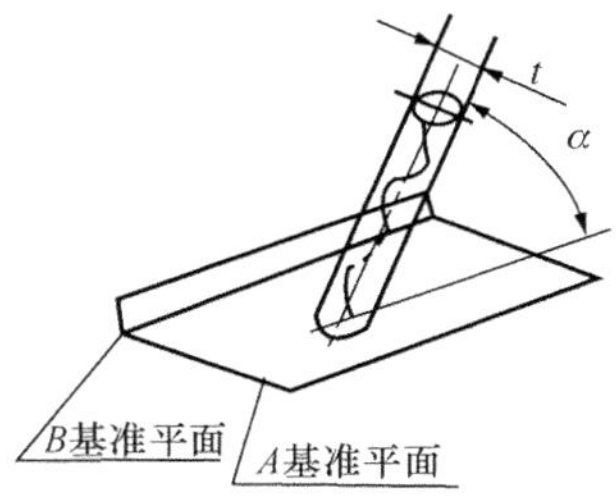
	被测表面必须位于距离为公差值 0.1 且于基准线 A（基准轴线）成理论正确角度 75°的两平行平面之间 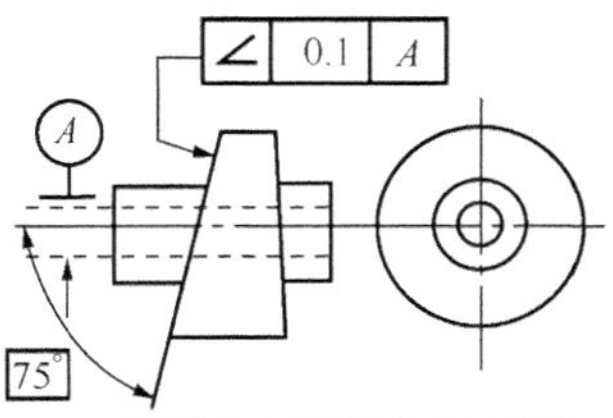	公差带是距离为公差值 t 且于基准线成一给定角度的两平行平面之间的区域 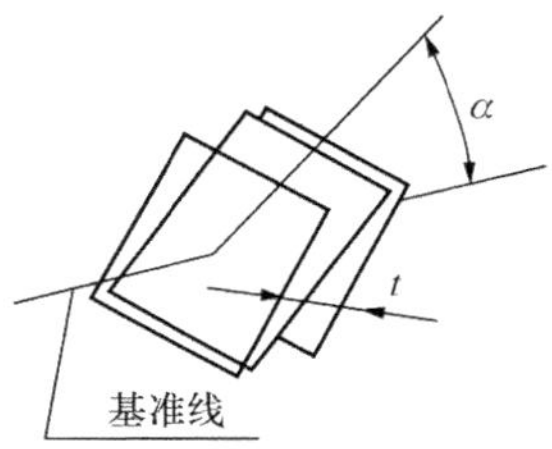
面对面	被测表面必须位于距离为公差值 0.08 且与基准面 A（基准平面）成理论正确角度的两平行平面之间 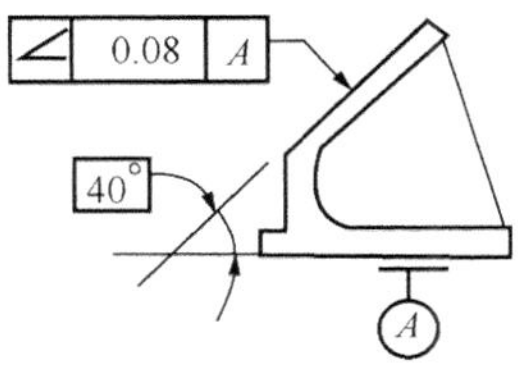	公差带是距离为公差值 t 且与基准面成一给定角度的两平行平面之间的区域 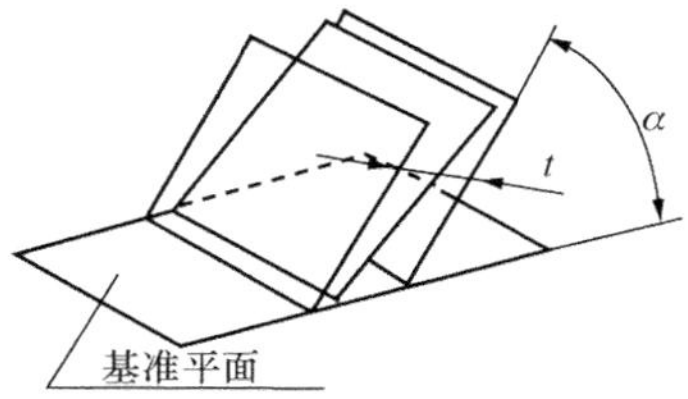

12.2 任务实施

倾斜度的常用检测方法是利用正弦规、量块和指示表进行间接测量。

正弦规是一种采用正弦函数原理、利用间接法来精密测量角度的量具，其精度很高，常用的精度等级为 0 级和 1 级。正弦规主要由主体工作平板和两个直径相同的圆柱组成，如图 12-1 所示，圆柱中心距常用的有 100mm 和 200mm 两种，其工作原理如图 12-2 所示。

图 12-1　正弦规

用正弦规测量工件角度时，应在精密平板上进行，把正弦规放在平板上，其中一个圆柱与平板接触，另一个圆柱用量块组垫高至工件表面上素线与平板平行为止，这时用指示表沿锥体上素线移动，如读数无变化，表示锥体的圆锥角正好等于正弦规与平板之间的夹角（图 12-3）。根据所垫量块组的高度 H 和正弦规中心距 L，用下列公式可以计算出圆锥角 α 的大小：

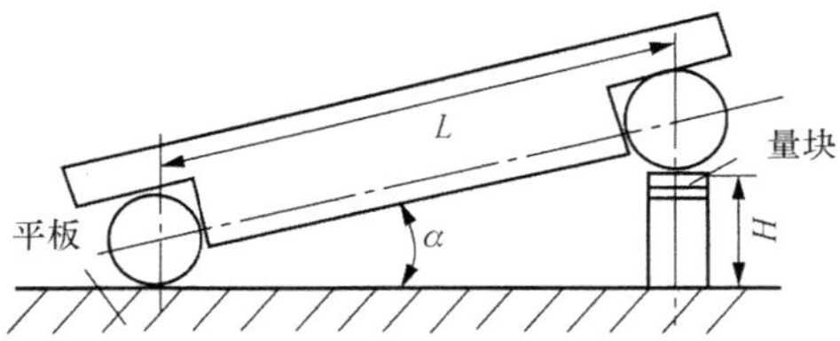

图 12-2　正弦规的工作原理

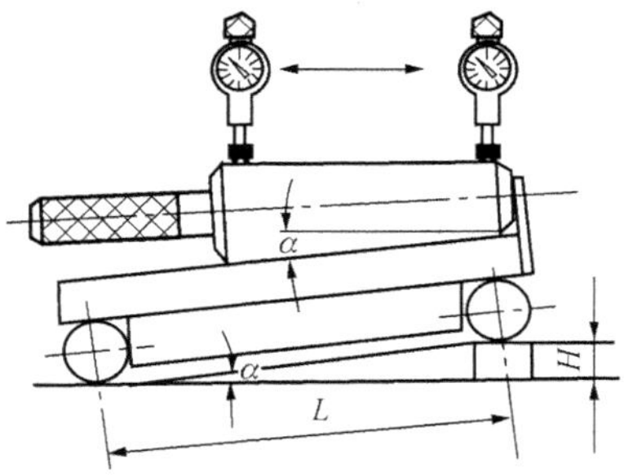

图 12-3　正弦规测量工作的锥角

$$\sin\alpha = H/L \tag{12-1}$$

式中，α——被测零件锥角；

H——量块组的尺寸；

L——两圆柱的中心距。

用正弦规检测工作倾斜度时，将被测件置于正弦规上，放上合适的量块组，在被测零件表面上移动指示表，指示表显示的最大值与最小值之差值为其倾斜度误差。

学后自测

一、填空题

在任意方向上轴线对基准平面的倾斜度公差带的形状是________。

二、判断题

1. 倾斜度公差属于（　　）。

A. 定向公差　　B. 形状公差　　C. 跳动公差　　D. 定位公差

2. 公差带形状属于两平行平面之间的区域有（　　）。

A. 面对面的垂直度　　B. 平面度

C. 对称度　　D. 面对面的平行度

E. 面轮廓度　　F. 任意方向线的直线度

三、解答题

1. 简述平行度、垂直度、倾斜度的异同。

2. 改正图样上标注各项形位公差的错误，并说明理由。（不允许改变各项形位公差的特征符号）

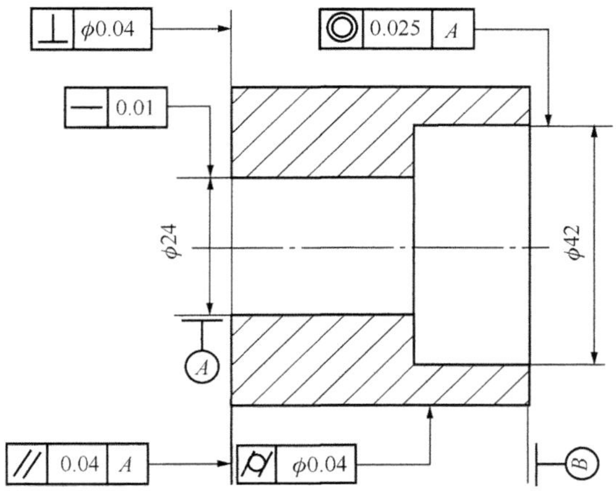

任务13　百分表测量定位误差

【知识目标】

1. 熟悉对称度公差、对称度公差带的含义。
2. 熟悉位置度公差、位置度公差带的含义。
3. 熟悉同轴度公差、同轴度公差带的含义。

【技能目标】

1. 能正确使用百分表测量零件的对称度误差、位置度误差、同轴度误差。
2. 了解用圆度仪检测同轴度误差的方法。

【任务描述】

本任务是用百分表对零件进行对称度误差、位置度误差、同轴度误差的检测，判断其误差是否合格。

13.1　知识储备：定位公差

定位公差是关联实际被测要素对具有确定位置的理想要素所允许的变动全量。根据被测要素和基准要素之间的功能关系，定位公差分为位置度、同轴度和对称度公差三个项目。

13.1.1　对称度公差与公差带

对称度是限制理论上要求共面的被测要素偏离基准要素的一项指标。对称度公差是指实际要素对理想要素所允许的最大变动量，其被测要素是中心平面、中心线或轴线。

公差带是距离为公差值 t，且对基准的中心平面对称配置的两平行平面或两平行线之间的区域。

对称度公差带的应用与解读如表 13-1 所示。

表 13-1　对称度公差带的应用与解读

特征	标注示例和解释	公差带含义
面对面	被测中心平面必须位于距离为公差值 0.08 且相对于基准中心平面 A 对称配置的两平行平面之间 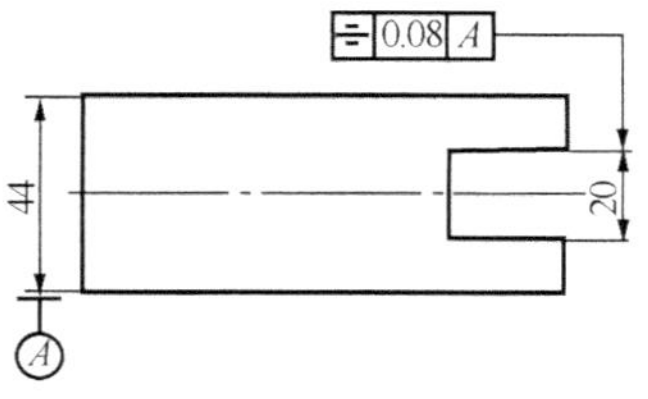	公差带是距离为公差值 t，且对基准的中心平面对称布置的两平行平面之间的区域 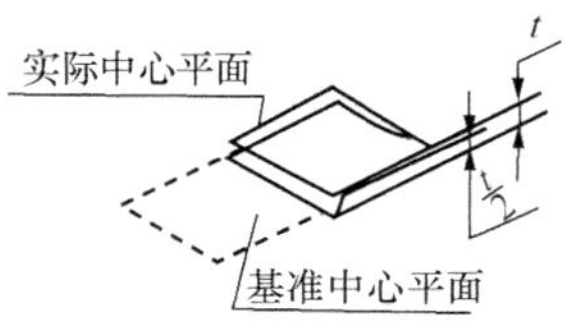

续表

特征	标注示例和解释	公差带含义
面对线	被测中心平面必须位于距离为公差值 0.08 且相对于公共基准中心平面 $A-B$ 对称配置的两平行平面之间 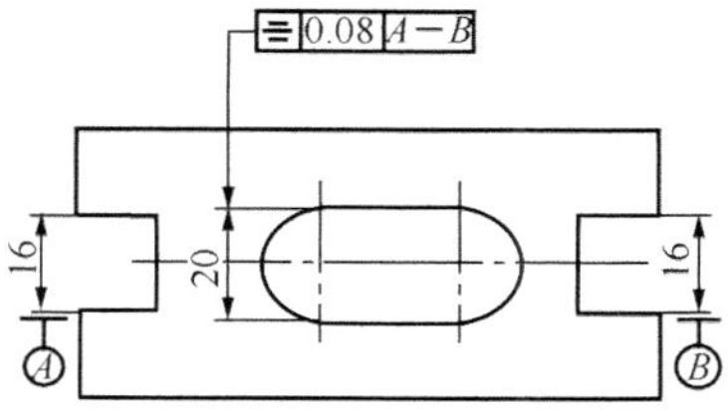	公差带是距离为公差值 t，且对基准轴线对称配置的两平行平面之间的区域 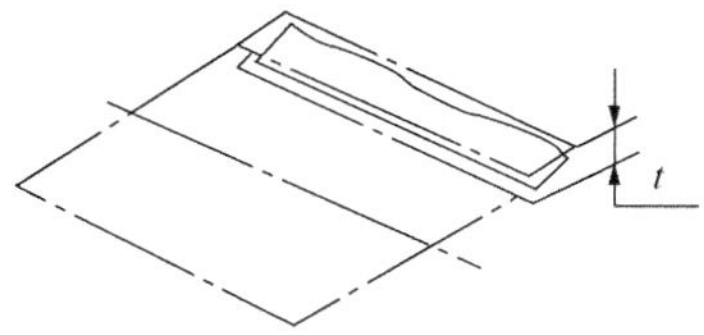

13.1.2 位置度公差

位置度是控制被测要素位置的一项指标。根据被测要素的不同，位置度分为点的位置度、线的位置度及面的位置度。

位置度公差用来控制被测要素的实际位置相对于其理想位置的变动量，其理想位置由理论正确尺寸及基准所确定。理论正确尺寸是不附带公差的精确尺寸，在图样上用带方框的尺寸表示，以区别于未注尺寸公差的尺寸。

位置度公差带的应用与解读如表 13-2 所示。

表 13-2 位置度公差带的应用与解读

特征	标注示例和解释	公差带含义
点的位置度	被测球的球心必须位于直径为公差值 0.3 的球内，该球的球心位于由相对基准 A、B、C 的理论正确尺寸所确定的理想位置上 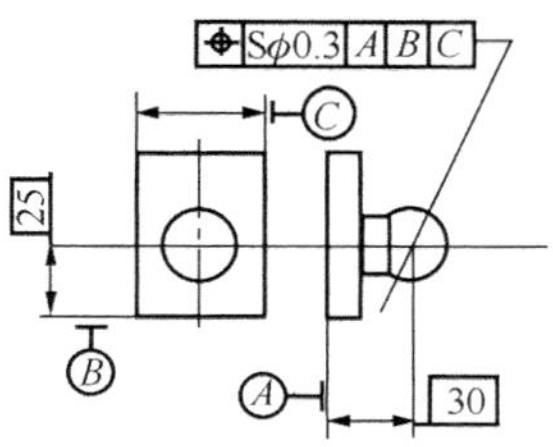	如公差值前加注 Sφ，公差带是直径为公差值 Sϕt 的圆球面所限定的区域 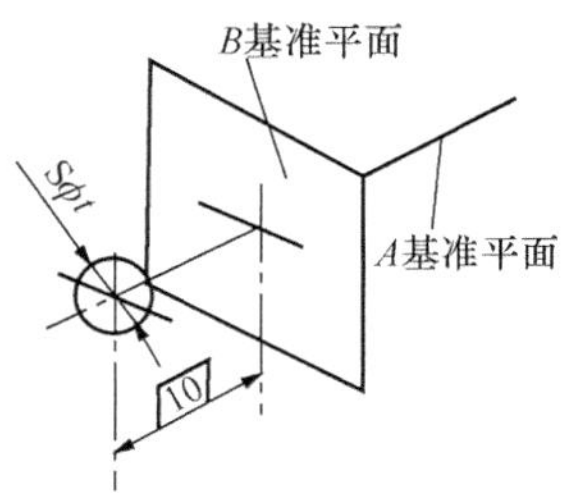

续表

特征	标注示例和解释	公差带含义
线的位置度	被测孔的轴线必须位于直径为公差值 0.2，且相对于 *A*、*B* 基准面所确定的理想位置为轴线的圆柱面内 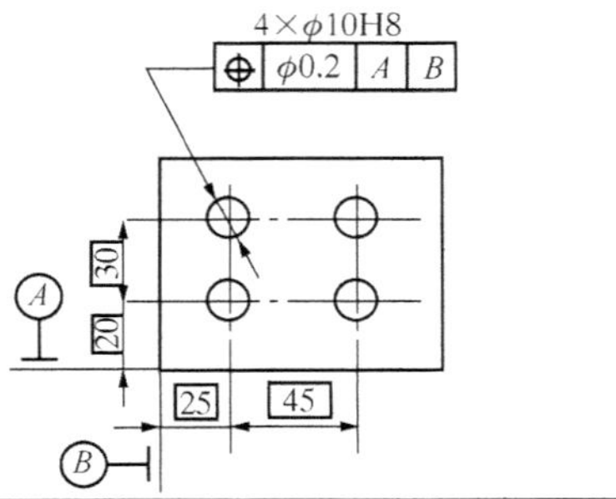	如公差值前加注 ϕ，则公差带是直径为公差值 ϕt 的圆柱面所限定的区域，公差带的轴线位置由相对于三基准面体系的理论正确尺寸确定 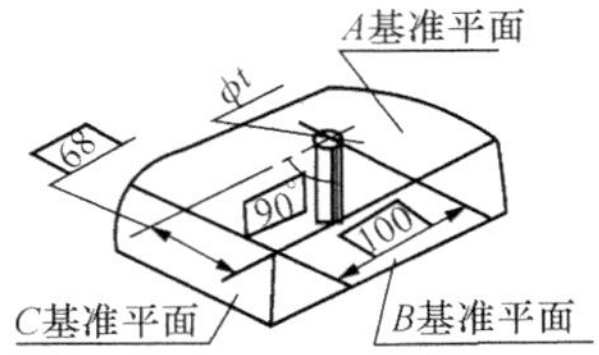
面的位置度	被测表面必须位于距离为公差值 0.05，由以相对于基准线 *B*（基准轴线）和基准表面 *A*（基准平面）的理轮正确尺寸所确定的理想位置对称配置的两平行平面之间 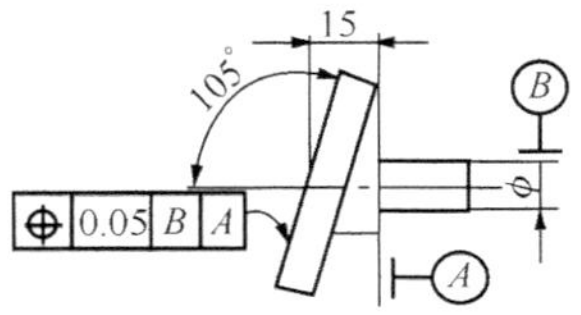	公差带是以基准平面为中心面，距离为公差值 *t* 对称布置的两平行平面之间的区域 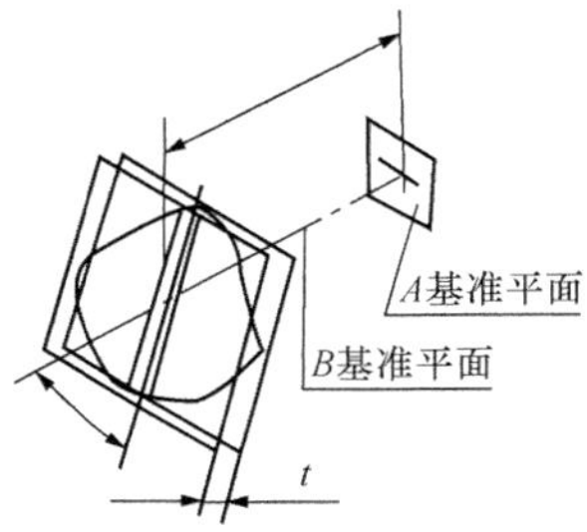

13.1.3 同轴度公差与同轴度公差带

同轴度是控制被测轴线（或圆心）与基准轴线（或圆心）的重合程度的指标。

同轴度公差是被测轴线（或圆心）对基准轴线（或圆心）允许的变动全量。当被测要素与基准要素为轴线时，称为同轴度；当被测要素为点时，称为同心度。

同轴度公差的应用与解读如表 13-3 所示。

表 13-3 同轴度公差带的应用与解读

特征	标注示例和解释	公差带含义
点的同心圆	外圆的圆心必须位于直径为公差值 ϕ0.01 且与基准圆心同心的圆内 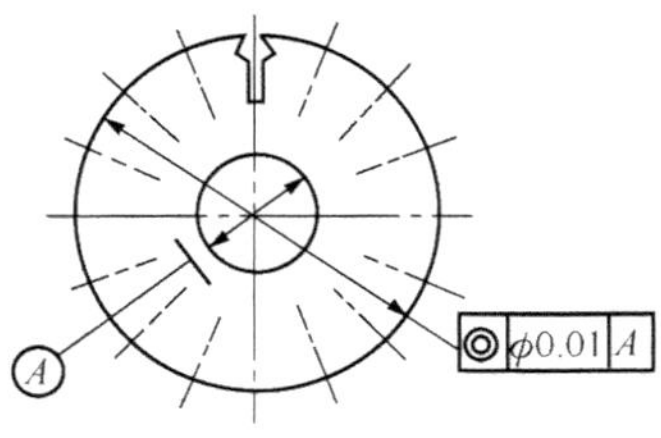	公差值前标注符号 ϕ，公差带为直径等于公差值 ϕt 的圆周所限定的区域。该圆周的圆心与基准点重合 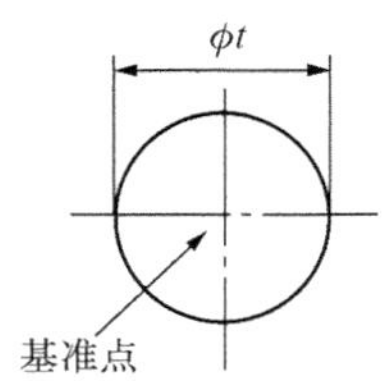

续表

特征	标注示例和解释	公差带含义
线的同轴度	大圆柱面的轴线必须位于直径为公差值 $\phi 0.08$ 且与公共基准轴线 $A-B$（公共基准轴线）同轴的圆柱面内 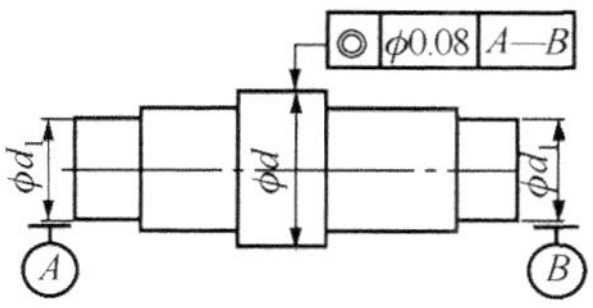	公差值前标注符号 ϕ，公差带为直径等于公差值 ϕt 的圆柱面所限定的区域。该圆柱面的轴线与基准轴线重合 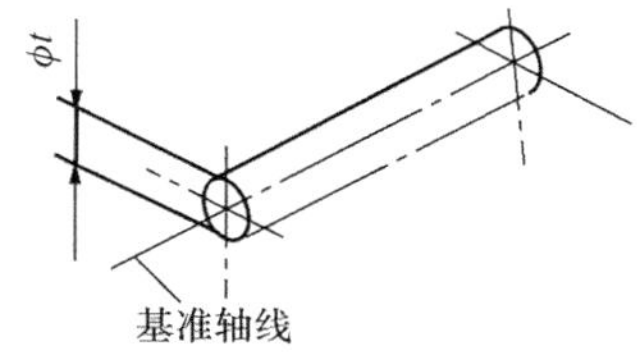

13.2 任务实施

13.2.1 对称度误差的检测

零件定位误差的测量通常采用平台测量法，它是以精密测量平板为基本的测量器件，辅以百分表、千分表、高度尺、直角尺等通用量具及其他辅助器具，通过不同的组合完成测量。具体方法是以平板为测量基准，基准轴线用V形架模拟，被测中心平面由定位块模拟。

方法一：将被测零件放置在检验平板上，先测量被测表面与检验平板之间的距离，然后将被测零件翻转后，再测量另一被测表面与平板之间的距离。该零件的对称度误差取测量截面对应两测点的最大差值。如图13-1所示。

该测量方法对测量条件要求不高，易操作，适用面广，适宜于测量一般的中、低精度的零件。

方法二：利用上下检验平板，并借助于定位块同时测量出上下距离的最大差值。如图13-2所示。

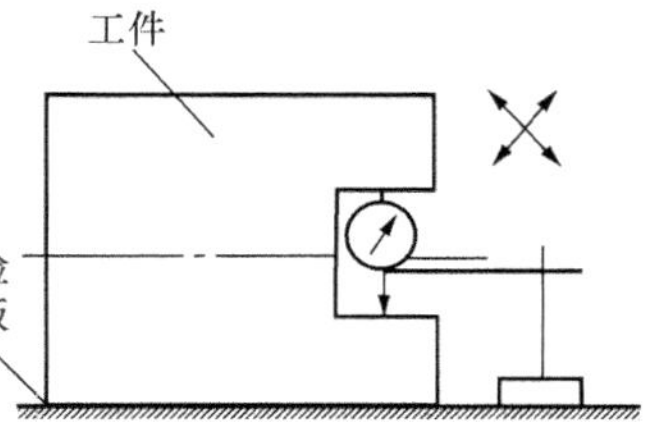

图13-1　对称度误差检测方法一

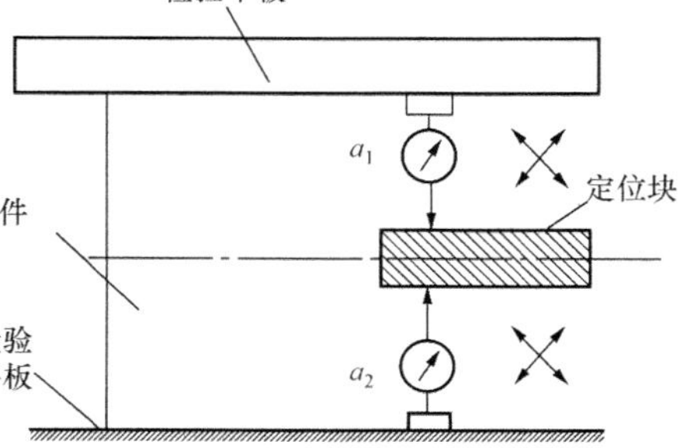

图13-2　对称度误差检测方法二

13.2.2 同轴度的检测

1. 百分表测量同轴度

图 13-3 所示为测量某台阶轴 ϕd 轴线对两端 ϕd_1 轴线组成的公共轴线的同轴度误差。测量时将工件放置在两个等高 V 形块上，沿铅垂轴截面的两条素线测量，同时记录两指示表在各测点的读数差，取各测点读数差的最大值为该轴截面轴线的同轴度误差。转动工件，按上述方法测量若干个轴截面，取其中最大的误差值作为该工件的同轴度误差。

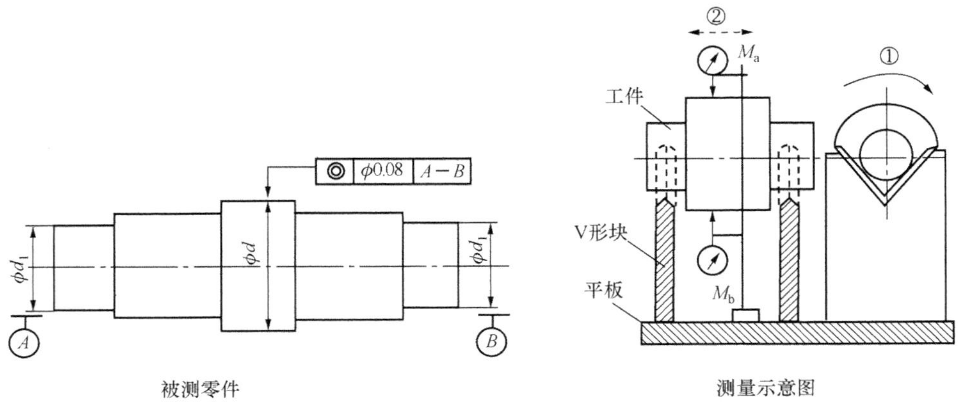

图 13-3 百分表测同轴度误差

2. 圆度仪测量同轴度

圆度仪分转台式（工作台旋转）和转轴式（传感器旋转）两种。图 13-4 所示的圆度仪为转台式，它由立柱、旋转工作台、传感器、处理器、显示屏等组成。

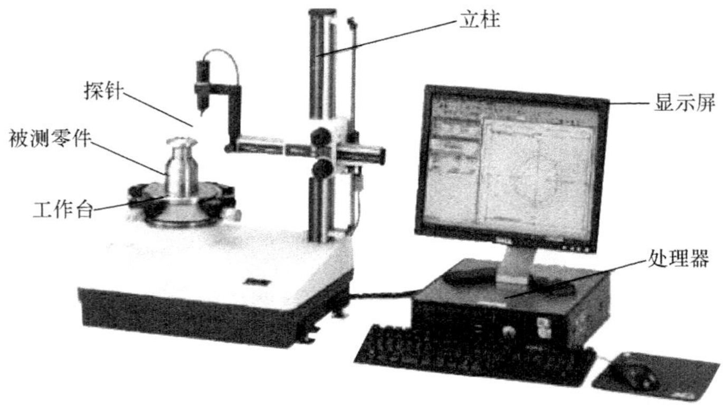

图 13-4 圆度仪结构图

圆度仪是以高精度的转台旋转轴线为基准，测量回转零件的径向变化。测量前，将被测零件放置在工作台上，并使零件与工作台旋转中心精确地对正。测量时，传感器探针与被测零件截面接触，被测零件截面实际轮廓引起的径向尺寸的变化由传感器转化为电信号，送到处理器处理，并由计算机显示结果。

圆度仪可根据零件形状和测量需要选配多种测头和夹持卡盘。由于机器自带调整功能，使得调心、调水平工作更方便、准确。进行测量操作时，只需要选定要分析的项目图标，即可开始测量。

圆度仪不仅可以用来测量同轴度误差，还能实现同心度、圆度、跳动等误差的测量。

学后自测

一、填空题

1. 定位公差项目包括__________、__________和__________。
2. 在标注对称度公差时，由于它属于位置公差，所以要标注__________代号。
3. 给定方向上的线位置度公差值前应加注符号“__________”。
4. 空间中，点位置度公差值前应加注符号“__________”。
5. 面的位置度公差带是____________________之间的区域。
6. 同轴度公差带是____________________。
7. 圆度仪适合测量尺寸较小的零件，若零件材料硬度较低，并要求排除表面粗糙度对同轴度的影响，宜采用__________测头。

二、选择题

1. 平台测量法测量对称度误差时，实际误差值需经计算才能得到，故属于（　　）测量。

A. 直接　　B. 间接　　C. 绝对　　D. 相对

E. 非接触　　F. 接触

2. 对于对称度公差，下列论述正确的是（　　）。

A. 属于形状公差　　B. 属于位置公差

C. 公差带为两圆柱面内的区域　　D. 公差带为两平行平面之间的区域

3. 同轴度公差和对称度公差的相同点，在下列说法中错误的是（　　）。

A. 两者的公差带形状相同

B. 两者的被测要素均为中心要素

C. 两者的基准要素均为中心要素

D. 标注时，两者的形位公差框格的指引箭头的基准代号的连线都应与对应要素的尺寸线对齐

4. 形位公差带形状是直径为公差值 t 的圆柱面内区域的有（　　）。

A. 径向全跳动　　B. 端面全跳动　　C. 同轴度　　D. 任意方向线位置度

三、解答题

试解释下列形位公差的含义。

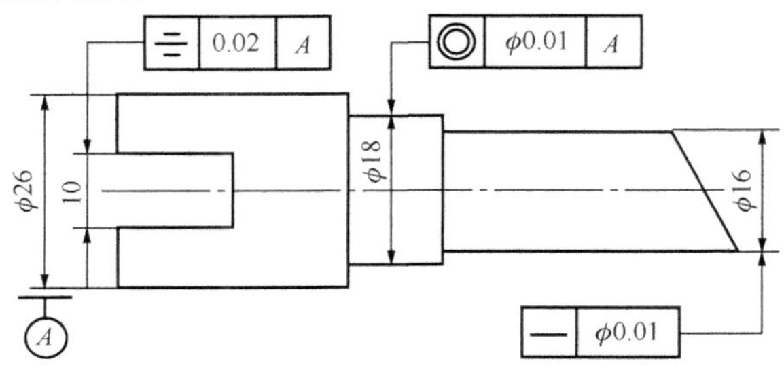

任务14 偏摆仪测量跳动误差

【知识目标】

1. 熟悉常用的跳动误差测量器具和测量方法。
2. 了解圆跳动公差和全跳动公差的异同。
3. 了解径向圆跳动公差和端面圆跳动公差的异同。
4. 了解形位公差的选择原则。

【技能目标】

1. 能正确使用指示表类量具和偏摆仪进行跳动误差的测量。
2. 能对测量后的数值进行数据处理及评定零件的合格性。

【任务描述】

本任务是用百分表、偏摆仪对零件（图14-1）进行跳动误差的检测，判断其跳动误差是否合格。

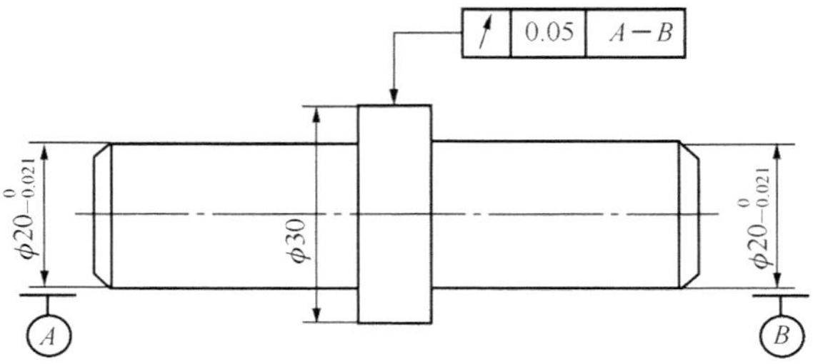

图14-1 轴

14.1 知识储备：跳动公差

14.1.1 圆跳动公差

跳动量是指示器在绕着基准轴线的被测表面上测得的。圆跳动公差是指被测要素在某一固定参考点绕基准轴线旋转一周（零件和测量仪器间无轴向位移）时，指示器示值所允许的最大变动量 t。圆跳动公差适用于被测要素任意不同的测量位置。按检测方向与基准轴线位置关系的不同，圆跳动公差可分为径向圆跳动公差、端面圆跳动公差和斜向圆跳动公差。当检测方向垂直于基准轴线时，为径向圆跳动公差；当检测方向平行于基准轴线时，为端面圆跳动公差；当检测方向既不垂直也不平行于基准轴线，但一般应为被测表面的法线方向时，为斜向圆跳动公差。

1. 径向同跳动公差

测量径向圆跳动公差时，被测要素绕基准轴线旋转一周，有时也对部分圆周加以限制。径向圆跳动公差带是在垂直于基准轴线的任一测量平面内，半径差为公差值 t，且圆心在基准轴线上的两个同心圆之间的区域。

径向圆跳动公差是一项综合性误差项目，它综合反映了被测圆柱面的形状误差（圆度和轴线直线度误差）和位置误差（同轴度误差）。

显然，即使被测圆柱面的形状误差为零，只要有同轴度误差存在就会产生跳动。由于径向圆跳动公差有上述综合控制功能，且跳动检测较方便，因此，当圆柱面的形状误差很小时，常用它来控制同轴度误差。

径向圆跳动公差与同轴度公差两者是有区别的。径向圆跳动公差是指被测圆柱面在测量平面内，各点与基准轴线间的最大与最小距离之差的允许值，其公差带是位于测量平面内与圆心在基准轴线上的两同心圆之间的区域，且随被测圆柱面的实际尺寸的变动而浮动。同轴度公差是指被测轴线与基准轴线间允许最大偏离量的两倍，其公差带为与基准轴线同轴且直径为公差值的圆柱面内的区域，公差带的位置固定不动。

2. 端面圆跳动公差

测量端面圆跳动公差时，被测要素一般为回转类零件的端面或台阶面，且与基准轴线垂直，测量方向与基准轴线平行。端面圆跳动公差带是在与基准同轴的任一直径位置的测量圆柱面上，距离为公差值 t 的两圆之间的区域。

端面圆跳动公差和端面对轴线垂直度公差两者控制的效果不同。端面圆跳动公差是被测端面在给定直径圆周上的形状误差和位置误差的综合结果，而端面对轴线垂直度公差是整个被测端面的形状误差和位置误差的综合结果。

端面圆跳动误差在一定情况下能综合反映端面对基准轴线的垂直度误差。但应注意，当零件制成内凹或中凸时，端面圆跳动误差可能为零，但却存在着垂直度误差。所以，应根据零件的功能要求，选用相应的公差项目。

3. 斜向圆跳动公差

测量斜向圆跳动公差时，被测要素为圆锥面或其他类型的曲线回转面，测量方向除另有规定外应与被测面垂直。斜向圆跳动公差带是在与基准轴线同轴的任一测量圆锥面上，沿素线方向宽度为 t 的圆锥面区域。斜向圆跳动公差用于除圆柱面和端面要素之外的其他回转要素，如圆锥面、球面等。在图样上标注时，指引线的箭头应从法线方向指向被测表面。

14.1.2　全跳动公差

全跳动公差是指被测要素绕基准轴线旋转若干次，测量仪器与工件间同时做轴向或径向的相对位移时，指示器示值所允许的最大变动量。按被测要素绕基准轴线连续转动时，测量仪器的运动方向与基准轴线的关系，全跳动公差可分为径向全跳动公差和端面全跳动公差。

1. 径向全跳动公差

当测量仪器的运动方向与基准轴线平行时为径向全跳动公差。径向全跳动公差带是半径差为公差值 t，且与基准轴线同轴的两圆柱面之间的区域。

径向全跳动公差带与圆柱度公差带的形状相同，但前者公差带轴线的位置是固定的，而后者公差带轴线的位置是浮动的。

由于径向全跳动误差包括圆柱度误差和同轴度误差，所以当径向全跳动公差不大于给定的圆柱度公差时，可以肯定圆柱度误差不会超过同轴度误差。根据这个特性，可近似地用径向全跳动误差的测量代替圆柱度误差的测量。设计时，对于轴类零件，在满足功能要求的前提下，图样上应优先标注径向全跳动公差，而尽量不标注圆柱度项目。

2. 端面全跳动公差

当测量仪器的运动方向与基准轴线垂直时为端面全跳动公差。端面全跳动公差带是距离为公差值 t，且与基准轴线垂直的两平行平面之间的区域。

端面全跳动公差带与平面对轴线的垂直度公差带的形状相同，都是垂直于基准轴线的平行平面间的区域。且上述两项目控制被测要素的结果也完全相同，但端面全跳动误差检测方法比较简单，因此，在满足功能要求的前提下，应优先选用端面全跳动公差。

14.1.3 跳动公差的应用与解读

跳动公差带的应用与解读如表 14-1 所示。

表 14-1 圆跳动与全跳动公差带的应用及解读

分类	标注示例和解释	公差带含义
径向圆跳动	ϕd 圆柱面绕基准轴线作无轴向移动回转时，在任一测量平面内的径向跳动量均不大于公差值 0.05mm 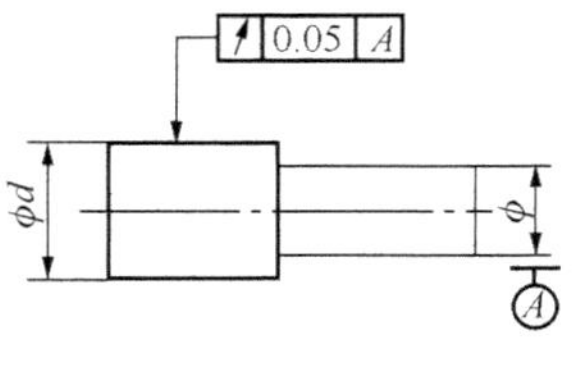	公差带为垂直于基准轴线的任一测量平面内半径差为公差值 t，且圆心在基准轴线上的两同心圆 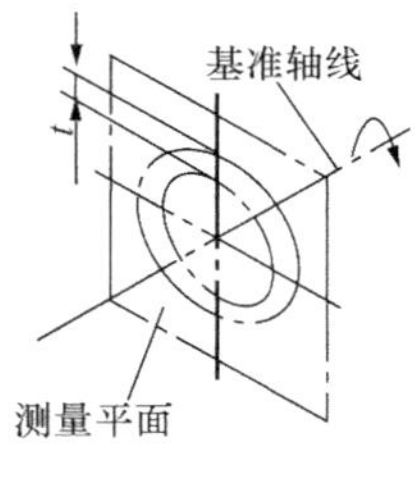
端面圆跳动	当被测件绕基准轴线无轴向移动旋转一周时，在被测面上任一测量直径处的轴向跳动量均不得大于公差值 0.1mm 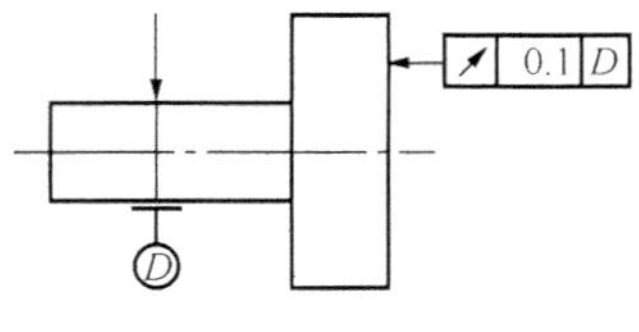	与基准轴线同轴的任一直径的测量圆柱面上，距离为公差值 t 的两圆之间的区域 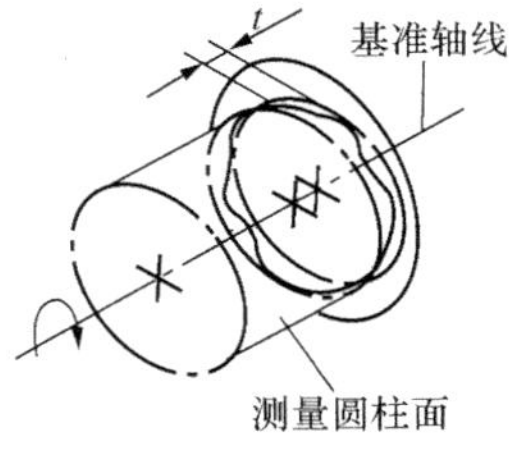

续表

分类	标注示例和解释	公差带含义
斜向圆跳动	被测面绕基准线 C（基准轴线）旋转一周时，在任一测量圆锥面上的跳动量均不得大于 0.1 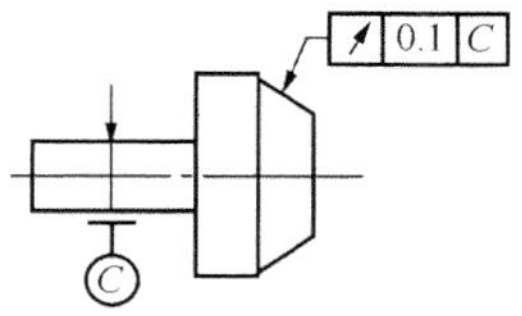 被测曲线绕基准线 C（基准轴线）旋转一周时，在任一测量圆锥面上的跳动量均不得大于 0.1 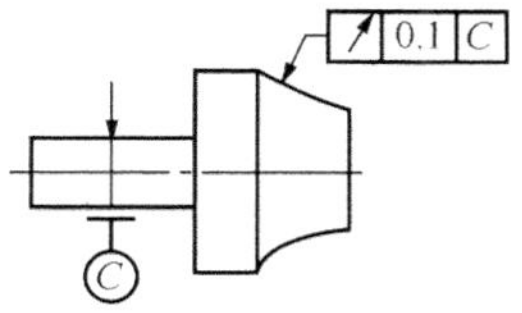 	在与基准轴线同轴的任一测量圆锥面上，距离为公差值 t 的两圆之间的区域 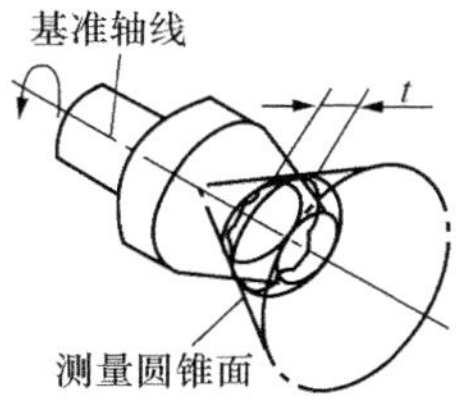
径向全跳动公差	被测要素绕公共基准轴线 $A-B$ 作若干次旋转，并在测量仪器与工件同时作轴向的相对移动时，被测要素上个点间的示值差均不得大于 0.1。测量仪器或工件必须沿着基准轴线方向相对于公共基准轴线 $A-B$ 移动 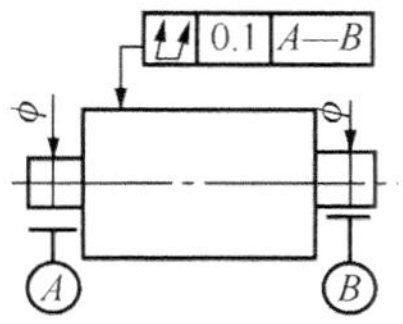 	公差带是半径为公差值 t 且与基准同轴的两圆柱面之间的区域 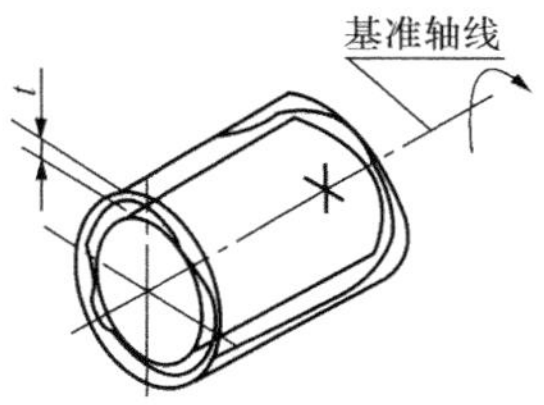
端面全跳动公差	被测要素围绕基准轴线 D 作若干次旋转，并在测量仪器与工件间作径向相对移动时，被测要素上各点间的示值差均不得大于 0.1。测量仪器或工件必须沿着轮廓具有理想正确形状的线和相对于基准轴线 D 的正确方向移动 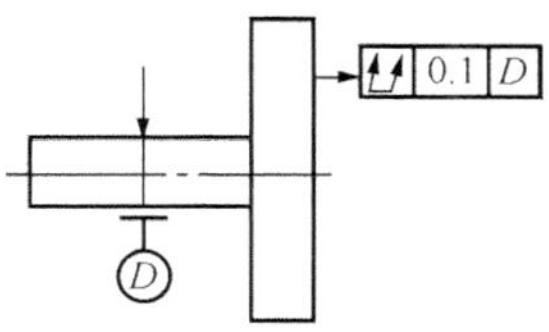 	公差带是距离为公差值 t 且基准垂直的两平行平面之间的区域 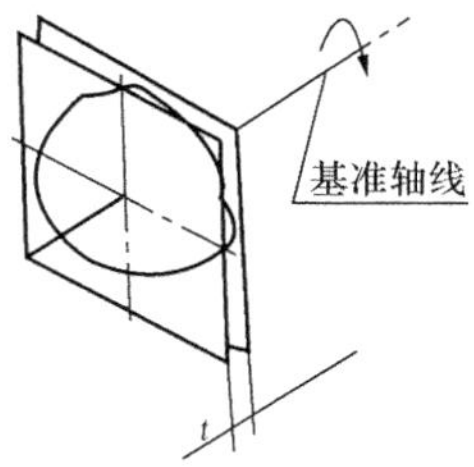

14.2 知识储备：跳动误差的检测与形位公差的选择

14.2.1 跳动误差的检测

跳动误差的检测主要是用指示表类（如百分表、千分表等）仪器进行检测，具体的检测方法基本相同，只是支撑方式不同，下面重点介绍用偏摆仪和千分表测量跳动量。

1. 用偏摆仪和千分表检测圆跳动的方法

（1）测量径向圆跳动误差方法

1）将零件擦净，置于偏摆仪两顶尖之间（带孔零件要装在心轴上），使零件转动自如，但不允许轴向窜动，然后紧固二顶尖座。当需要卸下零件时，一手扶零件，一手向下按把，即取下零件。

2）将千分表装在表架上，使表杆通过零件轴心线，并与轴心线大致垂直，测头与零件表面接触，并压缩约 1～2 圈后紧固表架。

3）转动被测件一周，记下千分表示值的最大值和最小值，该最大值和最小值之差为该截面的径向圆跳动误差。

4）在轴向的三个截面上进行测量，取三个截面中圆跳动误差的最大值为该零件的径向圆跳动误差。

（2）测量端面圆跳动误差方法

1）将杠杆百分表夹持在偏摆仪的表架上，缓慢移动表架，使杠杆百分表的测头与被测端面接触，并预压 0.4mm。

2）转动被测件一周，记录千分表示值的最大值和最小值，该最大值与最小值之差即为直径处的端面圆跳动误差。

3）在被测断面上均匀分布的三个直径处测量，其中最大值为该零件的端面圆跳动误差。

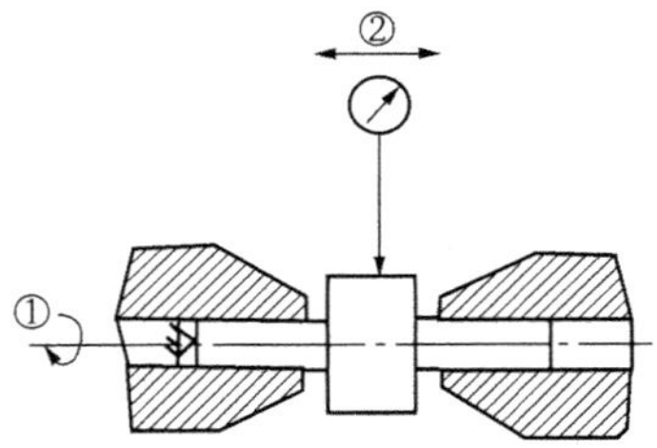

图 14-2　导向套筒支撑

2. 用其他的支撑方式测量圆跳动的方法

除了用偏摆仪支撑外，常见的还有以下几种支撑的方式：

1）支撑在两个同轴圆柱导向套筒内并轴向定位，如图 14-2 所示。

2）两端用 V 形架支撑，如图 14-3 所示。

3）用一对同轴顶尖支撑，如图 14-4 所示。

4）用长导向套筒支撑，并轴向固定，如图 14-5 所示。

5）一端用 V 形架支撑，如图 14-6 所示。

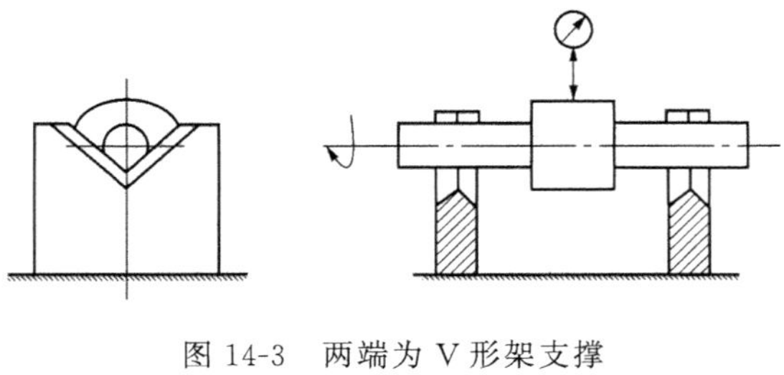

图 14-3　两端为 V 形架支撑

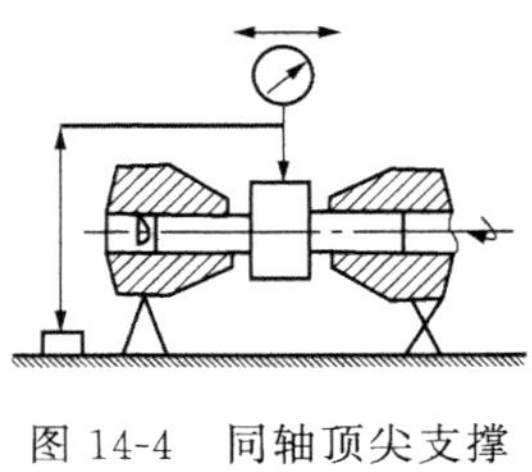

图 14-4　同轴顶尖支撑

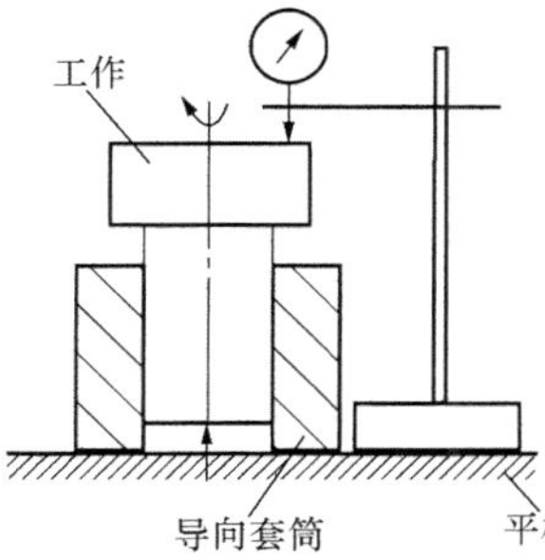

图 14-5 长导向套筒支撑

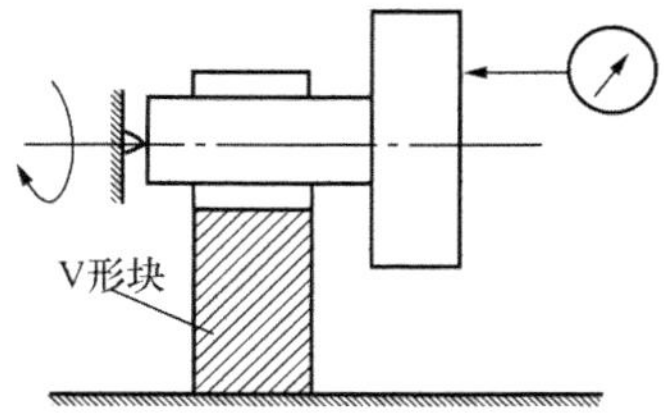

图 14-6 一端为 V 形架支撑

14.2.2 形位公差的选择

1. 形位公差项目的选择

形位公差项目的选择可以从以下几个方面考虑：

(1) 零件的几何特征

不同的零件几何特征会产生不同的几何误差，所以可根据零件的几何特征来选择形位公差项目。例如，对于圆柱形零件可选择圆度、圆柱度、轴心线直线度及素线直线度公差等；对于平面零件可选择平面度公差；对于窄、长平面可选择直线度公差；对于槽类零件可选择对称度公差：对于阶梯轴、孔可选择同轴度公差等。

(2) 零件的功能要求

根据零件不同的功能要求可选择不同的形位公差项目。例如，对于圆柱形零件，当仅需要顺利装配时，可选轴心线直线度；当孔、轴之间有相对运动时，应均匀接触或为保证密封性，应选择圆柱度公差以综合控制圆度、素线直线度和轴心线直线度(如柱塞与柱塞套、阀芯及阀体等)。又如，为保证机床工作台或刀架运动轨迹的精度，需要对导轨提出直线度要求；对安装齿轮轴的箱体孔，为保证齿轮的正确啮合，需要对孔心线的平行度提出要求；为使箱体端盖等零件上各螺栓孔能顺利装配，应规定孔组的位置度公差等。

(3) 检测的方便性

确定形位公差特征项目时，要考虑到检测的方便性与经济性。例如，对于轴类零件可用径向全跳动综合控制圆柱度、同轴度；用端面全跳动代替端面对轴线的垂直度，因为跳动误差检测方便，又能较好地控制相应的形位误差。在满足功能要求的前提下，尽量减少项目，以获得较好的经济效益。

2. 形位公差值（公差等级）的选择

精度的高低是用公差等级来表示的。国家标准规定公差等级一般分为 1～12 级，仅圆度公差和圆柱度公差划分为 13 级，精度依次降低。对于位置度公差，仅规定了公差值数系，未规定公差等级。

形位公差等级常采用类比法确定。选择时应注意下列情况：

1）同要素上形状公差值小于位置公差值。

2）圆柱形零件的形状公差值（轴线直线度除外）一般应小于尺寸公差值。

3）平行度公差值应小于其相应的距离公差值。

4）在有些情况下，可适当降低1～2级进行选用。

5）对与滚动轴承配合的轴和壳体孔的圆柱度公差、机床导轨的直线度公差等，应按相应标准确定。

3. 未注形位公差的规定

1）未注直线度、平面度、垂直度、对称度、圆跳动规定了H、K、L三个等级。

2）未注圆度公差值等于直径公差值，但不大于H、K、L相应的圆跳动的未注公差值。

3）未注圆柱度公差值不做规定，由被测要素的圆度公差、素线直线度和相对素线平行度的注出或未注公差控制。

4）未注平行度公差值等于被测要素和基准要素间的尺寸公差和被测要素的形状公差（直线度或平面度）的未注公差值中的较大者，并取两要素中较长者作为基准。

5）未注同轴度公差值未做规定。

6）未注线轮廓度、面轮廓度、倾斜度、位置度的公差值均由各要素的注出或未注线性尺寸公差或角度公差控制。

14.3 任务实施

用百分表、偏摆仪对如图14-7零件进行圆跳动误差的测量，并对测量数据进行正确处理，判断出零件的圆跳动误差是否符合图纸要求。

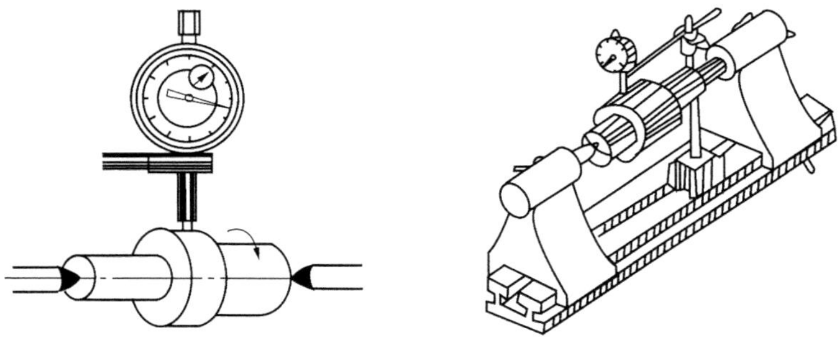

图14-7 圆跳动测量示意图

14.3.1 实施程序

1. 分析图样与零件

读图分析该零件，准备实验所需的工、量具与零件：百分表、偏摆仪、待测零件等。

2. 测量并记录

1）将图 14-8 所示的零件置于偏摆仪的两顶尖间，使其轴线垂直于测量截面，同时固定轴向位置。

2）将百分表测头位于工件的某一正截面上，开始转动工件一周，记录下工件转动一周过程中百分表显示的最大读数与最小读数，计算出最大读数与最小读数的差值。

3）同样的方法，分别测量出在不同的正截面上百分表的最大读数与最小读数，并进行计算得到百分表读数的最大差值，做好实验数据记录。

4）取百分表的最大读数差值作为该工件的圆跳动误差。

3. 判断合格性

判断零件的圆跳动是否合格。

若最大的圆跳动误差值小于或等于 0.05mm，则说明该圆跳动误差符合图纸要求；若最大的圆度误差值大于 0.05mm，则说明该圆跳动误差超差，不合格。

4. 工量具归位

实验完成后，清理、清洁工具、量具，并放入相应的工具箱或量具盒中。

14.3.2　数据分析

填写数据，对其中的数据进行分析，从而判断出该圆跳动误差是否合格，并且填入数据分析表（表 14-2）中。

表 14-2　数据分析表

正截面序号	百分表最大读数	百分表最小读数	圆跳动误差值	最大圆跳动误差值	圆跳动误差是否合格
正截面 1					
正截面 2					
正截面 3					
正截面 4					
正截面 5					
正截面 6					
正截面 7					
正截面 8					

圆跳动有三个项目分别是：__________圆跳动、__________圆跳动、__________圆跳动，本实验测量的是轴的__________圆跳动

续表

| ↗ | 0.05 | A—B | 的含义
实验结论
操作者成绩评价

学后自测

一、填空题

1. 圆柱度和径向全跳动公差带相同点是________________，不同点是________________________。

2. 由于__________包括了圆柱度误差和同轴度误差，当__________不大于给定的圆柱度公差值时，可以肯定圆柱度误差不会超差。

3. 当零件端面制成__________时，端面圆跳动可能为零。但却存在垂直度误差。

4. 径向圆跳动在生产中常用它来代替轴类或箱体零件上的同轴度公差要求，其使用前提是________________。

5. 径向圆跳动公差带与圆度公差带在形状方面__________，但前者公差带圆心的位置是__________而后者公差带圆心的位置是__________。

二、选择题

1. 下列表述正确的有（　　）。

A. 给定方向上的线位置度公差值前应加注符号“ϕ”

B. 空间中，点位置度公差值前应加注符号“Sϕ”

C. 任意方向上线倾斜度公差值前应加注符号“ϕ”

D. 标注斜向圆跳动时，指引线箭头应与轴线垂直

2. 对于径向全跳动公差，下列论述正确的有（　　）。

A. 属于形状公差　　B. 属于位置公差

C. 属于跳动公差　　D. 与同轴度公差带形状相同。

3. 形位公差带形状是半径差为公差值 t 的两圆柱面之间的区域有（　　）。

A. 同轴度　　B. 径向全跳动

C. 任意方向直线度　　D. 圆柱度

4. 对于端面全跳动公差，下列论述正确的有（　　）。

A. 属于位置公差　　B. 属于跳动公差

C. 与端面对轴线的垂直度公差带形状相同　　D. 与平行度控制效果相同

5. 下列公差带形状相同的有（　　）。

A. 轴线对轴线的平行度与面对面的平行度　　B. 径向圆跳动与圆度

C. 同轴度与径向全跳动　　D. 轴线对面的垂直度与轴线对面的倾斜度

E. 轴线的直线度与导轨的直线度

三、解答题

1. 试述形位公差带与尺寸公差带的异同点。

2. 试述径向圆跳动与同轴度、端面跳动与端面垂直度的关系。

第三模块

粗糙度与螺纹误差测量

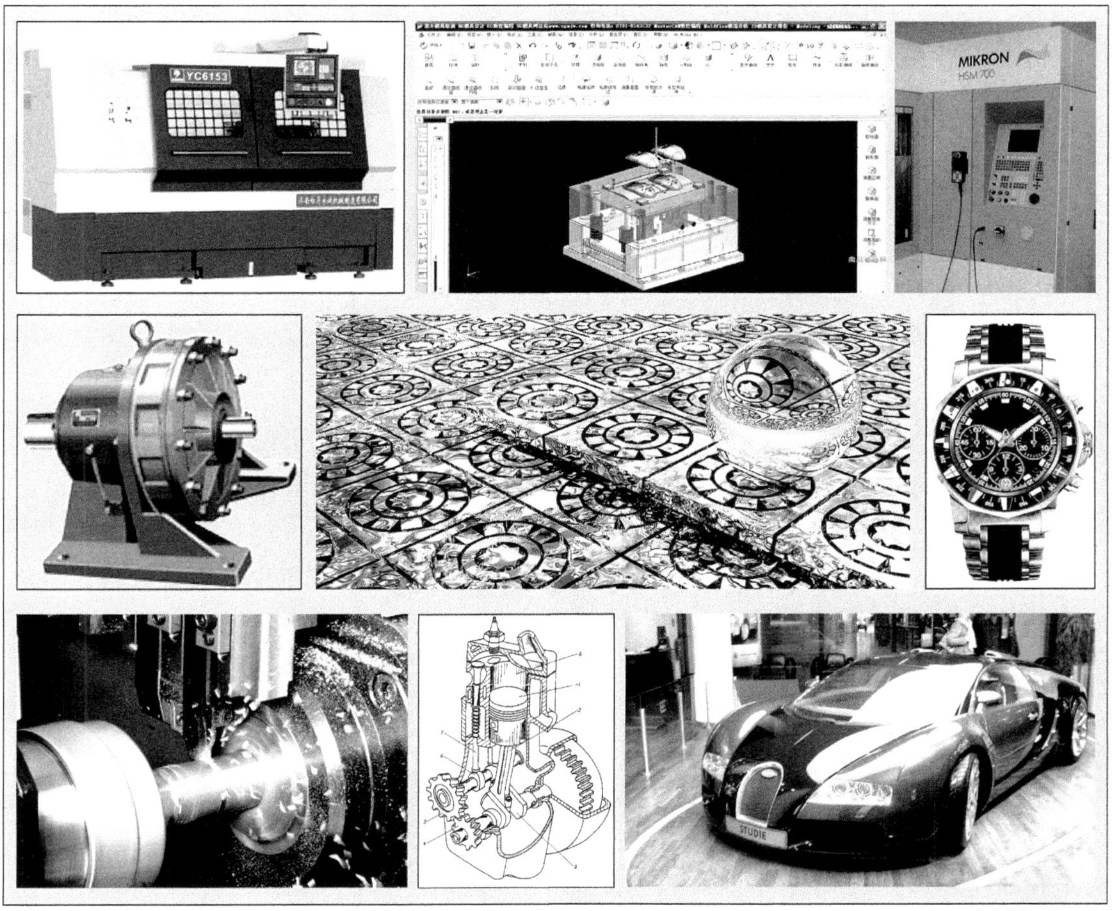

任务15 粗糙度对比样块检验表面粗糙度

【知识目标】

1. 认识不同的表面粗糙度对零件性能的影响。
2. 掌握表面粗糙度的重要特征参数。
3. 正确识读表面粗糙度代号。

【技能目标】

1. 掌握表面粗糙度的标注方法。
2. 掌握表面粗糙度的检验方法。
3. 熟练使用粗糙度对比样块检验零件表面粗糙度。
4. 了解使用电动轮廓仪测量零件表面粗糙度。

【任务描述】

本任务是用粗糙度对比样块对如图15-1所示零件的表面粗糙度进行检测，判断出表面粗糙度是否符合图样要求。

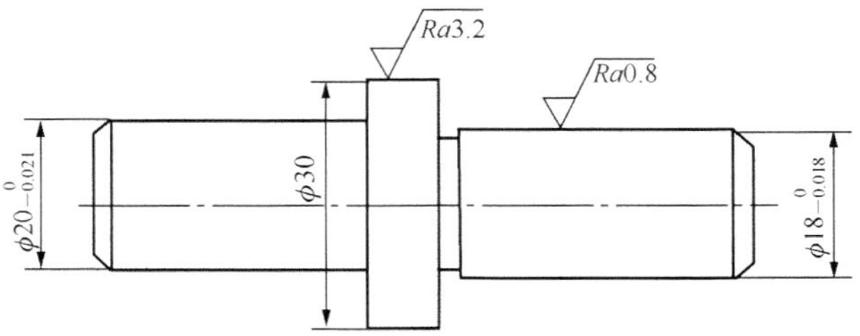

图15-1 轴

15.1 知识储备：表面粗糙度

15.1.1 表面粗糙度概念

表面粗糙度是指加工表面上具有的较小间距和微小峰谷所组成的微观几何形状误差。

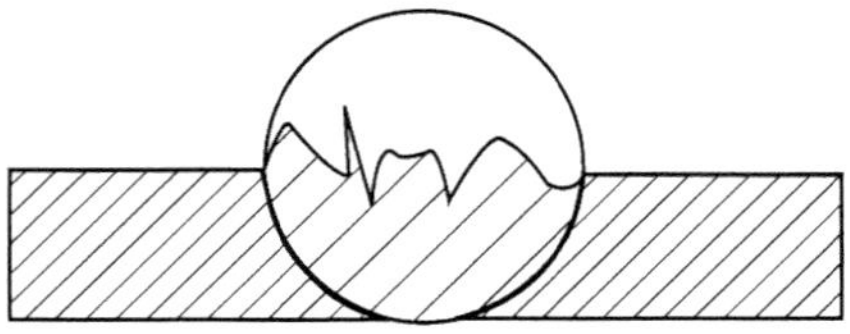

图15-2 表面粗糙度示意图

表面粗糙度是衡量零件表面质量的一项重要技术指标。

零件在使用过程中，表面越粗糙，配合表面间的有效接触面积越小，压强越大，磨损就越快。粗糙零件的表面存在较大的峰谷，它们像尖角缺口和裂纹一样，对应力集中很敏感，从而影响零件的疲劳强度，而且易使腐蚀性气体或液体通过表面的微观凹谷渗入到金属内层，造成表面腐蚀。粗糙的表面之间无法严密地贴合，气体或液体通过接触面间的缝隙渗漏。零件被测表面和测量工具测量面的表面粗糙度都会直接影响测量的精度。若是间隙配合，表面越粗糙，就越易磨损，使工作过程中间隙逐渐增大；若是过盈配合由于装配时将微观凸峰挤平，减小了实际有效过盈，降低了连接强度。

因此，表面粗糙度对零件的使用性能和寿命影响很大，应对零件的表面粗糙度进行正确合理的规定。

15.1.2　表面粗糙度的相关术语与评定参数

1. 表面粗糙度的相关术语

(1) 表面轮廓

平面与表面相交所得的轮廓线，称为表面轮廓。如图 15-3 所示。

(2) 取样长度 l

取样长度是用于判别具有表面粗糙度特征的一段基准线长度。取样长度应根据零件实际表面的形成情况及纹理特征，选取能反映表面粗糙度特征的那一段长度，量取取样长度时应根据实际表面轮廓的总的走向进行。

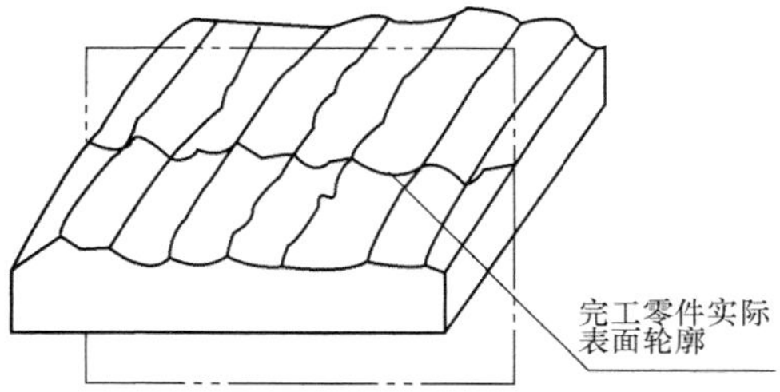

图 15-3　表面轮廓

(3) 评定长度 l_n

评定长度是指评定轮廓所必须的一段长度，它可包括一个或几个取样长度。由于零件表面各部分的表面粗糙度不一定很均匀，在一个取样长度上往往不能合理地反映某一表面粗糙度特征，故需在表面上取几个取样长度来评定表面粗糙度，一般取 $l_n=5l$。

(4) 轮廓的算术平均中线

算术平均中线是指具有几何轮廓形状在取样长度内与轮廓走向一致的基准线，在取样长度内由该线划分轮廓使上下两边的面积相等。即在取样长度内由一条假想线将实际轮廓分为上、下两部分，且上部分面积之和等于下部面积之和，这条假想线就是算术平均中线，如图 15-4 所示。

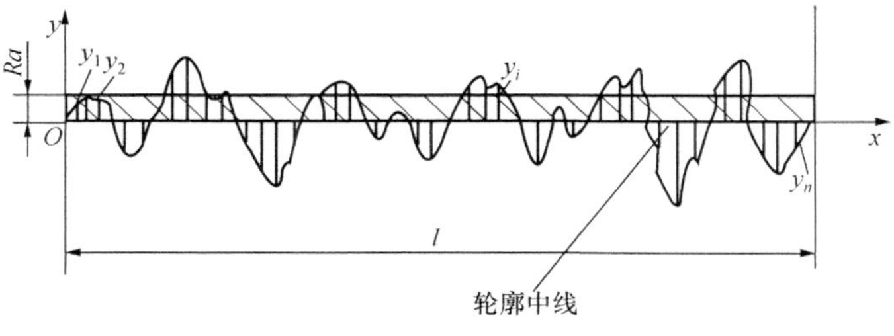

图 15-4　轮廓算数平均偏差

2. 表面粗糙度的主要评定参数

(1) 轮廓算术平均偏差Ra

轮廓算术平均偏差——在取样长度内，被测轮廓上各点至轮廓中线距离的算术平均值。其近似表达式为

$$Ra = \frac{1}{n}(y_1 + y_2 + \cdots + y_n) \tag{15-1}$$

式中，y_1、y_2、y_n——表面轮廓上各个点到轮廓中线的距离。

轮廓算术平均偏差 Ra 能充分反映表面微观几何形状高度方面的特征，并且测量方法比较简单，是评定零件表面粗糙度的主要参数，也是应用最多的评定参数。所以，在表面粗糙度代号中，参数值前可省略参数符号“Ra”。其标准数值系列见表 15-1 所示。

表 15-1 轮廓的算术平均偏差 *Ra* 的数值（摘自 GB/T 1031—2009） （单位：μm）

Ra	0.012 0.025 0.05 0.1	0.2 0.4 0.8 1.6	3.2 6.3 12.5 25	50 100

(2) 轮廓最大高度Rz

在 1 个取样长度内，轮廓的峰顶线和谷底线之间的距离为轮廓最大高度 Rz。如图 15-5 所示。

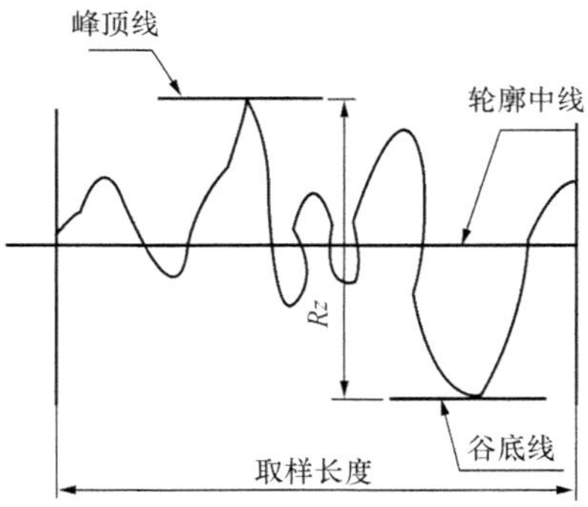

图 15-5 轮廓最大高度

轮廓最大高度 Rz 由于测量点不多，所以反映微观几何形状高度方面的特性不如 Ra 充分，但 Rz 值容易在光学仪器上直观地测量出来，计算公式也较简单，因此也是应用较多的参数。其标准数值见表 15-2。

表 15-2　轮廓的最大高度 R_z 的数值（摘自 GB/T 1031—2009）　　（单位：μm）

Rz	0.025 0.05 0.1 0.2	0.4 0.8 1.6 3.2	6.3 12.5 25 50	100 200 400 800	1600

15.1.3　表面粗糙度的标注

1. 表面粗糙度符号

在国标 GB/T 131—2006 中规定了表面粗糙度符号的表示方法，如表 15-3 所示。

表 15-3　表面粗糙度符号及其与意义与说明（摘自 GB/T 131—2006）

符　号	意义与说明
	基本图形符号，仅用于简化代号标注，没有补充说明时不能单独使用
	在基本符号上加一短横，表示指定表面是用去除材料的方法获得，如通过机械加工获得的表面
	在基本符号加一个圆圈，表示指定表面是用不去除材料的方法获得
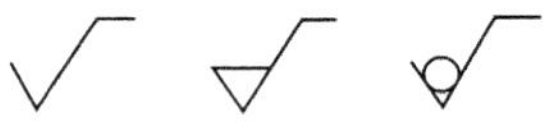	当要求标注表面结构特征的补充信息时，应在以上三种图形符号的长边上加一横线

2. 表面粗糙度代号的标注方法

（1）表面粗糙度代号的标注格式

表面粗糙度代号的标注格式如图 15-6 所示。

（2）表面粗糙度代号的标注方法

1）表面粗糙度的注写和读取方向与尺寸的注写和读取方向一致，并标注在轮廓线上（可标注在轮廓线的延长线上）或指引线上，如图 15-7 所示。

2）多数表面有相同要求，可统一标注在标题栏附近，少数表面有不同要求的标在图形上，如图 15-8 所示。

3）用带字母或不带字母的图形符号，以等式的形式注写在图形或标题栏附近。

4）所有表面有相同要求时，可在粗糙度符号上加一小圆，如图 15-10 所示。

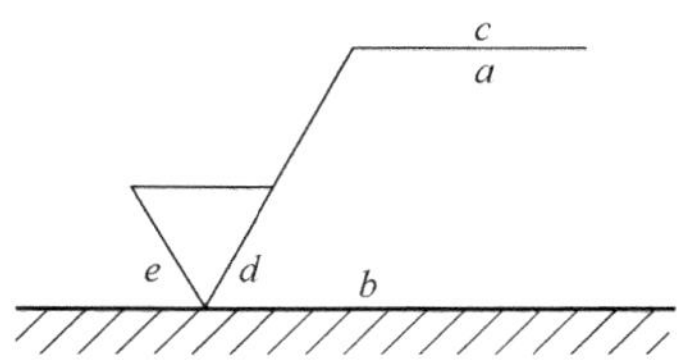

图 15-6　表面粗糙度代号的标注格式

a—第一个表面粗糙度；
b—第二个表面粗糙度要求；
c—加工方法（车、铣、磨、涂镀等）；
d—表面纹理和方向；
e—加工余量；

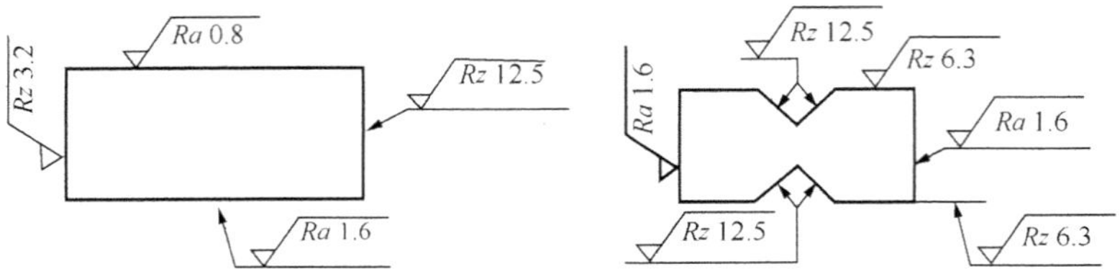

图 15-7　表面粗糙度代号在图样上的标注

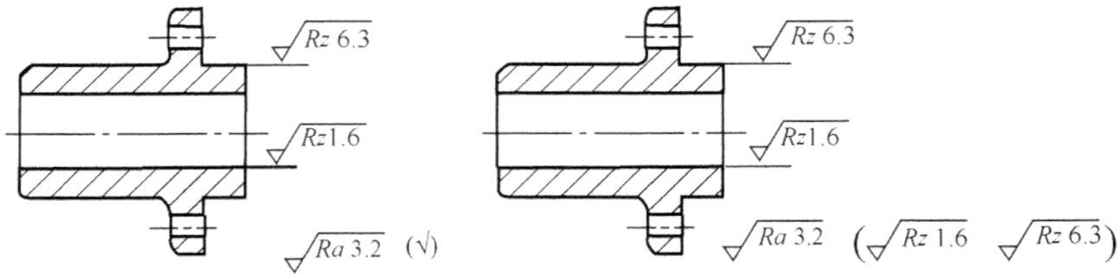

图 15-8　表面粗糙度代号在图样上的标注

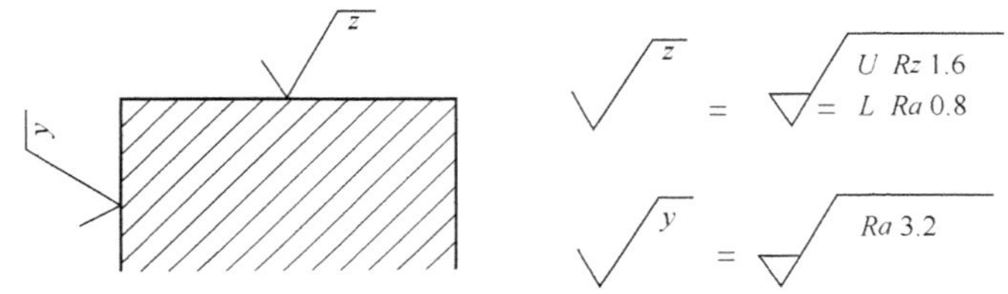

(a)

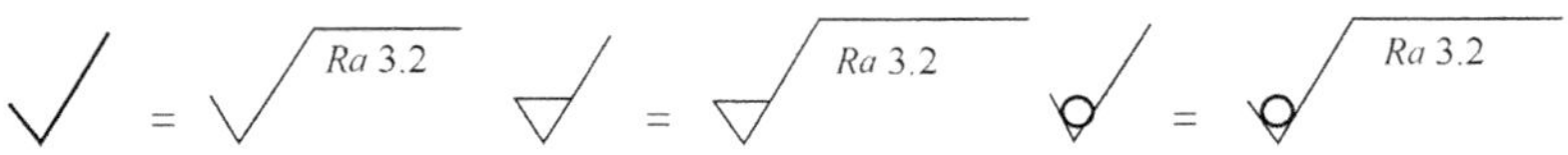

(b)

图 15-9　表面粗糙度代号在图样上的标注

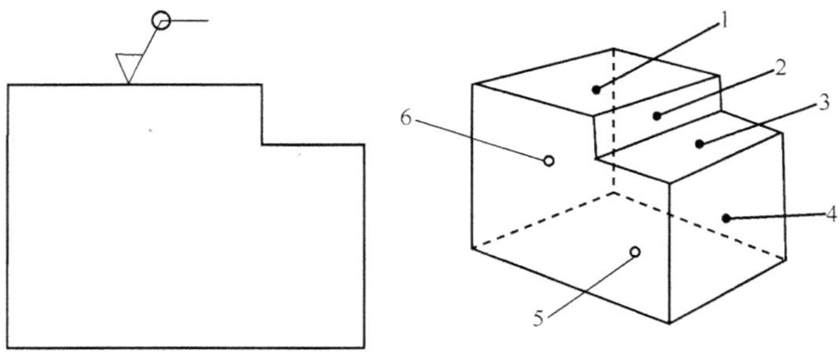

图 15-10　表面粗糙度代号在图样上的标注

15.1.4　表面粗糙度的应用

1. 表面粗糙度值的选择原则

表面粗糙度的选择原则：在满足表面功能的前提下，尽量选较大的表面粗糙度数值。

表面粗糙度在具体选择时，可以参考下述原则：

1）工作表面比非工作表面的粗糙度数值小。

2）摩擦表面比非摩擦表面的粗糙度数值小。

摩擦表面的摩擦速度越高，所受的单位压力越大，则粗糙度值要求要小；滚动磨擦表面比滑动磨擦表面要求的粗糙度数值小。

3）配合性质不同，对粗糙度值的要求也不同。

对间隙配合，配合间隙越小，粗糙度数值应越小；对过盈配合，为保证连接强度的牢固可靠，载荷越大，要求粗糙度数值越小。一般情况间隙配合比过盈配合粗糙度数值要小。

4）配合表面的粗糙度应与其尺寸精度要求相当。

配合性质相同时，零件尺寸越小，则粗糙度数值越小；同一精度等级，小尺寸比大尺寸粗糙度数值小，轴比孔粗糙度数值小（特别是IT8～IT5的精度）。

2. 表面粗糙度值的检测方法

1）比较法。比较法是指将被测表面与表面粗糙度样块相比较，来判断被测表面的粗糙度是否合格的检验方法。

2）光切法。光切法是应用光切原理测量表面粗糙度的一种测量方法。这种方法常常用来测量 Rz。

3）干涉法。干涉法是利用光波干涉原理测量表面粗糙度的一种方法。它是利用光波干涉原理测量表面粗糙度的一种方法。按干涉原理制成的仪器叫做干涉显微镜，一般用来测量粗糙度值要求低的表面。

4）针描法。针描法是接触式测量表面粗糙度的方法。

15.2　知识储备：表面粗糙度比较样块与轮廓仪

15.2.1　表面粗糙度比较样块

1. 用途

表面粗糙度比较样块是通过视觉和触觉，以比较法来检查机械零件加工后表面粗糙度的一种工作量具。表面粗糙度比较样块采用特定合金材料加工而成，具有不同的表面粗糙度参数值，通过目测或放大镜与被测零件进行比较，判断表面粗糙度级别。

2. 检测方法

测量零件表面粗糙度的常用方法有目测检测法、比较检测法和测量仪器检测法。

比较检测法是将被测表面与已知高度参数值的表面粗糙度样块相比较，用目测和手摸的方法来判断工件表面粗糙度是否合格的一种检测方法。由于该方法具有测量方便成本低、对环境要求不高等优点，适合在车间使用。但其评定的可靠性很大程度上取决于检测人员的经验，往往误差较大。因而主要应用于现场检验、评定中等或较粗糙的表面。

图 15-11　表面粗糙度比较样块

用表面粗糙度比较样块检测步骤如下：

(1) 视觉比较

将被检测表面粗糙度样块的工作面放在一起，用眼睛反复比较被测表面与比较样块间的加工痕迹异同、反射光线的强弱、色彩的差异，以判定被测表面的粗糙度的大小。必要时可借用放大镜。

(2) 触觉比较

用手指分别触摸被测表面和比较样块，根据手的感觉判断被测表面与比较样扳在峰谷高度和间距上的差别，从而判断被测表面粗糙度的大小。表面粗糙度样块的材料、加工方法和加工纹理方向与被测零件尽可能相同，有利于提高判断的准确性。另外，也可以从生产的零件中选择样品，经精密仪器鉴定后，作为标准样块使用。

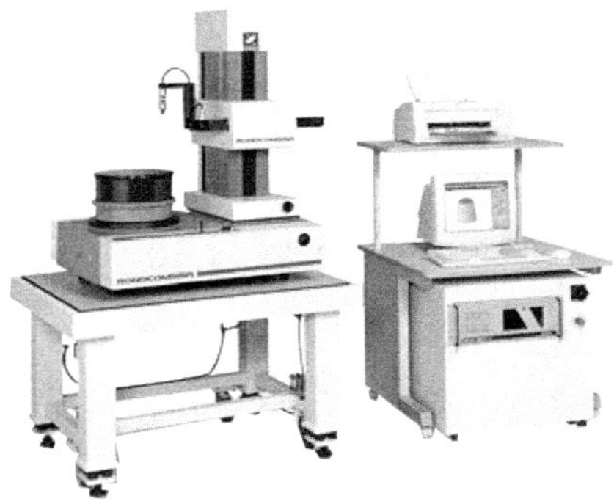

图 15-12　表面粗糙度轮廓仪

15.2.2　表面粗糙度轮廓仪

表面粗糙度轮廓仪是一种用感触法测量表面粗糙度的仪器。如图 15-12 所示。

测量时仪器触针尖端在被测表面上垂直于加工纹理方向的截面上，做水平移动测量，从指示仪表直接得出一个测量行程 Ra 值，这是测量 Ra 值最常用的方法。

小提示

1. 电动轮廓仪接地线必须具有朗好的接地功能，确保轮廓仪不受外界信号干扰。

2. 定期用粗糙度样板、大小标准球校准粗糙度轮廓仪。粗糙度样板、大小标准球务必放在专用盒内。

15.3 任务实施

选用粗糙度对比样块对如图 15-13 所示零件的相关表面进行粗糙度检验，从而判断出该零件的粗糙度是否合格。

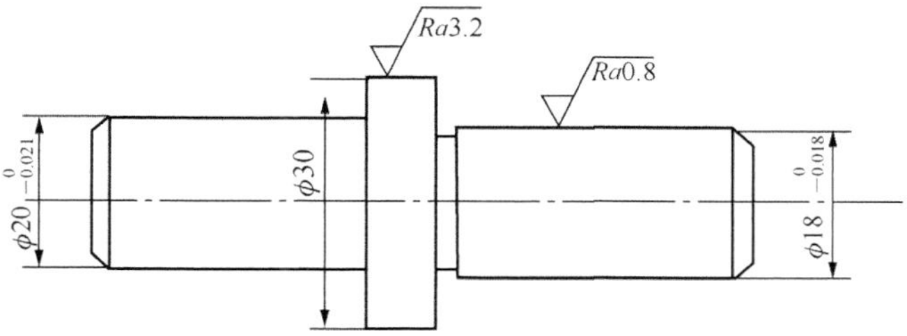

图 15-13　轴

15.3.1　实施程序

1. 分析图样与零件

读图 15-13 并分析该零件，本实验共需判断两个表面的粗糙度值是否合格，准备好待测零件与粗糙度对比样块。

2. 测量并记录

将待测零件的被测表面的不同位置与粗糙度对比样块进行反复比较，确定其表面的粗糙度值，并且做好实验记录。

3. 判断合格性

根据记录作出判断该表面的粗糙度是否符合图纸要求。

4. 工量具归位

实验完成后，清理、清洁工具、量具，并放入相应的工具箱或量具盒中。

15.3.2　数据分析

填写测量数据，对其中的数据进行分析，从而判断出表面粗糙度是否合格，并且填入数据分析表 15-4 中。

表 15-4　数据分析表

被测表面粗糙度	表面粗糙度代号的含义	测量次数	实测粗糙度	粗糙度合格性判断	判断的理由
√Ra3.2		1			
		2			

续表

被测表面粗糙度	表面粗糙度代号的含义	测量次数	实测粗糙度	粗糙度合格性判断	判断的理由
$\sqrt{Ra\,3.2}$		3			
		4			
		5			
$\sqrt{Ra\,0.8}$		1			
		2			
		3			
		4			
		5			
实验结论					
操作者成绩评价					

学后自测

一、填空题

1. 表面粗糙度比较样块是通过视觉和触觉，以＿＿＿＿＿方法来检查机械零件加工后表＿＿＿＿＿面粗糙度的一种工作量具。

2. 测量零件表面粗糙度的常用方法有＿＿＿＿＿法、＿＿＿＿＿法和＿＿＿＿＿法。

3. 表面粗糙度的高度评定参数为主要参数，包括＿＿＿＿＿＿＿＿，其中标准规定优先选用＿＿＿＿＿＿＿＿。

4. 表面粗糙度参数值选择的基本原则是：在满足表面＿＿＿＿＿的前提下，尽量选用＿＿＿＿＿的表面粗糙度数值。选择时一般采用＿＿＿＿＿法。

5. 用来测量粗糙度值的方法有＿＿＿＿＿、＿＿＿＿＿、＿＿＿＿＿、＿＿＿＿＿。

6. 在 Ra、Rz 参数中，＿＿＿＿＿能充分反映表面微观几何形状高度方面的特征。

二、选择题

1. 表面粗糙度反映的是零件被加工表面上的（　　）。

A. 微观的几何形状误差　　　　B. 表面波纹度

C. 宏观的几何形状误差　　　　D. 形状误差

2. 关于表面粗糙度对零件使用性能的影响，下列说法中错误的是（　　）。

A. 一般情况下表面粗糙度越粗糙，磨损越快

B. 表面粗糙度影响间隙配合的稳定性或过盈配合的连接强度

C. 表面越粗糙，表面接触面受力时，峰顶处的局部塑性变形越大，从而降低了零件的疲劳强度

D. 减少表面粗糙度，可提高零件表面的抗腐蚀性

三、判断题

1. 设计时，若尺寸公差和表面形状公差较小时，其相应的表面粗糙度数值也应较小。（　）
2. 比较法常用于检测表面粗糙度要求不高的表面，是因为此方法简便易行，但误差大。（　）
3. 从间隙配合的稳定性或过盈配合的连接强度考虑，表面粗糙度值越小越好。（　）
4. 标准推荐优先选用轮廓算术平均偏差 Ra，是因为其测量方法简单。（　）

任务16 螺纹量规综合检验螺纹

【知识目标】

1. 熟悉普通螺纹的主要参数。
2. 识读普通螺纹标记。

【技能目标】

1. 掌握检测普通螺纹的方法。
2. 能够熟练运用量规对螺纹进行检验，并判断其合格性。

【任务描述】

本任务是用螺纹量规对图16-1所示零件的螺纹进行综合检验，判断出该零件的螺纹是否符合图样要求。

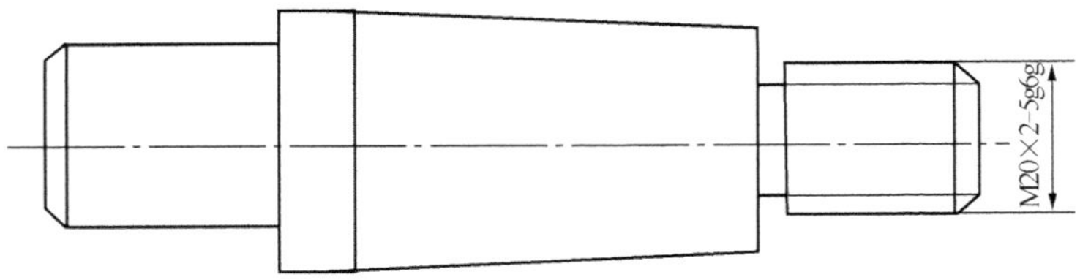

图16-1 螺纹轴

16.1 知识储备：普通螺纹与螺纹公差带

螺纹连接是各种机械中应用最为广泛的一种连接形式。

16.1.1 普通螺纹的基本牙型

普通螺纹的基本牙型为三角形，其牙型的原始形状是一个等边三角形。所谓的基本牙型是指在通过螺纹轴线的剖面内，按规定的高度削去原始三角形的顶部和底部后所形成的内、外螺纹共有的理论牙型，它是确定螺纹设计牙型（以基本牙型为基础并满足各种间隙和圆弧半径的牙型）的基础。由于理论牙型上的尺寸均为螺纹的基本尺寸，因而称为基本牙型。普通螺纹的基本牙型如图16-2所示。

16.1.2 普通螺纹的主要参数

如图16-3所示，螺纹的主要参数有大径、中径、单一中径、小径、螺距、导程、牙型角、螺旋升角等，具体含义见表16-1所示。

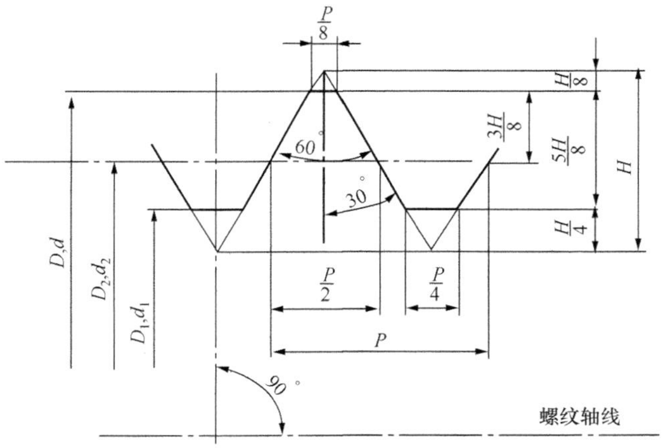

图 16-2　普通螺纹的基本牙型

D—内螺纹大径；d—外螺纹大径；D_2—内螺纹中径；d_2—外螺纹中径

D_1—内螺纹小径；d_1—外螺纹小径；P—螺距；H—原始三角形高度

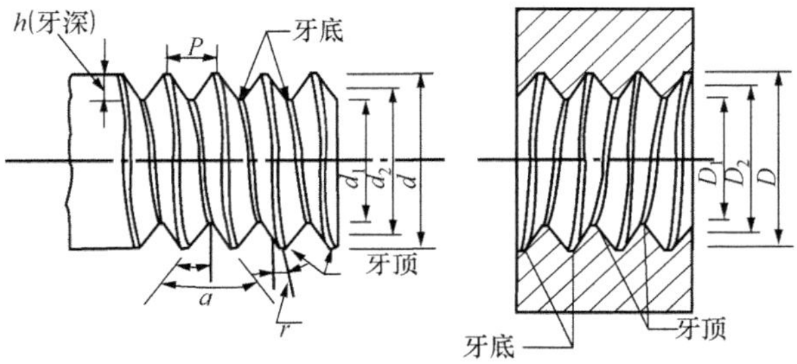

图 16-3　普通螺纹的主要参数

表 16-1　普通螺纹的主要参数及含义

主要参数	含　　义	备　注
大径 D（d）	指与外螺纹牙顶或内螺纹牙底相切的假想圆柱的直径，也称螺纹的公称直径	
中径 D_2（d_2）	指在螺纹牙型上沟槽与凸起宽度相等处假想的圆柱直径	$D_2=D-2\times\frac{3}{8}H=D-0.6495P$ $d_2=d-2\times\frac{3}{8}H=d-0.6495P$
单一中径 D_{2a}（d_{2a}）	圆柱的母线通过牙型上沟槽宽度等于基本螺距一半（$P/2$）的假想的圆柱直径，当螺距无误差时，中径就是单一中径；当螺距有误差时，则两者不相等，通常当作实际中径	

续表

主要参数	含　　义	备注
小径 D_1（d_1）	指与外螺纹牙底或内螺纹牙顶相切的假想圆柱的直径	$D_1=D-2\times\frac{5}{8}H=D-1.0825P$ $d_1=d-2\times\frac{5}{8}H=d-1.0825P$
旋向	螺纹有左旋和右旋之分。顺时针旋转时旋入的螺纹为右旋螺纹。逆时针旋转旋入的螺纹为左旋螺纹	
线数 n	螺纹的螺旋线数目。沿一根螺旋线形成的螺纹称为单线螺纹；沿两根以上的等距螺旋线形成螺纹称为多线螺纹	
螺距 P	指相邻两牙在中径线上对应两点间的轴向距离	
导程 P_h	指同一条螺旋线上相邻两牙在中径线上对应两点间的轴向距离，螺距与导程的关系：导程＝螺距×线数	$P_h=n\times P$
牙型角 α	指在螺纹牙型上相邻两牙侧间的夹角	
螺旋升角 γ	指在中径圆柱上，螺旋线的切线与垂直螺纹轴线的平面的夹角	
螺纹接触高度	指在两个相互配合的螺纹牙型上，牙侧重合部分在垂直于螺纹轴线方向上的距离	
螺纹旋合长度	指两个相互配合的螺纹沿螺纹轴线方向相互旋合部分的长度	

16.1.3　螺纹公差带

普通螺纹的公差带由公差等级和基本偏差两个因素决定。其中公差等级确定公差带的大小，基本偏差确定公差带的位置，两者组合可以得到各种螺纹公差。

螺纹公差带是牙型公差带，以基本牙型的轮廓为零线，沿着螺纹牙型的牙侧、牙顶和牙底分布，并在垂直于螺纹轴线方向计量大、中、小径的偏差和公差。如图 16-4 所示。

1. 螺纹公差带的位置和基本偏差

国标 GB/T 197—2003 对内螺纹的公差带规定了 G 和 H 两种位置，对外螺纹的公差带规定了 e、f、g、h 四种位置，如图 16-4 所示。

内螺纹的公差带在基本牙型零线以上，以下偏差（EI）为基本偏差，H 的基本偏差为零，G 的基本偏差为正值。

外螺纹的公差带在基本牙型零线以下，以上偏差（es）为基本偏差，h 的基本偏差为零，e、f、g 的基本偏差为负值。

表 16-2 为内、外螺纹的基本偏差表。除了 H、h 外其余基本偏差数值均与螺距有关。

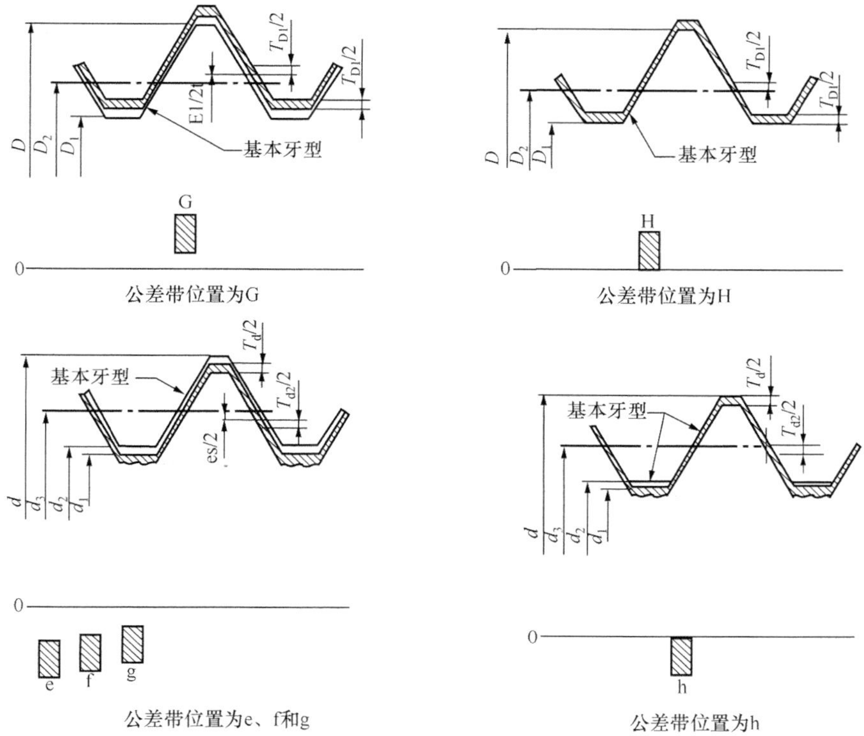

图 16-4　内、外螺纹公差带的位置

表 16-2　内、外螺纹的基本偏差　（单位：μm）

螺距 P/mm	基本偏差					
	内螺纹		外螺纹			
	G EI	H EI	e es	f es	g es	h es
0.2	+17	0	—	—	−17	0
0.25	+18	0	—	—	−18	0
0.3	+18	0	—	—	−18	0
0.35	+19	0	—	−34	−19	0
0.4	+19	0	—	−34	−19	0
0.45	+20	0	—	−35	−20	0
0.5	+20	0	−50	−36	−20	0
0.6	+21	0	−53	−36	−21	0
0.7	+22	0	−56	−38	−22	0
0.75	+22	0	−56	−38	−22	0
0.8	+24	0	−60	−38	−24	0
1	+25	0	−60	−40	−26	0

续表

<table>
<tr><th rowspan="3">螺距
P/mm</th><th colspan="6">基本偏差</th></tr>
<tr><th colspan="2">内螺纹</th><th colspan="4">外螺纹</th></tr>
<tr><th>G
EI</th><th>H
EI</th><th>e
es</th><th>f
es</th><th>g
es</th><th>h
es</th></tr>
<tr><td>1.25</td><td>+28</td><td>0</td><td>−63</td><td>−42</td><td>−28</td><td>0</td></tr>
<tr><td>1.5</td><td>+32</td><td>0</td><td>−67</td><td>−45</td><td>−32</td><td>0</td></tr>
<tr><td>1.75</td><td>+34</td><td>0</td><td>−71</td><td>−48</td><td>−34</td><td>0</td></tr>
<tr><td>2</td><td>+38</td><td>0</td><td>−71</td><td>−52</td><td>−38</td><td>0</td></tr>
<tr><td>2.5</td><td>+42</td><td>0</td><td>−80</td><td>−58</td><td>−42</td><td>0</td></tr>
<tr><td>3</td><td>+48</td><td>0</td><td>−85</td><td>−63</td><td>−48</td><td>0</td></tr>
<tr><td>3.5</td><td>+53</td><td>0</td><td>−90</td><td>−70</td><td>−53</td><td>0</td></tr>
<tr><td>4</td><td>+60</td><td>0</td><td>−95</td><td>−75</td><td>−60</td><td>0</td></tr>
<tr><td>4.5</td><td>+63</td><td>0</td><td>−100</td><td>−80</td><td>−63</td><td>0</td></tr>
<tr><td>5</td><td>+71</td><td>0</td><td>−106</td><td>−85</td><td>−71</td><td>0</td></tr>
<tr><td>5.5</td><td>+75</td><td>0</td><td>−112</td><td>−90</td><td>−75</td><td>0</td></tr>
<tr><td>6</td><td>+80</td><td>0</td><td>−118</td><td>−95</td><td>−80</td><td>0</td></tr>
<tr><td>8</td><td>+100</td><td>0</td><td>−140</td><td>−118</td><td>−100</td><td>0</td></tr>
</table>

2. 螺纹公差带的大小和公差等级

国标对螺纹的中径和顶径分别规定了若干个公差等级，如表 16-3 所示。

表 16-3　螺纹公差等级

螺纹直径	公差等级	螺纹直径	公差等级
内螺纹小径 D_1	4，5，6，7，8	内螺纹中径 D_2	4，5，6，7，8
外螺纹大径 d	4，6，8	外螺纹中径 d_2	3，4，5，6，7，8，9

内螺纹的小径和外螺纹的大径各公差等级的公差值分别见表 16-4 和表 16-5。从表中可以看出螺纹顶径的公差值除与公差等级有关外，还与螺距的大小有关。

表 16-4　内螺纹小径公差（T_{D1}）　　(单位：μm)

<table>
<tr><th rowspan="2">螺距
P/mm</th><th colspan="5">公差等级</th></tr>
<tr><th>4</th><th>5</th><th>6</th><th>7</th><th>8</th></tr>
<tr><td>0.2</td><td>38</td><td>—</td><td>—</td><td>—</td><td>—</td></tr>
<tr><td>0.25</td><td>45</td><td>56</td><td>—</td><td>—</td><td>—</td></tr>
<tr><td>0.3</td><td>53</td><td>67</td><td>85</td><td>—</td><td>—</td></tr>
<tr><td>0.35</td><td>63</td><td>80</td><td>100</td><td>—</td><td>—</td></tr>
<tr><td>0.4</td><td>71</td><td>90</td><td>112</td><td>—</td><td>—</td></tr>
<tr><td>0.45</td><td>80</td><td>100</td><td>125</td><td>—</td><td>—</td></tr>
</table>

续表

螺距 P/mm	公差等级				
	4	5	6	7	8
0.5	90	112	140	180	—
0.6	100	125	160	200	—
0.7	112	140	180	224	—
0.75	118	150	190	236	—
0.8	125	160	200	250	315
1	150	190	236	300	375
1.25	170	212	265	335	425
1.5	190	236	300	375	475
1.75	212	265	335	425	530
2	236	300	375	475	600
2.5	280	355	450	560	710
3	315	400	500	630	800
3.5	355	450	560	710	900
4	375	475	600	750	950
4.5	425	530	670	850	1060
5	450	560	710	900	1120
5.5	475	600	750	950	1180
6	500	630	800	1000	1250
8	630	800	1000	1250	1600

表 16-5　外螺纹大径公差（T_d）　　（单位：μm）

螺距 P/mm	公差等级		
	4	6	8
0.2	36	56	—
0.25	42	67	—
0.3	48	75	—
0.35	53	85	—
0.4	60	95	—
0.45	63	100	—
0.5	67	106	—
0.6	80	125	—
0.7	90	140	—
0.75	90	140	—
0.8	95	150	236
1	112	180	280

续表

螺距 P/mm	公差等级		
	4	6	8
1.25	132	212	335
1.5	150	236	375
1.75	170	265	425
2	180	280	450
2.5	212	335	530
3	236	375	600
3.5	265	425	670
4	300	475	750
4.5	315	500	800
5	335	530	850
5.5	355	560	900
6	375	600	950
8	450	710	1180

内外螺纹中径公差值分别见表 16-6 和表 16-7。从表中可以看出螺纹中径的公差值除与公差等级有关外，还与螺纹的公称直径和螺距有关。

表 16-6　内螺纹中径公差（T_{D2}）　（单位：μm）

公称直径 D/mm		螺距 P/mm	公差等级				
>	≤		4	5	6	7	8
0.99	1.4	0.2	40	—	—	—	—
		0.25	45	56	—	—	—
		0.3	48	60	75	—	—
1.4	2.8	0.2	42	—	—	—	—
		0.25	48	60	—	—	—
		0.35	53	67	85	—	—
		0.4	56	71	90	—	—
		0.45	60	75	95	—	—
2.8	5.6	0.35	56	71	90	—	—
		0.5	63	80	100	125	—
		0.6	71	90	112	140	—
		0.7	75	95	118	150	—
		0.75	75	95	118	150	—
		0.8	80	100	125	160	200

续表

公称直径 D/mm		螺距 P/mm	公差等级				
>	≤		4	5	6	7	8
5.6	11.2	0.75	85	106	132	170	—
		1	95	118	150	190	236
		1.25	100	125	160	200	250
		1.5	112	140	180	224	280
11.2	22.4	1	100	125	160	200	250
		1.25	112	140	180	224	280
		1.5	118	150	190	236	300
		1.75	125	160	200	250	315
		2	132	170	212	265	335
		2.5	140	180	224	280	355
22.4	45	1	106	132	170	212	—
		1.5	125	160	200	250	315
		2	140	180	224	280	355
		3	170	212	265	335	425
		3.5	180	224	280	335	450
		4	190	236	300	375	475
		4.5	200	250	315	400	500
45	90	1.5	132	170	212	265	335
		2	150	190	236	300	375
		3	180	224	280	355	450
		4	200	250	315	400	500
		5	212	265	335	425	530
		5.5	224	280	355	450	560
		6	236	300	375	475	600
90	180	2	160	200	250	315	400
		3	190	236	300	375	475
		4	212	265	335	425	530
		6	250	315	400	500	630
		8	280	355	450	560	710
180	355	3	212	265	335	425	530
		4	236	300	375	475	600
		6	265	335	425	530	670
		8	300	375	475	600	750

表 16-7　内螺纹中径公差（T_{d2}）　（单位：μm）

公称直径 d/mm		螺距 P/mm	公差等级						
>	≤		3	4	5	6	7	8	9
0.99	1.4	0.2	24	30	38	48	—	—	—
		0.25	26	34	42	53	—	—	—
		0.3	28	36	45	56	—	—	—
1.4	2.8	0.2	25	32	40	50	—	—	—
		0.25	28	36	45	56	—	—	—
		0.35	32	40	50	63	80	—	—
		0.4	34	42	53	67	85	—	—
		0.45	36	45	56	71	90	—	—
2.8	5.6	0.35	34	42	53	67	85	—	—
		0.5	38	48	60	75	95	—	—
		0.6	42	53	67	85	106	—	—
		0.7	45	56	71	90	112	—	—
		0.75	45	56	71	90	112	—	—
		0.8	48	60	75	95	118	150	190
5.6	11.2	0.75	50	63	80	100	125	—	—
		1	56	71	90	112	140	180	224
		1.25	60	75	95	118	150	190	236
		1.5	67	85	106	132	170	212	265
11.2	22.4	1	60	75	95	118	150	190	236
		1.25	67	85	106	132	170	212	265
		1.5	71	90	112	140	180	224	280
		1.75	75	95	118	150	190	236	300
		2	80	100	125	160	200	250	315
		2.5	85	106	132	170	212	265	335
22.4	45	1	63	80	100	125	160	200	250
		1.5	75	95	118	150	190	236	300
		2	85	106	132	170	212	265	335
		3	100	125	160	200	250	315	400
		3.5	106	132	170	212	265	335	425
		4	112	140	180	224	280	355	450
		4.5	118	150	190	236	300	375	475
45	90	1.5	80	100	125	160	200	250	315
		2	90	112	140	180	224	280	355
		3	106	132	170	212	265	335	425

续表

公称直径 d/mm		螺距 P/mm	公差等级						
>	≤		3	4	5	6	7	8	9
45	90	4	118	150	190	236	300	375	475
		5	125	160	200	250	315	400	500
		5.5	132	170	212	265	335	425	530
		6	140	180	224	280	355	450	560
90	180	2	95	118	150	190	236	300	375
		3	112	140	180	224	280	355	450
		4	125	160	200	250	315	400	500
		6	150	190	236	300	375	475	600
		8	170	212	265	335	425	530	670
180	355	2	106	132	170	212	265	335	425
		3	125	160	200	250	315	400	500
		4	140	180	224	280	355	450	560
		6	160	200	250	315	400	500	630
		8	180	224	280	355	450	560	710

3. 螺纹公差带代号

螺纹公差带代号由表示公差等级的数字和表示基本偏差的字母组成，与光滑圆柱形工件的公差带代号的区别在于，其公差等级数字在前，基本偏差字母在后，如 5H，6g 等。外螺纹的基本偏差代号用小写字母表示，内螺纹用大写字母表示。表中有些螺纹公差带由两个公差带代号组成，如 5g6g，前者表示中径公差带，后者表示顶径公差带；当中径公差带和顶径公差带相同时，就合写为一种公差带代号，如 5H。

4. 螺纹的旋合长度

标准规定将螺纹的旋合长度分为三组，即短旋合长度（S）、中等旋合长度（N）、长旋合长度（L）。同一组旋合长度中，由于螺纹的公称直径和螺距不同，其长度值也是不同的，具体见表 16-8。

表 16-8　螺纹的旋合长度　　（单位：mm）

基本大径 D，d		螺距 P	旋合长度			
			S	N		L
>	≤		≤	>	≤	>
0.99	1.4	0.2	0.5	0.5	1.4	1.4
		0.25	0.6	0.6	1.7	1.7
		0.3	0.7	0.7	2	2

续表

基本大径 D，d		螺距 P	旋合长度			
			S	N		L
>	≤		≤	>	≤	>
1.4	2.8	0.2	0.5	0.5	1.5	1.5
		0.25	0.6	0.6	1.9	1.9
		0.35	0.8	0.8	2.6	2.6
		0.4	1	1	3	3
		0.45	1.3	1.3	3.8	3.8
2.8	5.6	0.35	1	1	3	3
		0.5	1.5	1.5	4.5	4.5
		0.6	1.7	1.7	5	5
		0.7	2	2	6	6
		0.75	2.2	2.2	6.7	6.7
		0.8	2.5	2.5	7.5	7.5
5.6	11.2	0.75	2.4	2.4	7.1	7.1
		1	3	3	9	9
		1.25	4	4	12	12
		1.5	5	5	15	15
11.2	22.4	1	3.8	3.8	11	11
		1.25	4.5	4.5	13	13
		1.5	5.6	5.6	16	16
		1.75	6	6	18	18
		2	8	8	24	24
		2.5	10	10	30	30
22.4	45	1	4	4	12	12
		1.5	6.3	6.3	19	19
		2	8.5	8.5	25	25
		3	12	12	36	36
		3.5	15	15	45	45
		4	18	18	53	53
		4.5	21	21	63	63
45	90	1.5	7.5	7.5	22	22
		2	9.5	9.5	28	28
		3	15	15	45	45
		4	19	19	56	56
		5	24	24	71	71

续表

基本大径 D，d		螺距 P	旋合长度			
			S	N		L
>	⩽		⩽	>	⩽	>
45	90	5.5	28	28	85	85
		6	32	32	95	95
90	180	2	12	12	36	36
		3	18	18	53	53
		4	24	24	71	71
		6	36	36	106	106
		8	45	45	132	132
180	355	3	20	20	60	60
		4	26	26	80	80
		6	40	40	118	118
		8	50	50	150	150

螺纹公差带与旋合长度组成螺纹精度等级，螺纹精度是衡量螺纹质量的综合指标，分精密、中等和粗糙三级。

螺纹结合的精度不仅与螺纹公差带的大小有关，而且还与螺纹的旋合长度有关。

16.1.4　螺纹的选用公差带与配合

螺纹的基本偏差和公差等级可以组合成内外螺纹的各种公差带，给使用和选择提供了条件，但如果全部使用上述各种公差带，将给量具、刃具的生产、供应及螺纹的加工和管理造成很多困难。国标推荐了一些常用公差带作为选用公差带，并在其中给出了“优先”“其次”“尽可能不用”的选用顺序，见表 16-9 和表 16-10 所示。

从理论上讲，内外螺纹的公差带可以任意组合，但为了保证有足够的接触高度，完工后的螺纹最好组成 H/h、H/g、G/h 的配合。一般常用 H/h 配合（最小间隙为零），H/g、G/h 配合常用于要求易装拆或高温下工作的螺纹。

如无其他特殊说明，推荐公差带适用于涂镀前螺纹。涂镀后，螺纹实际轮廓上的任何点不应超载按公差位置 H 或 h 所确定的最大实体牙型。

表 16-9　内螺纹的推荐公差带

公差精度	公差带位置 G			公差带位置 H		
	S	N	L	S	N	L
精　密	—	—	—	4H	5H	6H
中　等	(5G)	6G	(7G)	5H	6H（方框）	7H
粗　糙	—	(7G)	(8G)	—	7H	8H

表 16-10　外螺纹的推荐公差带

公差精度	公差带位置 *e*			公差带位置 *f*			公差带位置 *g*			公差带位置 *h*		
	S	N	L	S	N	L	S	N	L	S	N	L
精密	—	—	—	—	—	—	—	(4g)	(5g4g)	(3h4h)	4h	(5h4h)
中等	—	6e	(7e6e)		6f	—	(5g6g)	6g	(7g6g)	(5h6h)	6h	(7h6h)
粗糙	—	(8e)	(9e8e)	—	—	—		8g	(9g8g)	—	—	—

16.2　知识储备：螺纹标记、偏差表与螺纹检测

16.2.1　螺纹标记

完整的螺纹标记由螺纹特征代号、尺寸代号、公差带代号及其他有必要做进一步说明的个别信息组成。

普通螺纹在图样上的标记由螺纹代号、螺纹公差带代号和螺纹旋合长度代号三部分组成，三者之间用短横线“—”分开。

螺纹代号：粗牙普通螺纹用字母“M”及公称直径表示；细牙普通螺纹用字母“M”及公称直径×螺距表示。左旋螺纹在代号后加注“LH”，右旋螺纹不加注。

螺纹公差带代号：包括中径公差带代号和顶径公差带代号，标注在螺纹代号之后，如 M10—5g6g。

螺纹旋合长度代号：在一般情况下，不标螺纹旋合长度，其螺纹公差带按中等旋合长度确定。必要时，在螺纹公差带代号之后加注旋合长度代号“S”或“L”。特殊需要时，可注明旋合长度数值。

内、外螺纹装配在一起，它们的公差带代号用斜线“/”分开，左边表示内螺纹的公差带代号，右边表示外螺纹的公差带代号。例如：M20×2—6H/6g。

16.2.2　普通螺纹的偏差表及应用

根据螺纹标记，由表 16-2 查出内、外螺纹中径、顶径的基本偏差 EI 或 es，再由表 16-4～表 16-7 查出中径、顶径的公差值，则可用公式 ES=EI+T 或 ei=es−T 计算出另一极限偏差。也可以由附表五直接查出内、外螺纹的中径、顶径的极限偏差。

例 16-1　查出 M20×2—6H/5g6g 细牙普通螺纹的内、外螺纹的中径，内螺纹小径和外螺纹大径的极限偏差，并计算其极限尺寸。

解　(1) 确定内、外螺纹的大径、小径和中径的基本尺寸

由标记可知螺纹的公称直径为 20mm，因而

$$D = d = 20\text{mm}$$

从普通螺纹基本牙型各参数中的关系可知

$$D_1 = D - 1.0825P = 20 - 1.0825 \times 2 = 17.835\text{mm}$$

$$d_1 = d - 1.0825P = 20 - 1.0825 \times 2 = 17.835\text{mm}$$

$$D_2 = D - 0.6495P = 20 - 0.6495 \times 2 = 18.701\text{mm}$$
$$d_2 = d - 0.6495P = 20 - 0.6495 \times 2 = 18.701\text{mm}$$

（2）查出极限偏差

根据公称直径、螺距和公差带代号，由附表五查出：

内螺纹中径 D_2（6H）：$ES = +212\mu m = +0.212\text{mm}$

$EI = 0$

内螺纹小径 D_1（6H）：$ES = +375\mu m = +0.375\text{mm}$

$EI = 0$

外螺纹中径 d_2（5g）：$es = -38\mu m = -0.038\text{mm}$

$ei = -163\mu m = -0.163\text{mm}$

外螺纹大径 d（6g）：$es = -38\mu m = -0.038\text{mm}$

$ei = -318\mu m = -0.318\text{mm}$

（3）计算内、外螺纹的极限尺寸

内螺纹：$D_{2max} = D_2 + ES = 18.701 + 0.212 = 18.913\text{mm}$

$D_{2min} = D_2 + EI = 18.701 + 0 = 18.701\text{mm}$

$D_{1max} = D_1 + ES = 17.835 + 0.375 = 18.210\text{mm}$

$D_{1min} = D_1 + EI = 17.835 + 0 = 17.835\text{mm}$

外螺纹：$d_{2max} = d_2 + es = 18.701 + (-0.038) = 18.663\text{mm}$

$d_{2min} = d_2 + ei = 18.701 + (-0.163) = 18.538\text{mm}$

$d_{max} = d + es = 20 + (-0.038) = 19.962\text{mm}$

$d_{min} = d + ei = 20 + (-0.318) = 19.682\text{mm}$

16.2.3　螺纹检测

1. 螺纹的检测分类

音通螺纹的检测可以分为综合检验和单项测量两类。

（1）综合检验

对于成批量生产的螺纹类零件，为提高生产效率，一般采用综合检验的方法。综合检验是指用螺纹量规检测被测螺纹各个几何参数误差的综合结果，用量规的通规检验被测螺纹的作用中径和底径，用止规检验被测螺纹的顶径。图 16-5 为综合检验时用的螺纹极限量规。

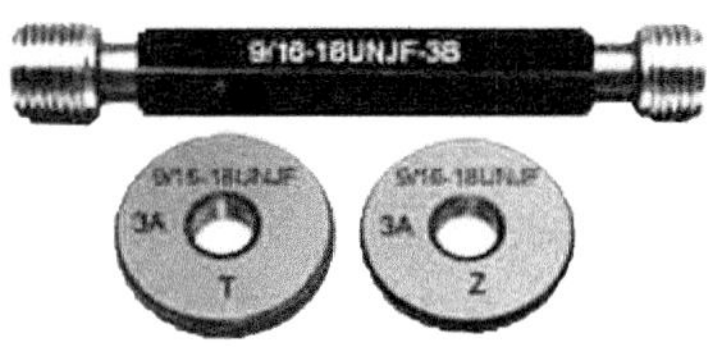

图 16-5　螺纹极限量规

（2）单项测量

单项测量是对螺纹的实际几何参数单独进行测量。在单件、小批量生产中，特别是在精密螺纹生产中，一般都采用单项测量。

1）螺距的测量。对一般精度要求的螺纹，螺距常用螺纹样板进行测量，如图 16-6 所示。

2）顶径的测量。外螺纹的大径和内螺纹的小径一般用游标卡尺或千分尺测量。

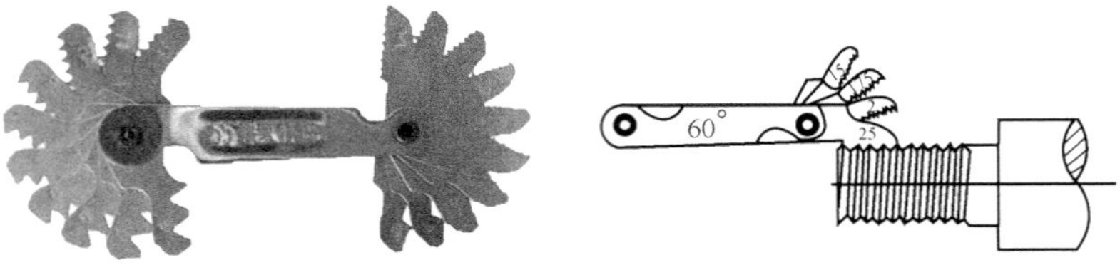

图 16-6　用螺纹样板测量螺纹螺距

3）外螺纹中径的测量。外螺纹的中径可以用螺纹千分尺或三针法进行测量，对于精度要求不高的螺纹一般用螺纹千分尺测量。

2. 螺纹极限量规

螺纹极限量规与光滑极限量规一样，分为工作量规、验收量规和校正量规三种。普通螺纹工作量规的类型和作用见表 16-11。

表 16-11　普通螺纹工作量规的类型和作用

<table>
<tr><th>螺纹类型</th><th colspan="2">量规名称</th><th>作　　用</th><th>使用方法</th></tr>
<tr><td rowspan="4">外螺纹</td><td rowspan="2">螺纹环规</td><td>通规（T）</td><td>检查螺纹作用中径和小径不大于中径最大极限尺寸</td><td>旋入通过</td></tr>
<tr><td>止规（Z）</td><td>检查螺纹单一中径不小于中径最大极限尺寸</td><td>允许旋入一部分
$\left(\text{最多允许旋入}\frac{1}{3}\text{螺纹全长}\right)$</td></tr>
<tr><td rowspan="2">光滑环规</td><td>通规（T）</td><td>检查螺纹大径不大于中径最小极限尺寸</td><td>通过大径</td></tr>
<tr><td>止规（Z）</td><td>检查螺纹大径不小于中径最小极限尺寸</td><td>不通过大径</td></tr>
<tr><td rowspan="4">内螺纹</td><td rowspan="2">螺纹塞规</td><td>通规（T）</td><td>检查螺纹作用中径和大径不小于中径最小极限尺寸</td><td>旋入通过</td></tr>
<tr><td>止规（Z）</td><td>检查螺纹单一中径不大于中径最大极限尺寸</td><td>允许旋入一部分
$\left(\text{最多允许旋入}\frac{1}{3}\text{螺纹全长}\right)$</td></tr>
<tr><td rowspan="2">光滑塞规</td><td>通规（T）</td><td>检查螺纹小径不小于中径最大极限尺寸</td><td>通过小径</td></tr>
<tr><td>止规（Z）</td><td>检查螺纹小径不大于中径最大极限尺寸</td><td>不通过小径</td></tr>
</table>

16.3　任务实施

用螺纹量规对图 16-7 所示零件进行检验，并判断零件螺纹是否合格。

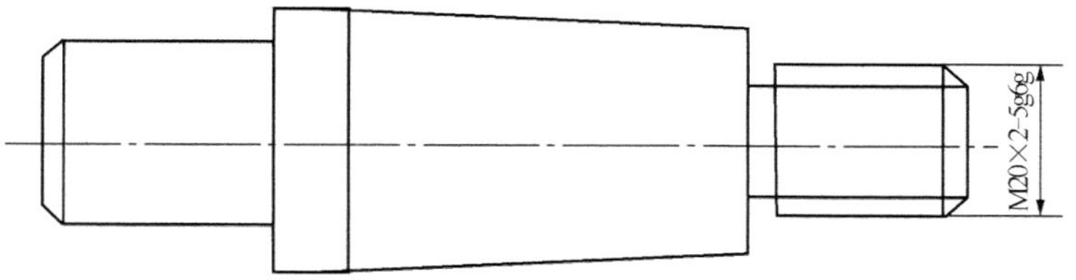

图 16-7 螺纹轴

16.3.1 实施程序

1. 分析图样与零件

读图 16-7 并分析该零件，分析图纸，选择合适的量规，准备好待测零件。

2. 测量并记录

1）清理螺纹环规与待测零件表面。
2）用螺纹环规对零件的螺纹部位进行检验。
3）作好实验记录，填入数据分析表中。

3. 判断合格性

螺纹的合格性判断原则：通规能旋入通过而止规允许旋入一部分$\left(\text{少于}\frac{1}{3}\text{螺纹全长}\right)$，则该零件螺纹合格，除此之外的其他情况皆为不合格。

4. 工量具归位

实验完成后，清理、清洁工具、量具，并放入相应的工具箱或量具盒中。

16.3.2 数据分析

填写数据分析表 16-12，并判断出被测螺纹是否合格。

表 16-12 数据分析表

图样尺寸	螺纹大径 d	螺纹中径 d_2	螺纹小径 d_1	螺距 P	检验记录		螺纹合格性判断
					通规	止规	
M20×2－5g6g							

实验结论

操作者成绩评价

学后自测

一、填空题

1. 普通螺纹的大径是指与外螺纹________或内螺纹________相切的________的直径。对于外螺纹而言，大径为________，用________表示；对内螺纹而言，大径为________，用________表示。标准规定，对于普通螺纹，大径即为其________。

2. 单一中径带表螺纹中径的________。当没有螺距误差时，单一中径与中径的数值________；有螺距误差的螺纹，其单一中径与中径数值________。

3. 普通螺纹在图样上的标记包括________、________________和________________。

二、判断题

1. 对于内螺纹，其螺纹顶径小于螺纹底径；对于外螺纹，其螺纹顶径大于螺纹底径。（　　）

2. 对于螺纹上的某一牙来讲，其牙侧角的数值应等于牙型半角的数值。（　　）

3. 螺纹公差带代号与孔、轴公差带代号相同，同样由公差等级数字和基本偏差字母组成，它们的标记方法也一样。（　　）

三、综合题

解释下列螺纹标记的含义：

1. M24×2－5H6H－L

含义：____

____

____

2. M24－6g

含义：____

____

3. M20LH－7g6g－40

含义：____

____

4. M30－6H/6g

含义：____

____

任务17 千分尺、量针检测螺纹中径

【知识目标】

1. 掌握螺纹千分尺的结构、功用与原理。
2. 掌握用螺纹千分尺检验螺纹的合格性的方法。
3. 掌握三针法测螺纹中径的原理和方法。

【技能目标】

1. 正确使用螺纹千分尺进行螺纹中径的测量。
2. 能够用千分尺、量针进行螺纹中径的测量。
3. 能对测量后的数值进行数据处理及分析。

【任务描述】

本任务是用螺纹千分尺、量针检测螺纹中径，并判断螺纹中径是否合格。

17.1 知识储备：螺纹测量

螺纹千分尺是应用螺旋副传动原理将回转运动变为直线运动的一种量具，用螺纹千分尺测量螺纹精度较低，主要在单件小批量生产中对较低精度的外螺纹零件进行测量。

17.1.1 螺纹千分尺

1. 螺纹千分尺结构

螺纹千分尺的结构、刻线原理和读数方法与普通千分尺相似，只是把普通千分尺的一对测头换成专用于测量螺纹的测头（测头一端呈V形，另一端呈圆锥形），如图17-1所示。螺纹千分尺的每对测头只能用来测量一个规定的螺距范围，不同的螺距应采用不同的测头。

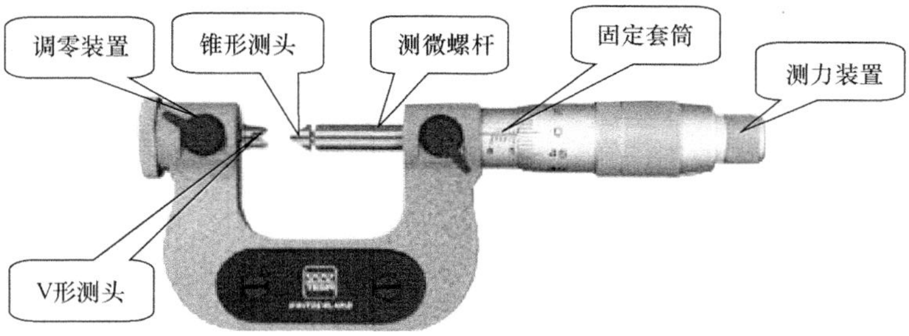

图17-1 螺纹千分尺的结构

2. 使用方法及注意事项

1）根据被测螺纹的螺距和中径选择螺纹千分尺和测头，选用的测头规格要一致。

2）装上测量头并校准螺纹千分尺零位。

3）测量时，两测头卡入螺纹牙槽中的位置要正确，如图 17-2 所示。螺纹千分尺的测头不能错位；测头中心线和螺纹中心线应位于同一平面内。

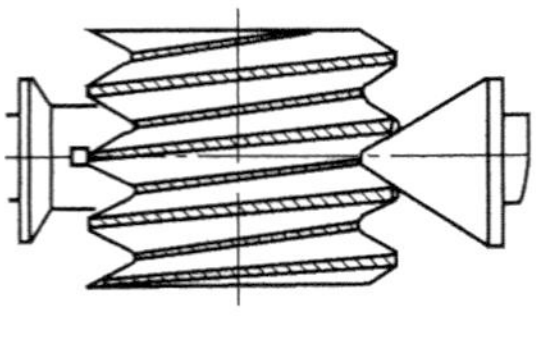

图 17-2　测头位置示意图

4）测力大小要适当。螺纹千分尺的测力变化对测量结果影响较大，用螺纹千分尺测量时最好使用测力装置。当螺纹千分尺两个测头的测量面与被测螺纹的牙型面接触后，旋转螺纹千分尺的测力装置，并轻轻晃动螺纹千分尺，当螺纹千分尺发出“咔咔”声后，即可读数。读出的数值即是中径的实际值，将此值与标准中径尺寸比较，即可判定被测的螺纹中径是否合格。

5）测量后，将螺纹千分尺擦干净放在专用盒内，检查测头是否齐全。

17.1.2　三针法测螺纹中径

三针测量法是检验螺纹中径最常用且最准确的方法，如图 17-3 所示。测量时，将三根直径相同的精密圆柱量针分别放在被测螺纹直径方向的两边沟槽中，一边放一个，一边放两个，量针与沟槽两侧面接触，然后用测量仪如千分尺测出这三根量针外侧母线之间的距离（跨针距）M。

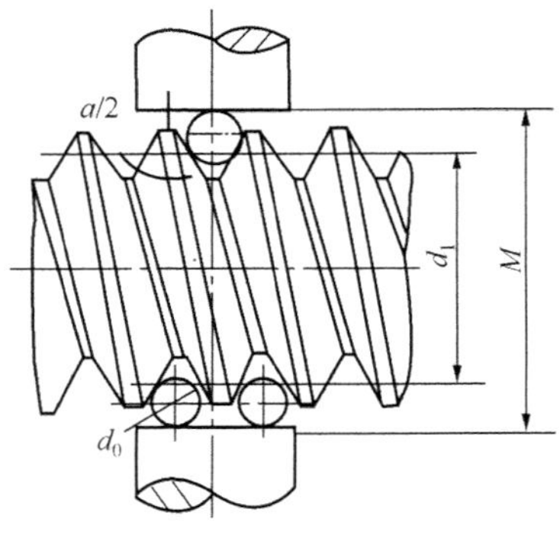

图 17-3　三针测量法

根据已知被测螺纹的螺距 P、牙型半角 $\frac{\alpha}{2}$ 和量针直径 d_0，按下式算出被测螺纹的单一中径 d_2

$$d_2 = M - d_0\left(1 + \frac{1}{\sin\frac{\alpha}{2}}\right) + \frac{P}{2}\cot\frac{\alpha}{2} \quad (17\text{-}1)$$

式中，螺距 P、牙型半角 $\frac{\alpha}{2}$ 和量针直径 d_0 均按理论值代入。

对于普通螺纹，$\frac{\alpha}{2}=30°$，则

$$d_2 = M - 3d_0 + 0.866P \quad (17\text{-}2)$$

为了获得较高的测量精度，三针法测量时应根据螺距大小选用最佳量针直径 $d_{0最佳}$。最佳直径的量针是使量针与螺纹牙侧的切点恰好位于中径上，如图 17-4 所示。

由图 17-3 可得量针的最佳直径为

$$d_{0最佳} = \frac{P}{2\cos\frac{\alpha}{2}} \quad (17\text{-}3)$$

当 $\alpha=60°$时，则

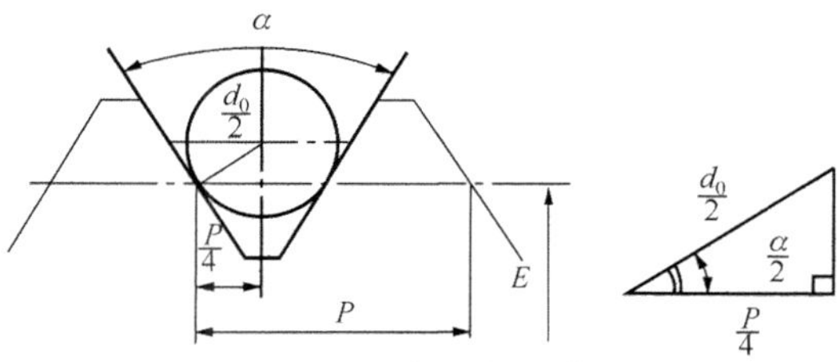

图 17-4 最佳量针示意图

$$d_{0最佳} = \frac{P}{\sqrt{3}} = 0.577P \tag{17-4}$$

将 $P=\sqrt{3}d_{0最佳}$ 代入公式（17-2）中

$$d_2 = M - \frac{3}{2}d_{0最佳} \tag{17-5}$$

例 17-1 用三针法测量螺栓 M20×2－5g6g 的中径尺寸，选用 $d_0=1.2\text{mm}$ 的量针，测得外跨距 $M=20.43\text{mm}$。若不计螺距误差和牙侧角误差的影响，试判定该螺栓的中径是否合格？

解 由公式（17-2）得螺栓中径的实际尺寸

$$d_{2a} = M - 3d_0 + 0.866P = 20.43 - 3 \times 1.2 + 0.866 \times 2 = 18.562\text{mm}$$

由任务 16 中例题得知

$$d_{2\max} = 18.663\text{mm} \quad d_{2\min} = 18.538\text{mm}$$

不计螺距误差和牙侧角误差的影响时，

$$d_{2m} = d_{2a} = 18.562\text{mm}$$

而 $18.538\text{mm}<18.562\text{mm}<18.663\text{mm}$，即 $d_{2m}<d_{2\max}$ 且 $d_{2a}>d_{2\min}$，因此该螺栓的中径尺寸合格。

17.2 任务实施一

用螺纹千分尺测量出图 17-5 所示零件的螺纹中径，并判断其是否合格。

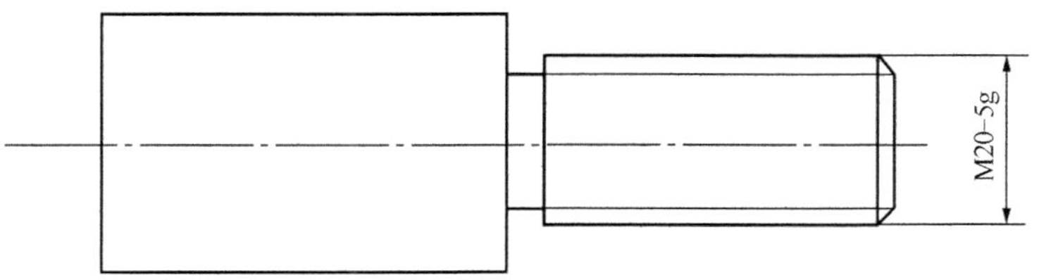

图 17-5 螺纹轴

17.2.1 实施程序

1. 分析图样与零件

读图 17-5 并分析该零件，根据被测螺纹公称直径 M20，选定测量范围合适的螺纹千分尺。

2. 测量并记录

1）用螺纹千分尺的样板先进行校零工作，然后分别在同一截面相互垂直的两个方向上测量螺纹中径，直接在千分尺上读数，取它们的平均值作为螺纹的实际中径，并做好实验数据记录。

2）查表、计算出螺纹中径的极限尺寸。

3. 判断合格性

判断零件的螺纹中径是否合格：螺纹的作用中径不大于螺纹中径的最大极限尺寸，且螺纹中径的单一中径不小于螺纹中径的最小极限尺寸，则该螺纹中径合格。

4. 工量具归位

实验完成后，清理、清洁工具、量具，并放入相应的工具箱或量具盒中。

17.2.2 数据分析

填写测量数据，对其中的数据进行分析，从而判断出零件的螺纹中径是否合格，填入数据分析表 17-1 中。

表 17-1 数据分析表

螺纹千分尺的精度			螺纹千分尺的测量范围		
图样尺寸	螺纹中径的测量值	螺纹实际中径	螺纹中径最大极限尺寸	螺纹中径最小极限尺寸	螺纹中径合格性判断
M20－5g					
实验结论					
操作者成绩评价					

17.3 任务实施二

用图 17-6 所示三针法测量出图 17-5 所示零件的螺纹中径，并判断其是否合格。

17.3.1 实施程序

1. 分析图样与零件

分析该零件，根据被测螺纹公称直径 M20，选定测量范围合适的千分尺。

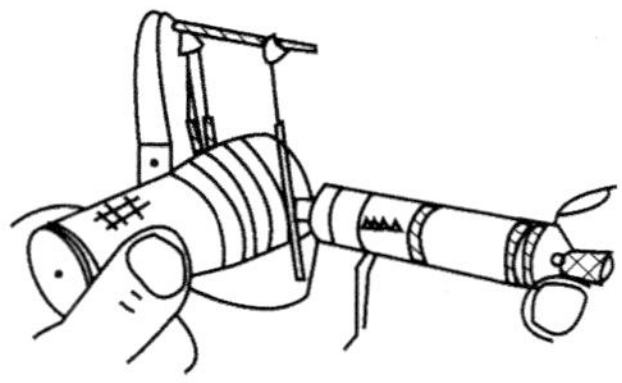

图 17-6　三针法测量螺纹中径

2. 测量并记录

1）根据螺距 P 利用公式（17-4）首先计算出最佳三针的直径，再以此为依据挑选出最佳三针。

$$d_{0最佳} = \frac{P}{\sqrt{3}} = 0.577P$$

2）测量出跨距值 M。测量前将三针的测量面和被测螺纹的螺纹槽擦干净，放到测头与测杆之间，再将三针插入螺纹槽中，使量针与螺纹牙侧相切并凸出螺纹槽，旋转千分尺的微分筒，直到棘轮发出响声，此时千分尺上的读数即为跨距值 M，用这样的方法在四个等距截面内进行测量，测出跨距值，并作好实验记录。

3）用公式计算出螺纹中径 d_2

$$d_2 = M - 3d_0 + 0.866P$$

把测出的跨距值 M、最佳三针的直径 d_0、螺距 P 带入上式中，从而计算出中径值 d_2。

4）查表计算出螺纹中径的极限尺寸。

3. 判断合格性

不计螺距误差和牙侧角误差的影响，判断零件的螺纹中径是否合格：螺纹的作用中径不大于螺纹中径的最大极限尺寸，且螺纹中径的实际尺寸不小于螺纹中径的最小极限尺寸，则该螺纹中径合格。

4. 工量具归位

实验完成后，清理、清洁工具、量具，并放入相应的工具箱或量具盒中。

17.3.2　数据分析

填写测量数据分析表，并计算出螺纹中径，将结果填入数据分析表 17-2 中。

表 17-2　数据分析表

外径千分尺的精度				外径千分尺的测量范围			
测量点序号	跨距值 M	最佳量针直径 d_0	螺纹中径 d_2	螺距 P	螺纹中径最大极限尺寸	螺纹中径最小极限尺寸	螺纹中径合格性判断

续表

外径千分尺的精度				外径千分尺的测量范围			
第 1 点							
第 2 点							
第 3 点							
第 4 点							
实验结论							
操作者成绩评价							

学后自测

一、填空题

1. 螺纹千分尺属于专用的__________量具，只能用于测量螺纹的__________。
2. 测量螺纹中径可采用__________、__________等测量的方法。
3. 螺纹光滑塞规可用来检测__________螺纹，作用是________________、________________。

二、判断题

1. 螺纹千分尺的结构、刻线原理和读数方法与普通千分尺相同。 （　　）
2. 螺纹千分尺是应用螺旋副传动原理将回转运动变为直线运动的一种量具。 （　　）
3. 三针测量法是检验螺纹中径最常用且最准确的方法。 （　　）
4. 用螺纹千分尺直接测量螺纹的中径，其精度没有用三针测量法测量的精度高。 （　　）
5. 用三针法可测量内、外螺纹的中径尺寸。 （　　）
6. 三针法测量中径属于间接测量法。 （　　）
7. 螺纹千分尺常用来测量螺纹的螺距。 （　　）

三、名词解释

1. 中径____

____

2. 单一中径____

____

3. 螺距____

四、解答题

1. 用三针法测量 M20×2－5g6g 螺纹，选取最佳量针直径 d_0，确定千分尺的读数 M 值的范围。

2. 用三针法检测螺纹中径与用螺纹千分尺检测螺纹中径，二者最大的区别是什么？

附　录

附表一　轴的基本偏差数值

（单位：μm）

基本尺寸/mm		基本偏差数值																
		上偏差 es												下偏差 ei				
大于	至	所有标准公差等级												IT5 和 IT6	IT7	IT8	IT4 至 IT7	≤IT3 >IT7
		a	b	c	cd	d	e	ef	f	fg	g	h	js	j			k	
—	3	−270	−140	−60	−34	−20	−14	−10	−6	−4	−2	0	偏差=±$\frac{IT_n}{2}$，式中IT_n是IT值数	−2	−4	−6	0	0
3	6	−270	−140	−70	−46	−30	−20	−14	−10	−6	−4	0		−2	−4		+1	0
6	10	−280	−150	−80	−56	−40	−25	−18	−13	−8	−5	0		−2	−5		+1	0
10	14	−290	−150	−95		−50	−32		−16		−6	0		−3	−6		+1	0
14	18																	
18	24	−300	−160	−110		−65	−40		−20		−7	0		−4	−8		+2	0
24	30																	
30	40	−310	−170	−120		−80	−50		−25		−9	0		−5	−10		−2	0
40	50	−320	−180	−130														
50	65	−340	−190	−140		−100	−60		−30		−10	0		−7	−12		+2	0
65	80	−360	−200	−150														
80	100	−380	−220	−170		−120	−72		−36		−12	0		−9	−15		+3	0
100	120	−410	−240	−180														
120	140	−460	−260	−200		−145	−85		−43		−14	0		−11	−18		+3	0
140	160	−520	−280	−210														
160	180	−580	−310	−230														
180	200	−660	−340	−240		−170	−100		−50		−15	0		−13	−21		+4	0
200	225	−740	−380	−260														
225	250	−820	−420	−280														
250	280	−920	−480	−300		−190	−110		−56		−17	0		−16	−26		+4	0
280	315	−1 050	−540	−330														
315	355	−1 200	−600	−360		−210	−125		−62		−18	0		−18	−28		+4	0
355	400	−1 350	−680	−400														
400	450	−1 500	−760	−440		−230	−135		−68		−20	0		−20	−32		+5	0
450	500	−1 650	−840	−480														
500	560					−260	−145		−76		−22	0					0	0
560	630																	
630	710					−290	−160		−80		−24	0					0	0
710	800																	
800	900					−320	−170		−86		−26	0					0	0
900	1 000																	
1 000	1 120					−350	−195		−98		−28	0					0	0
1 120	1 250																	
1 250	1 400					−390	−220		−110		−30	0					0	0
1 400	1 600																	
1 600	1 800					−430	−240		−120		−32	0					0	0
1 800	2 000																	
2 000	2 240					−480	−260		−130		−34	0					0	0
2 240	2 500																	
2 500	2 800					−520	−290		−145		−38	0					0	0
2 800	3 150																	

续表

基本尺寸/mm		基本偏差数值													
		下偏差 ei													
		所有标准公差等级													
大于	至	m	n	p	r	s	t	u	v	x	y	z	za	zb	zc
—	3	+2	+4	+6	+10	+14		+18		+20		+26	+32	+40	+60
3	6	+4	+8	+12	+15	+19		+23		+28		+35	+42	+50	+80
6	10	+6	+10	+15	+19	+23		+28		+34		+42	+52	+67	+97
10	14	+7	+12	+18	+23	+28		+33		+40		+50	+64	+90	+130
14	18								+39	+45		+60	+77	+108	+150
18	24	+8	+15	+22	+28	+35		+41	+47	+54	+63	+73	+98	+136	+188
24	30						+41	+48	+55	+64	+75	+88	+118	+160	+218
30	40	+9	+17	+26	+34	+43	+48	+60	+68	+80	+94	+112	+148	+200	+274
40	50						+54	+70	+81	+97	+114	+136	+180	+242	+325
50	65	+11	+20	+32	+41	+53	+66	+87	+102	+122	+144	+172	+226	+300	+405
65	80				+43	+59	+75	+102	+120	+446	+174	+210	+274	+360	+480
80	100	+13	+23	+37	+51	+71	+91	+124	+146	+178	+214	+258	+335	+445	+585
100	120				+54	+79	+104	+144	+172	+210	+254	+310	+400	+525	+690
120	140	+15	+27	+43	+63	+92	+122	+170	+202	+248	+300	−365	+470	+620	+800
140	160				+65	+100	+134	+190	+228	+280	+340	−415	+535	+700	+900
160	180				+68	+108	+146	+210	+252	+310	+380	+465	+600	+780	+1 000
180	200	+17	+31	+50	+77	+122	+166	+236	+284	+350	+425	+520	+670	+880	+1 150
200	225				+80	+130	+180	+258	+310	+385	+470	+575	+740	+960	+1 250
225	250				+84	+140	+196	+284	+340	+425	+520	+610	+820	+1 050	+1 350
250	280	+20	+34	+56	+94	+158	+218	+315	+385	+475	+580	+710	+920	+1 200	+1 550
280	315				+98	+170	+240	+350	+425	+525	+650	+790	+1 000	+1 300	+1 700
315	355	+21	+37	+62	+108	+190	+268	+390	+475	+590	+730	+900	+1 150	+1 500	+1 900
355	400				+114	+208	+294	+435	+530	+660	+820	+1 000	+1 300	+1 650	+2 100
400	450	+23	+40	+68	+126	+232	+330	+490	+595	+740	+920	+1 100	+1 450	+1 850	+2 400
450	500				+132	+252	+360	+540	+660	+820	+1 000	+1 250	+1 600	+2 100	+2 600
500	560	+26	+44	+78	+150	+280	+400	+600							
560	630				+155	+310	+450	+660							
630	710	+30	+50	+88	+175	+340	+500	+740							
710	800				+185	+380	+560	+840							
800	900	+34	+56	+100	+210	+430	+620	+940							
900	1 000				+220	+470	+680	+1 050							
1 000	1 120	+40	+66	+120	+250	+520	+780	+1 150							
1 120	1 250				+260	+580	+840	+1 300							
1 250	1 400	+48	+78	+140	+300	+640	+960	+1 450							
1 400	1 600				+330	+720	+1 050	+1 600							
1 600	1 800	+58	+92	+170	+370	+820	+1 200	+1 850							
1 800	2 000				+400	+920	+1 350	+2 000							
2 000	2 240	+68	+110	+195	+440	+1 000	+1 500	+2 300							
2 240	2 500				+460	+1 100	+1 650	+2 500							
2 500	2 800	+76	+135	+240	+550	+1 250	+1 900	+2 900							
2 800	3 150				+580	+1 400	+2 100	+3 200							

注：1. 基本尺寸小于或等于 1 mm 时，基本偏差 a 和 b 均不采用。

2. 公差带 js7 至 js11，若 IT_n 值数是奇数，则取偏差 $=\pm\frac{IT_n-1}{2}$。

附表二　孔的基本偏差数值

(单位：μm)

基本尺寸/mm		基本偏差数值																				
		下偏差 EI												上偏差 ES								
大于	至	所有标准公差等级												IT6	IT7	IT8	≤IT8	>IT8	≤IT8	>IT8	≤IT8	>IT8
		A	B	C	CD	D	E	EF	F	FG	G	H	JS	J			K		M		N	
—	3	+270	+140	+60	+34	+20	+14	+10	+6	+4	+2	0	偏差$=\pm\frac{IT_n}{2}$，式中IT_n是IT值数	+2	+4	+6	0	0	−2	−2	−4	−4
3	6	+270	+140	+70	+46	+30	+20	+14	+10	+6	+4	0		+5	+6	+10	−1+Δ		−4+Δ	−4	−8+Δ	0
6	10	+280	+150	+80	+56	+40	+25	+18	+13	+8	+5	0		+5	+8	+12	−1+Δ		−6+Δ	−6	−10+Δ	0
10	14	+290	+150	+95		+50	+32		+16		+6	0		+6	+10	+15	−1+Δ		−7+Δ	−7	−12+Δ	0
14	18																					
18	24	+300	+160	+110		+65	+40		+20		+7	0		+8	+12	+20	−2+Δ		−8+Δ	−8	−15+Δ	0
24	30																					
30	40	+310	+170	+120		+80	+50		+25		+9	0		+10	+14	+24	−2−Δ		−9+Δ	−9	−17+Δ	0
40	50	+320	+180	+130																		
50	65	+340	+190	+140		+100	+60		+30		+10	0		+13	+18	+28	−2+Δ		−11+Δ	−11	−20+Δ	0
65	80	+360	+200	+150																		
80	100	+380	+220	+170		+120	+72		+36		+12	0		+16	+22	+34	−3+Δ		−13+Δ	−13	−23+Δ	0
100	120	+410	+240	+180																		
120	140	+460	+260	+200		+145	+85		+43		+14	0		+18	+26	+41	−3+Δ		−15+Δ	−15	−27+Δ	0
140	160	+520	+280	+210																		
160	180	+580	+310	+230																		
180	200	+660	+340	+240		+170	+100		+50		+15	0		+22	+30	+47	−4+Δ		−17+Δ	−17	−31+Δ	0
200	225	+740	+380	+260																		
225	250	+820	+420	+280																		
250	280	+920	+480	+300		+190	+110		+56		+17	0		+25	+36	+55	−4+Δ		−20+Δ	−20	−34+Δ	0
280	315	+1 050	+540	+330																		
315	355	+1 200	+600	+360		+210	+125		+62		+18	0		+29	+39	+60	−4+Δ		−21+Δ	−21	−37+Δ	0
355	400	+1 350	+680	+400																		
400	450	+1 500	+760	+440		+230	+135		+68		+20	0		+33	+43	+66	−5+Δ		−23+Δ	−23	−40+Δ	0
450	500	+1 650	+840	+480																		
500	560					+260	+145		+76		+22	0					0		−26		−44	
560	630																					
630	710					+290	+160		+80		+24	0					0		−30		−50	
710	800																					
800	900					+320	+170		+86		+26	0					0		−34		−56	
900	1 000																					
1 000	1 120					+350	+195		+98		+28	0					0		−40		−66	
1 120	1 250																					
1 250	1 400					+390	+220		+110		+30	0					0		−48		−78	
1 400	1 600																					
1 600	1 800					+430	+240		+120		+32	0					0		−58		−92	
1 800	2 000																					
2 000	2 240					+480	+260		+130		+34	0					0		−68		−110	
2 240	2 500																					
2 500	2 800					+520	+290		+145		+38	0					0		−76		−135	
2 800	3 150																					

续表

基本尺寸/mm		基本偏差数值													Δ值					
		上偏差 ES																		
		≤IT7	标准公差等级大于 IT7												标准公差等级					
大于	至	P至ZC	P	R	S	T	U	V	X	Y	Z	ZA	ZB	ZC	IT3	IT4	IT5	IT6	IT7	IT8
—	3	在大于IT7的相应数值上增加一个Δ值	−6	−10	−14		−18		−20		−26	−32	−40	−60	0	0	0	0	0	0
3	6		−12	−15	−19		−23		−28		−35	−42	−50	−80	1	1.5	1	3	4	6
6	10		−15	−19	−23		−28		−34		−42	−52	−67	−97	1	1.5	2	3	6	7
10	14		−18	−23	−28		−33		−40		−50	−64	−90	−130	1	2	3	3	7	9
14	18							−39	−45		−60	−77	−108	−150						
18	24		−22	−28	−35		−41	−47	−54	−63	−73	−98	−136	−188	1.5	2	3	4	8	12
24	30					−41	−48	−55	−64	−75	−88	−118	−160	−218						
30	40		−26	−34	−43	−48	−60	−68	−80	−94	−112	−148	−200	−274	1.5	3	4	5	9	14
40	50					−54	−70	−81	−97	−114	−136	−180	−242	−325						
50	65		−32	−41	−53	−66	−87	−102	−122	−144	−172	−226	−300	−405	2	3	5	6	11	16
65	80			−43	−59	−75	−102	−120	−146	−174	−210	−274	−360	−480						
80	100		−37	−51	−71	−91	−124	−146	−178	−214	−258	−335	−445	−585	2	4	5	7	13	19
100	120			−54	−79	−104	−144	−172	−210	−254	−310	−400	−525	−690						
120	140		−43	−63	−92	−122	−170	−202	−248	−300	−365	−470	−620	−800	3	4	6	7	15	23
140	160			−65	−100	−134	−190	−228	−280	−340	−415	−535	−700	−900						
160	180			−68	−108	−146	−210	−252	−310	−380	−465	−600	−780	−1 000						
180	200		−50	−77	−122	−166	−236	−284	−350	−425	−520	−670	−880	−1 150	3	4	6	9	17	26
200	225			−80	−130	−180	−258	−310	−385	−470	−575	−740	−960	−1 250						
225	250			−84	−140	−196	−284	−340	−425	−520	−640	−820	−1 050	−1 350						
250	280		−56	−94	−158	−218	−315	−385	−475	−580	−710	−920	−1 200	−1 550	4	4	7	9	20	29
280	315			−98	−170	−240	−350	−425	−525	−650	−790	−1 000	−1 300	−1 700						
315	355		−62	−108	−190	−268	−390	−475	−590	−730	−900	−1 150	−1 500	−1 900	4	5	7	11	21	32
355	400			−114	−208	−294	−435	−530	−660	−820	−1 000	−1 300	−1 650	−2 100						
400	450		−68	−126	−232	−330	−490	−595	−740	−920	−1 100	−1 450	−1 850	−2 400	5	5	7	13	23	34
450	500			−132	−252	−360	−540	−660	−820	−1 000	−1 250	−1 600	−2 100	−2 600						
500	560		−78	−150	−280	−400	−600													
560	630			−155	−310	−450	−660													
630	710		−88	−175	−340	−500	−740													
710	800			−185	−380	−560	−840													
800	900		−100	−210	−430	−620	−940													
900	1 000			−220	−470	−680	−1 050													
1 000	1 120		−120	−250	−520	−780	−1 150													
1 120	1 250			−260	−580	−840	−1 300													
1 250	1 400		−140	−300	−640	−960	−1 450													
1 400	1 600			−330	−720	−1 050	−1 600													
1 600	1 800		−170	−370	−820	−1 200	−1 850													
1 800	2 000			−400	−920	−1 350	−2 000													
2 000	2 240		−195	−440	−1 000	−1 500	−2 300													
2 240	2 500			−460	−1 100	−1 650	−2 500													
2 500	2 800		−240	−550	−1 250	−1 900	−2 900													
2 800	3 150			−580	−1 400	−2 100	−3 200													

注：1. 基本尺寸小于或等于 1 mm 时，基本偏差 A 和 B 及大于 IT8 的 N 均不采用。

2. 公差带 JS7 至 JS11，若 IT_n 值数是奇数，则取偏差 $=\pm\frac{IT_n-1}{2}$。

3. 对小于或等于 IT8 的 K、M、N 和小于或等于 IT7 的 P 至 ZC，所需 Δ 值从表内右侧选取。
例如：18～30 mm 段的 K7：Δ=8 μm，所以 ES=−2+8=+6 μm
18～30 mm 段的 S6：Δ=4 μm，所以 ES=−35+4=−31 μm

4. 特殊情况：250～315 mm 段的 M6，ES=−9 μm（代替−11 μm）。

附表三　轴的极限偏值

(单位:μm)

基本尺寸/mm		公差带														
		a					b					c				
大于	至	9	10	11	12	13	9	10	11	12	13	8	9	10	11	12
—	3	−270	−270	−270	−270	−270	−140	−140	−140	−140	−140	−60	−60	−60	−60	−60
		−295	−310	−330	−370	−410	−165	−180	−200	−240	−280	−74	−85	−100	−120	−160
3	6	−270	−270	−270	−270	−270	−140	−140	−140	−140	−140	−70	−70	−70	−70	−70
		−300	−318	−345	−390	−450	−170	−188	−215	−260	−320	−88	−100	−118	−145	−190
6	10	−280	−280	−280	−280	−280	−150	−150	−150	−150	−150	−80	−80	−80	−80	−80
		−316	−338	−370	−430	−500	−186	−208	−240	−300	−370	−102	−116	−138	−170	−220
10	14	−290	−290	−290	−290	−290	−150	−150	−150	−150	−150	−95	−95	−95	−95	−95
14	18	−333	−360	−400	−470	−560	−193	−220	−260	−330	−420	−122	−138	−165	−205	−275
18	24	−300	−300	−300	−300	−300	−160	−160	−160	−160	−160	−110	−110	−110	−110	−110
24	30	−352	−384	−430	−510	−630	−212	−244	−290	−370	−490	−143	−162	−194	−240	−320
30	40	−310	−310	−310	−310	−310	−170	−170	−170	−170	−170	−120	−120	−120	−120	−120
		−372	−410	−470	−560	−700	−232	−270	−330	−420	−560	−159	−182	−220	−280	−370
40	50	−320	−320	−320	−320	−320	−180	−180	−180	−180	−180	−130	−130	−130	−130	−130
		−382	−420	−480	−570	−710	−242	−280	−340	−430	−570	−169	−192	−230	−290	−380
50	65	−340	−340	−340	−340	−340	−190	−190	−190	−190	−190	−140	−140	−140	−140	−140
		−414	−460	−530	−640	−800	−264	−310	−380	−490	−650	−186	−214	−260	−330	−440
65	80	−360	−360	−360	−360	−360	−200	−200	−200	−200	−200	−150	−150	−150	−150	−150
		−434	−480	−550	−660	−820	−274	−320	−390	−500	−660	−196	−224	−270	−340	−450
80	100	−380	−380	−380	−380	−380	−220	−220	−220	−220	−220	−170	−170	−170	−170	−170
		−467	−520	−600	−730	−920	−307	−360	−440	−570	−760	−224	−257	−310	−390	−520
100	120	−410	−410	−410	−410	−410	−240	−240	−240	−240	−240	−180	−180	−180	−180	−180
		−497	−550	−630	−760	−950	−327	−380	−460	−590	−780	−234	−267	−320	−400	−530
120	140	−460	−460	−460	−460	−460	−260	−260	−260	−260	−260	−200	−200	−200	−200	−200
		−560	−620	−710	−860	−1 090	−360	−420	−510	−660	−890	−263	−300	−360	−450	−600
140	160	−520	−520	−520	−520	−520	−280	−280	−280	−280	−280	−210	−210	−210	−210	−210
		−620	−680	−770	−920	−1 150	−380	−440	−530	−680	−910	−273	−310	−370	−460	−610
160	180	−580	−580	−580	−580	−580	−310	−310	−310	−310	−310	−230	−230	−230	−230	−230
		−680	−740	−830	−980	−1 210	−410	−470	−560	−710	−940	−293	−330	−390	−480	−630
180	200	−660	−660	−660	−660	−660	−340	−340	−340	−340	−340	−240	−240	−240	−240	−240
		−775	−845	−950	−1 120	−1 380	−455	−525	−630	−800	−1 060	−312	−355	−425	−530	−700
200	225	−740	−740	−740	−740	−740	−380	−380	−380	−380	−380	−260	−260	−260	−260	−260
		−855	−925	−1 030	−1 200	−1 460	−495	−565	−670	−840	−1 100	−332	−375	−445	−550	−720
225	250	−820	−820	−820	−820	−820	−420	−420	−420	−420	−420	−280	−280	−280	−280	−280
		−935	−1 005	−1 110	−1 280	−1 540	−535	−605	−710	−880	−1 140	−352	−395	−465	−570	−740
250	280	−920	−920	−920	−920	−920	−480	−480	−480	−480	−480	−300	−300	−300	−300	−300
		−1 050	−1 130	−1 240	−1 440	−1 730	−610	−690	−800	−1 000	−1 290	−381	−430	−510	−620	−820
280	315	−1 050	−1 050	−1 050	−1 050	−1 050	−540	−540	−540	−540	−540	−330	−330	−330	−330	−330
		−1 180	−1 260	−1 370	−1 570	−1 860	−670	−750	−860	−1 060	−1 350	−411	−460	−540	−650	−850
315	355	−1 200	−1 200	−1 200	−1 200	−1 200	−600	−600	−600	−600	−600	−360	−360	−360	−360	−360
		−1 340	−1 430	−1 560	−1 770	−2 090	−740	−830	−960	−1 170	−1 490	−449	−500	−590	−720	−930
355	400	−1 350	−1 350	−1 350	−1 350	−1 350	−680	−680	−680	−680	−680	−400	−400	−400	−400	−400
		−1 490	−1 580	−1 710	−1 920	−2 240	−820	−910	−1 040	−1 250	−1 570	−489	−540	−630	−760	−970
400	450	−1 500	−1 500	−1 500	−1 500	−1 500	−760	−760	−760	−760	−760	−440	−440	−440	−440	−440
		−1 655	−1 750	−1 900	−2 130	−2 470	−915	−1 010	−1 160	−1 390	−1 730	−537	−595	−690	−840	−1 070
450	500	−1 650	−1 650	−1 650	−1 650	−1 650	−840	−840	−840	−840	−840	−480	−480	−480	−480	−480
		−1 805	−1 900	−2 050	−2 280	−2 620	−995	−1 090	−1 240	−1 470	−1 810	−577	−635	−730	−880	−1 110

续表

<table>
<tr><th colspan="2">基本尺寸</th><th colspan="14">公差带</th></tr>
<tr><th colspan="2">/mm</th><th>c</th><th colspan="5">d</th><th colspan="5">e</th><th colspan="3">f</th></tr>
<tr><th>大于</th><th>至</th><th>13</th><th>7</th><th>8</th><th>9</th><th>10</th><th>11</th><th>6</th><th>7</th><th>8</th><th>9</th><th>10</th><th>5</th><th>6</th><th>7</th></tr>
<tr><td>—</td><td>3</td><td>−60
−200</td><td>−20
−30</td><td>−20
−34</td><td>−20
−45</td><td>−20
−60</td><td>−20
−80</td><td>−14
−20</td><td>−14
−24</td><td>−14
−28</td><td>−14
−39</td><td>−14
−54</td><td>−6
−10</td><td>−6
−12</td><td>−6
−16</td></tr>
<tr><td>3</td><td>6</td><td>−70
−250</td><td>−30
−42</td><td>−30
−48</td><td>−30
−60</td><td>−30
−78</td><td>−30
−105</td><td>−20
−28</td><td>−20
−32</td><td>−20
−38</td><td>−20
−50</td><td>−20
−68</td><td>−10
−15</td><td>−10
−18</td><td>−10
−22</td></tr>
<tr><td>6</td><td>10</td><td>−80
−300</td><td>−40
−55</td><td>−40
−62</td><td>−40
−76</td><td>−40
−98</td><td>−40
−130</td><td>−25
−34</td><td>−25
−40</td><td>−25
−47</td><td>−25
−61</td><td>−25
−83</td><td>−13
−19</td><td>−13
−22</td><td>−13
−28</td></tr>
<tr><td>10
14</td><td>14
18</td><td>−95
−365</td><td>−50
−68</td><td>−50
−77</td><td>−50
−93</td><td>−50
−120</td><td>−50
−160</td><td>−32
−43</td><td>−32
−50</td><td>−32
−59</td><td>−32
−75</td><td>−32
−102</td><td>−16
−24</td><td>−16
−27</td><td>−16
−34</td></tr>
<tr><td>18
24</td><td>24
30</td><td>−110
−440</td><td>−65
−86</td><td>−65
−98</td><td>−65
−117</td><td>−65
−149</td><td>−65
−195</td><td>−40
−53</td><td>−40
−61</td><td>−40
−73</td><td>−40
−92</td><td>−40
−124</td><td>−20
−29</td><td>−20
−33</td><td>−20
−41</td></tr>
<tr><td>30</td><td>40</td><td>−120
−510</td><td rowspan="2">−80
−105</td><td rowspan="2">−80
−119</td><td rowspan="2">−80
−142</td><td rowspan="2">−80
−180</td><td rowspan="2">−80
−240</td><td rowspan="2">−50
−66</td><td rowspan="2">−50
−75</td><td rowspan="2">−50
−89</td><td rowspan="2">−50
−112</td><td rowspan="2">−50
−150</td><td rowspan="2">−25
−36</td><td rowspan="2">−25
−41</td><td rowspan="2">−25
−50</td></tr>
<tr><td>40</td><td>50</td><td>−130
−520</td></tr>
<tr><td>50</td><td>65</td><td>−140
−600</td><td rowspan="2">−100
−130</td><td rowspan="2">−100
−146</td><td rowspan="2">−100
−174</td><td rowspan="2">−100
−220</td><td rowspan="2">−100
−290</td><td rowspan="2">−60
−79</td><td rowspan="2">−60
−90</td><td rowspan="2">−60
−106</td><td rowspan="2">−60
−134</td><td rowspan="2">−60
−180</td><td rowspan="2">−30
−43</td><td rowspan="2">−30
−49</td><td rowspan="2">−30
−60</td></tr>
<tr><td>65</td><td>80</td><td>−150
−610</td></tr>
<tr><td>80</td><td>100</td><td>−170
−710</td><td rowspan="2">−120
−155</td><td rowspan="2">−120
−174</td><td rowspan="2">−120
−207</td><td rowspan="2">−120
−260</td><td rowspan="2">−120
−340</td><td rowspan="2">−72
−94</td><td rowspan="2">−72
−107</td><td rowspan="2">−72
−126</td><td rowspan="2">−72
−159</td><td rowspan="2">−72
−212</td><td rowspan="2">−36
−51</td><td rowspan="2">−36
−58</td><td rowspan="2">−36
−71</td></tr>
<tr><td>100</td><td>120</td><td>−180
−720</td></tr>
<tr><td>120</td><td>140</td><td>−200
−830</td><td rowspan="3">−145
−185</td><td rowspan="3">−145
−208</td><td rowspan="3">−145
−245</td><td rowspan="3">−145
−305</td><td rowspan="3">−145
−395</td><td rowspan="3">−85
−110</td><td rowspan="3">−85
−125</td><td rowspan="3">−85
−148</td><td rowspan="3">−85
−185</td><td rowspan="3">−85
−245</td><td rowspan="3">−43
−61</td><td rowspan="3">−43
−68</td><td rowspan="3">−43
−83</td></tr>
<tr><td>140</td><td>160</td><td>−210
−840</td></tr>
<tr><td>160</td><td>180</td><td>−230
−860</td></tr>
<tr><td>180</td><td>200</td><td>−240
−960</td><td rowspan="3">−170
−216</td><td rowspan="3">−170
−242</td><td rowspan="3">−170
−285</td><td rowspan="3">−170
−355</td><td rowspan="3">−170
−460</td><td rowspan="3">−100
−129</td><td rowspan="3">−100
−146</td><td rowspan="3">−100
−172</td><td rowspan="3">−100
−215</td><td rowspan="3">−100
−285</td><td rowspan="3">−50
−70</td><td rowspan="3">−50
−79</td><td rowspan="3">−50
−96</td></tr>
<tr><td>200</td><td>225</td><td>−260
−980</td></tr>
<tr><td>225</td><td>250</td><td>−280
−1 000</td></tr>
<tr><td>250</td><td>280</td><td>−300
−1 110</td><td rowspan="2">−190
−242</td><td rowspan="2">−190
−271</td><td rowspan="2">−190
−320</td><td rowspan="2">−190
−400</td><td rowspan="2">−190
−510</td><td rowspan="2">−110
−142</td><td rowspan="2">−110
−162</td><td rowspan="2">−110
−191</td><td rowspan="2">−110
−240</td><td rowspan="2">−110
−320</td><td rowspan="2">−56
−79</td><td rowspan="2">−56
−88</td><td rowspan="2">−56
−108</td></tr>
<tr><td>280</td><td>315</td><td>−330
−1 140</td></tr>
<tr><td>315</td><td>355</td><td>−360
−1 250</td><td rowspan="2">−210
−267</td><td rowspan="2">−210
−299</td><td rowspan="2">−210
−350</td><td rowspan="2">−210
−440</td><td rowspan="2">−210
−570</td><td rowspan="2">−125
−161</td><td rowspan="2">−125
−182</td><td rowspan="2">−125
−214</td><td rowspan="2">−125
−265</td><td rowspan="2">−125
−355</td><td rowspan="2">−62
−87</td><td rowspan="2">−62
−98</td><td rowspan="2">−62
−119</td></tr>
<tr><td>355</td><td>400</td><td>−400
−1 290</td></tr>
<tr><td>400</td><td>450</td><td>−440
−1 410</td><td rowspan="2">−230
−293</td><td rowspan="2">−230
−327</td><td rowspan="2">−230
−385</td><td rowspan="2">−230
−480</td><td rowspan="2">−230
−630</td><td rowspan="2">−135
−175</td><td rowspan="2">−135
−198</td><td rowspan="2">−135
−232</td><td rowspan="2">−135
−290</td><td rowspan="2">−135
−385</td><td rowspan="2">−68
−95</td><td rowspan="2">−68
−108</td><td rowspan="2">−68
−131</td></tr>
<tr><td>450</td><td>500</td><td>−480
−1 450</td></tr>
</table>

续表

基本尺寸/mm		公差带												
		f		g					h					
大于	至	8	9	4	5	6	7	8	1	2	3	4	5	6
—	3	−6 −20	−6 −31	−2 −5	−2 −6	−2 −8	−2 −12	−2 −16	0 −0.8	0 −1.2	0 −2	0 −3	0 −4	0 −6
3	6	−10 −28	−10 −40	−4 −8	−4 −9	−4 −12	−4 −16	−4 −22	0 −1	0 −1.5	0 −2.5	0 −3	0 −5	0 −8
6	10	−13 −35	−13 −49	−5 −9	−5 −11	−5 −14	−5 −20	−5 −27	0 −1	0 −1.5	0 −2.5	0 −4	0 −6	0 −9
10 14	14 18	−16 −43	−16 −59	−6 −11	−6 −14	−6 −17	−6 −24	−6 −33	0 −1.2	0 −2	0 −3	0 −5	0 −8	0 −11
18 24	24 30	−20 −53	−20 −72	−7 −13	−7 −16	−7 −20	−7 −28	−7 −40	0 −1.5	0 −2.5	0 −4	0 −6	0 −9	0 −13
30 40	40 50	−25 −64	−25 −87	−9 −16	−9 −20	−9 −25	−9 −34	−9 −48	0 −1.5	0 −2.5	0 −4	0 −7	0 −11	0 −16
50 65	65 80	−30 −76	−30 −104	−10 −18	−10 −23	−10 −29	−10 −40	−10 −50	0 −2	0 −3	0 −5	0 −8	0 −13	0 −19
80 100	100 120	−36 −90	−36 −123	−12 −22	−12 −27	−12 −34	−12 −47	−12 −66	0 −2.5	0 −4	0 −6	0 −10	0 −15	0 −22
120 140 160	140 160 180	−43 −106	−43 −143	−14 −26	−14 −32	−14 −39	−14 −54	−14 −77	0 −3.5	0 −5	0 −8	0 −12	0 −18	0 −25
180 200 225	200 225 250	−50 −122	−50 −165	−15 −29	−15 −35	−15 −41	−15 −61	−15 −87	0 −4.5	0 −7	0 −10	0 −14	0 −20	0 −29
250 280	280 315	−56 −137	−56 −186	−17 −33	−17 −40	−17 −49	−17 −69	−17 −98	0 −6	0 −8	0 −12	0 −16	0 −23	0 −32
315 355	355 400	−62 −151	−62 −202	−18 −36	−18 −43	−18 −54	−18 −75	−18 −107	0 −7	0 −9	0 −13	0 −18	0 −25	0 −36
400 450	450 500	−68 −165	−68 −223	−20 −40	−20 −47	−20 −60	−20 −83	−20 −117	0 −8	0 −10	0 −15	0 −20	0 −27	0 −40

续表

基本尺寸/mm		公差带												
		h							j			js		
大于	至	7	8	9	10	11	12	13	5	6	7	1	2	3
—	3	0 −10	0 −14	0 −25	0 −40	0 −60	0 −100	0 −140	—	+4 −2	+6 −4	±0.4	±0.6	±1
3	6	0 −12	0 −18	0 −30	0 −48	0 −75	0 −120	0 −180	+3 −2	+6 −2	+8 −4	±0.5	±0.75	±1.25
6	10	0 −15	0 −22	0 −30	0 −58	0 −90	0 −150	0 −220	+4 −2	+7 −2	+10 −5	±0.5	±0.75	±1.25
10 14	14 18	0 −18	0 −27	0 −43	0 −70	0 −110	0 −180	0 −270	+5 −3	+8 −3	+12 −6	±0.6	±1	±1.5
18 24	24 30	0 −21	0 −33	0 −52	0 −84	0 −130	0 −210	0 −330	+5 −4	+9 −4	+13 −8	±0.75	±1.25	±2
30 40	40 50	0 −25	0 −39	0 −62	0 −100	0 −160	0 −250	0 −390	+6 −5	+11 −5	+15 −10	±0.75	±1.25	±2
50 65	65 80	0 −30	0 −46	0 −74	0 −120	0 −190	0 −300	0 −460	+6 −7	+12 −7	+18 −12	±1	±1.5	±2.5
80 100	100 120	0 −35	0 −54	0 −87	0 −140	0 −220	0 −350	0 −540	+6 −9	+13 −9	+20 −15	±1.25	±2	±3
120 140 160	140 160 180	0 −40	0 −63	0 −100	0 −160	0 −250	0 −400	0 −630	+7 −11	+14 −11	+22 −18	±1.75	±2.5	±4
180 200 225	200 225 250	0 −46	0 −72	0 −115	0 −185	0 −290	0 −460	0 −720	+7 −13	+16 −13	+25 −21	±2.25	±3.5	±5
250 280	280 315	0 −52	0 −81	0 −130	0 −210	0 −320	0 −520	0 −810	+7 −16	—	—	±3	±4	±6
315 355	355 400	0 −57	0 −89	0 −140	0 −230	0 −360	0 −570	0 −890	+7 −18	—	+29 −28	±3.5	±4.5	±6.5
400 450	450 500	0 −63	0 −97	0 −155	0 −250	0 −400	0 −630	0 −970	+7 −20	—	+31 −32	±4	±5	±7.5

续表

基本尺寸/mm		公差带											
		js										k	
大于	至	4	5	6	7	8	9	10	11	12	13	4	5
—	3	±1.5	±2	±3	±5	±7	±12	±20	±30	±50	±70	+3 0	+4 0
3	6	±2	±2.5	±4	±6	±9	±15	±24	±37	±60	±90	+5 +1	+6 +1
6	10	±2	±3	±4.5	±7	±11	±18	±29	±45	±75	±110	+5 +1	+7 +1
10 14	14 18	±2.5	±4	±5.5	±9	±13	±21	±35	±55	±90	±135	+6 +1	+9 +1
18 24	24 30	±3	±4.5	±6.5	±10	±16	±26	±42	±65	±105	±165	+8 +2	+11 +2
30 40	40 50	±3.5	±5.5	±8	±12	±19	±31	±50	±80	±125	±195	+9 +2	+13 +2
50 65	65 80	±4	±6.5	±9.5	±15	±23	±37	±60	±95	±150	±230	+10 +2	+15 +2
80 100	100 120	±5	±7.5	±11	±17	±27	±43	±70	±110	±175	±270	+13 +3	+18 +3
120 140 160	140 160 180	±6	±9	±12.5	±20	±31	±50	±80	±125	±200	±315	+15 +3	+21 +3
180 200 225	200 225 250	±7	±10	±14.5	±23	±36	±57	±92	±145	±230	±360	+18 +4	+24 +4
250 280	280 315	±8	±11.5	±16	±26	±40	±65	±105	±160	±200	±405	+20 +4	+27 +4
315 355	355 400	±9	±12.5	±18	±28	±44	±70	±115	±180	±285	±445	+22 +4	+29 +4
400 450	450 500	±10	±13.5	±20	±31	±48	±77	±125	±200	±315	±485	+25 +5	+32 +5

续表

基本尺寸/mm		公差带												
		k			m					n				
大于	至	6	7	8	4	5	6	7	8	4	5	6	7	8
—	3	+6 0	+10 0	+14 0	+5 +2	+6 +2	+8 +2	+12 +2	+16 +2	+7 +4	+8 +4	+10 +4	+14 +4	+18 +4
3	6	+9 +1	+13 +1	+18 0	+8 +4	+9 +4	+12 +4	+16 +4	+22 +4	+12 +8	+13 +8	+16 +8	+20 +8	+26 +8
6	10	+10 +1	+16 +1	+22 0	+10 +6	+12 +6	+15 +6	+21 +6	+28 +6	+14 +10	+16 +10	+19 +10	+25 +10	+32 +10
10	14	+12 +1	+19 +1	+27 0	+12 +7	+15 +7	+18 +7	+25 +7	+34 +7	+17 +12	+20 +12	+23 +12	+30 +12	−39 +12
14	18													
18	24	+15 +2	+23 +2	+33 0	−14 +8	+17 +8	+21 +8	+29 +8	+41 +8	+21 +15	+24 +15	+28 +15	+36 +15	+48 +15
24	30													
30	40	+18 +2	+27 +2	+39 0	+16 +9	+20 +9	+25 +9	+34 +9	+48 +9	+24 +17	+28 +17	+33 +17	+42 +17	+56 +17
40	50													
50	65	+21 +2	+32 +2	+46 0	+19 +11	+24 +11	+30 +11	+41 +11	+57 +11	+28 +20	+33 +20	+39 +20	+50 +20	+66 +20
65	80													
80	100	+25 +3	+38 +3	+54 0	+23 +13	+28 +13	+35 +13	+48 +13	+67 +13	+33 +13	+38 +23	+45 +23	+58 +23	−77 +23
100	120													
120	140	+28 +3	+43 +3	+63 0	+27 +15	+33 +15	+40 +15	+55 +15	+78 +15	+39 +27	+45 +27	+52 +27	+67 +27	+90 +27
140	160													
160	180													
180	200	+33 +4	+50 +4	+72 0	+31 +17	+37 +17	+46 +17	+63 +17	+89 +17	+45 +31	+51 +31	+60 +31	+77 +31	+103 +31
200	225													
225	250													
250	280	+36 +4	+56 +4	+81 0	+36 +20	+43 +20	+52 +20	+72 +20	+101 +20	+50 +34	+57 +34	+66 +34	+86 +34	+115 +34
280	315													
315	355	+40 +4	+61 +4	+89 0	+39 +21	+46 +21	+57 +21	+78 +21	+110 +21	+55 +37	+62 +37	+73 +37	+94 +37	+126 +37
355	400													
400	450	+45 +5	+68 +5	+97 0	+43 +23	+50 +23	+63 +23	+86 +23	+120 +23	+60 +40	+67 +40	+80 +40	+103 +40	+137 +40
450	500													

续表

基本尺寸/mm		公差带												
		p					r					s		
大于	至	4	5	6	7	8	4	5	6	7	8	4	5	6
—	3	+9 +6	+10 +6	+12 +6	+16 +6	+20 +6	+13 +10	+14 +10	+16 +10	+20 +10	+24 +10	+17 +14	+18 +14	+20 +14
3	6	+16 +12	+17 +12	+20 +12	+24 +12	+30 +12	+19 +15	+20 +15	+23 +15	+27 +15	+33 +15	+23 +19	+24 +19	+27 +19
6	10	+19 +15	+21 +15	+24 +15	+30 +15	+37 +15	+23 +19	+25 +19	+28 +19	+34 +19	+41 +19	+27 +23	+29 +23	+32 +23
10	14	+23 +18	+26 +18	+29 +18	+36 +18	+45 +18	+28 +23	+31 +23	+34 +23	+41 +23	+50 +23	+23 +28	+36 +28	+39 +28
14	18													
18	24	+28 +22	+31 +22	+35 +22	+43 +22	+55 +22	+34 +28	+37 +28	+41 +28	+49 +28	+61 +28	+41 +35	+44 +35	+48 +35
24	30													
30	40	+33 +26	+37 +26	+42 +26	+51 +26	+65 +26	+41 +34	+45 +34	+50 +34	+59 +34	+73 +34	+50 +43	+54 +43	+59 +43
40	50													
50	65	+40 +32	+45 +32	+51 +32	+62 +32	+78 +32	+49 +41	+54 +41	+60 +41	+71 +41	+87 +41	+61 +53	+66 +53	+72 +53
65	80						+51 +43	+56 +43	+62 +43	+73 +43	+89 +43	+67 +59	+72 +59	+78 +59
80	100	+47 +37	+52 +37	+59 +37	+72 +37	+91 +37	+61 +51	+66 +51	+73 +51	+86 +51	+105 +51	+81 +71	+86 +71	+93 +71
100	120						+64 +54	+69 +54	+76 +54	+89 +54	+108 +54	+89 +79	+94 +79	+101 +79
120	140	+55 +43	+61 +43	+68 +43	+73 +43	+100 +43	+75 +63	+81 +63	+88 +63	+103 +63	+126 +63	+104 +92	+110 +92	+117 +92
140	160						+77 +65	+83 +65	+90 +65	+105 +65	+128 +65	+112 +100	+118 +100	+125 +100
160	180						+80 +68	+86 +68	+93 +68	+108 +68	+131 +68	+120 +108	+126 +108	+133 +108
180	200	+64 +50	+70 +50	+79 +50	+96 +50	+122 +50	+91 +77	+97 +77	+106 +77	+123 +77	+149 +77	+136 +122	+142 +122	+151 +122
200	225						+94 +80	+100 +80	+109 +80	+126 +80	+152 +80	+144 +130	+150 +130	+159 +130
225	250						+98 +84	+104 +84	+113 +84	+130 +84	+156 +84	+154 +140	+160 +140	+169 +140
250	280	+72 +56	+79 +56	+88 +56	+108 +56	+137 +56	+110 +94	+117 +94	+126 +94	+146 +94	+175 +94	+174 +158	+181 +158	+190 +158
280	315						+114 +98	+121 +98	+130 +98	+150 +98	+179 +98	+186 +170	+193 +170	+202 +170
315	355	+80 +62	+87 +62	+98 +62	+119 +62	+151 +62	+126 +108	+133 +108	+144 +108	+165 +108	+197 +108	+208 +190	+215 +190	+226 +190
355	400						+132 +114	+139 +114	+150 +114	+171 +114	+203 +114	+226 +208	+233 +208	+244 +208
400	450	+88 +68	+95 +68	+108 +68	+131 +68	+165 +68	+146 +126	+153 +126	+166 +126	+189 +126	+223 +126	+252 +232	+259 +232	+272 +232
450	500						+152 +132	+159 +132	+172 +132	+195 +132	+229 +132	+272 +252	+279 +252	+292 +252

续表

基本尺寸/mm		公差带												
		s		t				u				v		
大于	至	7	8	5	6	7	8	5	6	7	8	5	6	7
—	3	+24 +14	+28 +14	—	—	—	—	+22 +18	+24 +18	+28 +18	+32 +18	—	—	—
3	6	+31 +19	+37 +19	—	—	—	—	+28 +23	+31 +23	+35 +23	+41 +23	—	—	—
6	10	+38 +23	+45 +23	—	—	—	—	+34 +28	+37 +28	+43 +28	+50 +28	—	—	—
10	14	+46 +28	+55 +28	—	—	—	—	+41 +33	+44 +33	+51 +33	+60 +33	—	—	—
14	18			—	—	—	—					+47 +39	+50 +39	+57 +39
18	24	+56 +35	+68 +35	—	—	—	—	+50 +41	+54 +41	+62 +41	+74 +41	+56 +47	+60 +47	+68 +47
24	30			+50 +41	+54 +41	+62 +41	+74 +41	+57 +48	+61 +48	+69 +48	+81 +48	+64 +55	+68 +55	+76 +55
30	40	+68 +43	+82 +43	+59 +48	+64 +48	+73 +48	+87 +48	+71 +60	+76 +60	+85 +60	+99 +60	+79 +68	+84 +68	+93 +68
40	50			+65 +54	+70 +54	+79 +54	+93 +54	+81 +70	+86 +70	+95 +70	+109 +70	+92 +81	+97 +81	+106 +81
50	65	+83 +53	+90 +53	+79 +66	+85 +66	+96 +66	+112 +66	+100 +87	+106 +87	+117 +87	+133 +87	+115 +102	+121 +102	+132 +102
65	80	+89 +59	+105 +59	+88 +75	+94 +75	+105 +75	+121 +75	+115 +102	+121 +102	+132 +102	+148 +102	+133 +120	+139 +120	+150 +120
80	100	+106 +71	+125 +71	+106 +91	+113 +91	+126 +91	+145 +91	+139 +124	+146 +124	+159 +124	+178 +124	+161 +146	+168 +146	+181 +146
100	120	+114 +79	+133 +79	+119 +104	+126 +104	+139 +104	+158 +104	+159 +144	+166 +144	+179 +144	+198 +144	+187 +172	+194 +172	+207 +172
120	140	+132 +92	+155 +92	+140 +122	+147 +122	+162 +122	+185 +122	+188 +170	+195 +170	+210 +170	+233 +170	+220 +202	+227 +202	+242 +202
140	160	+140 +100	+163 +100	+152 +134	+159 +134	+174 +134	+197 +134	+208 +190	+215 +190	+230 +190	+253 190	+246 +228	+253 +228	+268 +228
160	180	+148 +108	+171 +108	+164 +146	+171 +146	+186 +146	+209 +146	+228 +210	+235 +210	+250 +210	+273 +210	+270 +252	+277 +252	+292 +252
180	200	+168 +122	+194 +122	+186 +166	+195 +166	+212 +166	+238 +166	+256 +236	+265 +236	+282 +236	+308 +236	+304 +284	+313 +284	+330 +284
200	225	+176 +130	+202 +130	+200 +180	+209 +180	+226 +180	+252 +180	+278 +258	+237 +258	+304 +258	+330 +258	+330 +310	+339 +310	+356 +310
225	250	+186 +140	+212 +140	+216 +196	+225 +196	+242 +196	+268 +196	+304 +284	+313 +284	+330 +284	+356 +284	+360 +340	+369 +340	+386 +340
250	280	+210 +158	+239 +158	+241 +218	+250 +218	+270 +218	+299 +218	+338 +315	+347 +315	+367 +315	+396 +315	+408 +385	+417 +385	+437 +385
280	315	+222 +170	+251 +170	+263 +240	+272 +240	+292 +240	+321 +240	+373 +350	+382 +350	+402 +350	+431 +350	+448 +425	+457 +425	+477 +425
315	355	+247 +190	+279 +190	+293 +268	+304 +268	+325 +268	+357 +268	+415 +390	+426 +390	+447 +390	+479 +390	+500 +475	+511 +475	+532 +475
335	400	+265 +208	+297 +208	+319 +294	+330 +294	+351 +294	+383 +294	+460 +435	+471 +435	+492 +435	+524 +435	+555 +530	+566 +530	+587 +530
400	450	+295 +232	+329 +232	+357 +330	+370 +330	+393 +330	+427 +330	+517 +490	+530 +490	+553 +490	+587 +490	+622 +595	+635 +595	+658 +595
450	500	+315 +252	+349 +252	+387 +360	+400 +360	+423 +360	+457 +360	+567 +540	+580 +540	+603 +540	+637 +540	+687 +660	+700 +660	+723 +660

续表

基本尺寸/mm		公差带												
		v	x				y				z			
大于	至	8	5	6	7	8	5	6	7	8	5	6	7	8
—	3	—	+24 +20	+26 +20	+30 +20	+34 +20	—	—	—	—	+30 +26	+32 +26	+36 +26	+40 +26
3	6	—	+33 +28	+36 +28	+40 +28	+46 +28	—	—	—	—	+40 +35	+43 +35	+47 +35	+53 +35
6	10	—	+40 +34	+43 +34	+49 +34	+56 +34	—	—	—	—	+48 +42	+51 +42	+57 +42	+64 +42
10	14	—	+48 +40	+51 +40	+58 +40	+67 +40	—	—	—	—	+58 +50	+61 +50	+68 +50	+77 +50
14	18	+66 +39	+53 +45	+56 +45	+63 +45	+72 +45	—	—	—	—	+68 +60	+71 +60	+78 +60	+87 +60
18	24	+80 +47	+63 +54	+67 +54	+75 +54	+87 +54	+72 +63	+76 +63	+84 +63	+96 +63	+82 +73	+86 +73	+94 +73	+106 +73
24	30	+88 +55	+73 +64	+77 +64	+85 +64	+97 +64	+84 +75	+88 +75	+96 +75	+108 +75	+97 +88	+101 +88	+109 +88	+121 +88
30	40	+107 +68	+91 +80	+96 +80	+105 +80	+119 +80	+105 +94	+110 +94	+119 +94	+133 +94	+123 +112	+128 +112	+137 +112	+151 +112
40	50	+120 +81	+108 +97	+113 +97	+122 +97	+136 +97	+125 +114	+130 +114	+139 +114	+153 +114	+147 +136	+152 +136	+161 +136	+175 +136
50	65	+148 +102	+135 +122	+141 +122	+152 +122	+168 +122	+157 +144	+163 +144	+174 +144	+190 +144	+185 +172	+191 +172	+202 +172	+218 +172
65	80	+166 +120	+159 +146	+165 +146	+176 +146	+192 +146	+187 +174	+193 +174	+204 +174	+220 +174	+223 +210	+229 +210	+240 +210	+256 +210
80	100	+200 +146	+193 +178	+200 +178	+213 +178	+232 +178	+229 +214	+236 +214	+249 +214	+268 +214	+273 +258	+280 +258	+293 +258	+312 +258
100	120	+226 +172	+225 +210	+232 +210	+245 +210	+264 +210	+269 +254	+276 +254	+289 +254	+308 +254	+325 +310	+332 +310	+345 +310	+364 +310
120	140	+265 +202	+266 +248	+273 +248	+288 +248	+311 +248	+318 +300	+325 +300	+340 +300	+368 +300	+383 +365	+390 +365	+405 +365	+428 +365
140	160	+291 +228	+298 +280	+305 +280	+320 +280	+343 +280	+358 +340	+365 +340	+380 +340	+403 +340	+433 +415	+440 +415	+455 +415	+487 +415
160	180	+315 +252	+328 +310	+335 +310	+350 +310	+373 +310	+398 +380	+405 +380	+420 +380	+443 +380	+483 +465	+490 +465	+505 +465	+528 +465
180	200	+356 +284	+370 +350	+379 +350	+396 +350	+422 +350	+445 +425	+454 +425	+471 +425	+497 +425	+540 +520	+549 +520	+566 +520	+592 +520
200	225	+382 +310	+405 +385	+414 +385	+431 +385	+457 +385	+490 +470	+499 +470	+516 +470	+542 +470	+595 +575	+604 +575	+621 +575	+647 +575
225	250	+412 +340	+445 +425	+454 +425	+471 +425	+497 +425	+540 +520	+549 +520	+566 +520	+592 +520	+660 +640	+669 +640	+686 +640	+712 +640
250	280	+466 +385	+498 +475	+507 +475	+527 +475	+556 +475	+603 +580	+612 +580	+632 +580	+661 +580	+733 +710	+742 +710	+762 +710	+791 +710
280	315	+506 +425	+548 +525	+557 +525	+577 +525	+606 +525	+673 +650	+682 +650	+702 +650	+731 +650	+813 +790	+822 +790	+842 +790	+871 +790
315	355	+564 +475	+615 +590	+626 +590	+647 +590	+679 +590	+755 +730	+766 +730	+787 +730	+819 +730	+925 +900	+936 +900	+957 +900	+989 +900
355	400	+619 +530	+685 +660	+696 +660	+717 +660	+749 +660	+845 +820	+856 +820	+877 +820	+909 +820	+1 025 +1 000	+1 036 +1 000	+1 057 +1 000	+1 089 +1 000
400	450	+692 +595	+767 +740	+780 +740	+803 +740	+837 +740	+947 +920	+960 +920	+983 +920	+1 017 +920	+1 127 +1 100	+1 140 +1 100	+1 163 +1 100	+1 197 +1 100
450	500	+757 +660	+847 +820	+860 +820	+883 +820	+917 +820	+1 027 +1 000	+1 040 +1 000	+1 063 +1 000	+1 097 +1 000	+1 277 +1 250	+1 290 +1 250	+1 313 +1 250	+1 347 +1 250

注：基本尺寸小于 1 mm 时，各级的 a 和 b 均不采用。

附表四 孔的极限偏差 (单位: μm)

基本尺寸/mm		公差带												
		A				B				C				
大于	至	9	10	11	12	9	10	11	12	8	9	10	11	12
—	3	+295	+310	+330	+370	+165	+180	+200	+240	+74	+85	+100	+120	+160
		+270	+270	+270	+270	+140	+140	+140	+140	+60	+60	+60	+60	+60
3	6	+300	+318	+345	+390	+170	+188	+215	+260	+88	+100	+118	+145	+190
		+270	+270	+270	+270	+140	+140	+140	+140	+70	+70	+70	+70	+70
6	10	+316	+338	+370	+430	+186	+208	+240	+300	+102	+116	+138	+170	+230
		+280	+280	+280	+280	+150	+150	+150	+150	+80	+80	+80	+80	+80
10	14	+333	+360	+400	+470	+193	+220	+260	+330	+122	+138	+165	+205	+275
14	18	+290	+290	+290	+290	+150	+150	+150	+150	+95	+95	+95	+95	+95
18	24	+352	+384	+430	+510	+212	+244	+290	+370	+143	+162	+194	+240	+320
24	30	+300	+300	+300	+300	+160	+160	+160	+160	+110	+110	+110	+110	+110
30	40	+372	+410	+470	+560	+232	+270	+330	+420	+159	+182	+220	+280	+370
		+310	+310	+310	+310	+170	+170	+170	+170	+120	+120	+120	+120	+120
40	50	+382	+420	+480	+570	+242	+280	+340	+430	+169	+192	+230	+290	+380
		+320	+320	+320	+320	+180	+180	+180	+180	+130	+130	+130	+130	+130
50	65	+414	+460	+530	+640	+264	+310	+380	+490	+186	+214	+260	+330	+440
		+340	+340	+340	+340	+190	+190	+190	+190	+140	+140	+140	+140	+140
65	80	+434	+480	+550	+660	+274	+320	+390	+500	+196	+224	+270	+340	+450
		+360	+360	+360	+360	+200	+200	+200	+200	+150	+150	+150	+150	+150
80	100	+467	+520	+600	+730	+307	+360	+440	+570	+224	+257	+310	+390	+520
		+380	+380	+380	+380	+220	+220	+220	+220	+170	+170	+170	+170	+170
100	120	+497	+550	+630	+760	+327	+380	+460	+590	+234	+267	+320	+400	+530
		+410	+410	+410	+410	+240	+240	+240	+240	+180	+180	+180	+180	+180
120	140	+560	+620	+710	+860	+360	+420	+510	+660	+263	+300	+360	+450	+600
		+460	+460	+460	+460	+260	+260	+260	+260	+200	+200	+200	+200	+200
140	160	+620	+680	+770	+920	+380	+440	+530	+680	+273	+310	+370	+460	+610
		+520	+520	+520	+520	+280	+280	+280	+280	+210	+210	+210	+210	+210
160	180	+680	+740	+830	+980	+410	+470	+560	+710	+293	+330	+390	+480	+630
		+580	+580	+580	+580	+310	+310	+310	+310	+230	+230	+230	+230	+230
180	200	+775	+845	+950	+1 120	+455	+525	+630	+800	+312	+355	+425	+530	+700
		+660	+660	+660	+660	+340	+340	+340	+340	+240	+240	+240	+240	+240
200	225	+855	+925	+1 030	+1 200	+495	+565	+670	+840	+332	+375	+445	+550	+720
		+740	+740	+740	+740	+380	+380	+380	+380	+260	+260	+260	+260	+260
225	250	+935	+1 005	+1 110	+1 280	+535	+605	+710	+880	+352	+395	+465	+570	+740
		+820	+820	+820	+820	+420	+420	+420	+420	+280	+280	+280	+280	+280
250	280	+1 050	+1 130	+1 240	+1 440	+610	+690	+800	+1 000	+381	+430	+510	+620	+820
		+920	+920	+920	+920	+480	+480	+480	+480	+300	+300	+300	+300	+300
280	315	+1 180	+1 260	+1 370	+1 570	+670	+750	+860	+1 060	+411	+460	+540	+650	+850
		+1 050	+1 050	+1 050	+1 050	+540	+540	+540	+540	+330	+330	+330	+330	+330
315	355	+1 340	+1 430	+1 560	+1 770	+740	+830	+960	+1 170	+449	500	+590	+720	+930
		+1 200	+1 200	+1 200	+1 200	+600	+600	+600	+600	+360	+360	+360	+360	+360
355	400	+1 490	+1 580	+1 710	+1 920	+820	+910	+1 040	+1 250	+489	+540	+630	+760	+970
		+1 350	+1 350	+1 350	+1 350	+680	+680	+680	+680	+400	+400	+400	+400	+400
400	450	+1 655	+1 750	+1 900	+2 130	+915	+1 010	+1 160	+1 390	+537	+595	+690	+840	+1 070
		+1 500	+1 500	+1 500	+1 500	+760	+760	+760	+760	+440	+440	+440	+440	+440
450	500	+1 805	+1 900	+2 050	+2 280	+995	+1 090	+1 240	+1 470	+577	+635	+730	+880	+1 110
		+1 650	+1 650	+1 650	+1 650	+840	+840	+840	+840	+480	+480	+480	+480	+480

续表

基本尺寸/mm		公差带												
		D					E				F			
大于	至	7	8	9	10	11	7	8	9	10	6	7	8	9
—	3	+30 +20	+34 +20	+45 +20	+60 +20	+80 +20	+24 +14	+28 +14	+39 +14	+54 +14	+12 +6	+16 +6	+20 +6	+31 +6
3	6	+42 +30	+48 +30	+60 +30	+78 +30	+105 +30	+32 +20	+38 +20	+50 +20	+68 +20	+18 +10	+22 +10	+28 +10	+40 +10
6	10	+55 +40	+62 +40	+76 +40	+98 +40	+130 +40	+40 +25	+47 +25	+61 +25	+83 +25	+22 +13	+28 +13	+35 +13	+49 +13
10	14	+68	+77	+93	+120	+160	+50	+59	+75	+102	+27	+34	+43	+59
14	18	+50	+50	+50	+50	+50	+32	+32	+32	+32	+16	+16	+16	+16
18	24	+86	+98	+117	+149	+195	+61	+73	+92	+124	+33	+41	+53	+72
24	30	+65	+65	+65	+65	+65	+40	+40	+40	+40	+20	+20	+20	+20
30	40	+105	+119	+142	+180	+240	+75	+89	+112	+150	+41	+50	+64	+87
40	50	+80	+80	+80	+80	+80	+50	+50	+50	+50	+25	+25	+25	+25
50	65	+130	+146	+174	+220	+290	+90	+106	+134	+180	+49	+60	+76	+104
65	80	+100	+100	+100	+100	+100	+60	+60	+60	+60	+30	+30	+30	+30
80	100	+155	+174	+207	+260	+340	+107	+126	+159	+212	+58	+71	+90	+123
100	120	+120	+120	+120	+120	+120	+72	+72	+72	+72	+36	+36	+36	+36
120	140													
140	160	+185 +145	+208 +145	+245 +145	+305 +145	+395 +145	+125 +85	+148 +85	+185 +85	+245 +85	+68 +43	+83 +43	+106 +43	+143 +43
160	180													
180	200													
200	225	+216 +170	+242 +170	+285 +170	+355 +170	+460 +170	+146 +100	+172 +100	+215 +100	+285 +100	+79 +50	+96 +50	+122 +50	+165 +50
225	250													
250	280	+242	+271	+320	+400	+510	+162	+191	+240	+320	+88	+108	+137	+186
280	315	+190	+190	+190	+190	+190	+110	+110	+110	+110	+56	+56	+56	+56
315	355	+267	+299	+350	+440	+570	+182	+214	+265	+355	+98	+119	+151	+202
355	400	+210	+210	+210	+210	+210	+125	+125	+125	+125	+62	+62	+62	+62
400	450	+293	+327	+385	+480	+630	+198	+232	+290	+385	+108	+131	+165	+223
450	500	+230	+230	+230	+230	+230	+135	+135	+135	+135	+68	+68	+68	+68

续表

基本尺寸/mm		公差带												
		G				H								
大于	至	5	6	7	8	1	2	3	4	5	6	7	8	9
—	3	+6 +2	+8 +2	+12 +2	+16 +2	+0.8 0	+1.2 0	+2 0	+3 0	+4 0	+6 0	+10 0	+14 0	+25 0
3	6	+9 +4	+12 +4	+16 +4	+22 +4	+1 0	+1.5 0	+2.5 0	+4 0	+5 0	+8 0	+12 0	+18 0	+30 0
6	10	+11 +5	+14 +5	+20 +5	+27 +5	+1 0	+1.5 0	+2.5 0	+4 0	+6 0	+9 0	+15 0	+22 0	+36 0
10	14	+14 +6	+17 +6	+24 +6	+33 +6	+1.2 0	+2 0	+3 0	+5 0	+8 0	+11 0	+18 0	+27 0	+43 0
14	18													
18	24	+16 +7	+20 +7	+28 +7	+40 +7	+1.5 0	+2.5 0	+4 0	+6 0	+9 0	+13 0	+21 0	+33 0	+52 0
24	30													
30	40	+20 +9	+25 +9	+34 +9	+48 +9	+1.5 0	+2.5 0	+4 0	+7 0	+11 0	+16 0	+25 0	+39 0	+62 0
40	50													
50	65	+23 +10	+29 +10	+40 +10	+56 +10	+2 0	+3 0	+5 0	+8 0	+13 0	+19 0	+30 0	+46 0	+74 0
65	80													
80	100	+27 +12	+34 +12	+47 +12	+66 +12	+2.5 0	+4 0	+6 0	+10 0	+15 0	+22 0	+35 0	+54 0	+87 0
100	120													
120	140	+32 +14	+39 +14	+54 +14	+77 +14	+3.5 0	+5 0	+8 0	+12 0	+18 0	+25 0	+40 0	+63 0	+100 0
140	160													
160	180													
180	200	+35 +15	+44 +15	+61 +15	+87 +15	+4.5 0	+7 0	+10 0	+14 0	+20 0	+29 0	+46 0	+72 0	+115 0
200	225													
225	250													
250	280	+40 +17	+49 +17	+69 +17	+98 +17	+6 0	+8 0	+12 0	+16 0	+23 0	+32 0	+52 0	+81 0	+130 0
280	315													
315	355	+43 +18	+54 +18	+75 +18	+107 +18	+7 0	+9 0	+13 0	+18 0	+25 0	+36 0	+57 0	+89 0	+140 0
335	400													
400	450	+47 +20	+62 +20	+83 +20	+117 +20	+8 0	+10 0	+15 0	+20 0	+27 0	+40 0	+63 0	+97 0	+155 0
450	500													

续表

基本尺寸/mm		公差带													
		H				J			JS						
大于	至	10	11	12	13	6	7	8	1	2	3	4	5	6
—	3	+40 0	+60 0	+100 0	+140 0	+2 −4	+4 −6	+6 −8	±0.4	±0.6	±1	±1.5	±2	±3
3	6	+48 0	+75 0	+120 0	+180 0	+5 −3	—	+10 −8	±0.5	±0.75	±1.25	±2	±2.5	±4
6	10	+58 0	+90 0	+150 0	+220 0	+5 −4	+8 −7	+12 −10	±0.5	±0.75	±1.25	±2	±3	±4.5
10 14	14 18	+70 0	+110 0	+180 0	+270 0	+6 −5	+10 −8	+15 −12	±0.6	±1	±1.5	±2.5	±4	±5.5
18 24	24 30	+84 0	+130 0	+210 0	+330 0	+8 −5	+12 −9	+20 −13	±0.75	±1.25	±2	±3	±4.5	±6.5
30 40	40 50	+100 0	+160 0	+250 0	+390 0	+10 −6	+14 −11	+24 −15	±0.75	±1.25	±2	±3.5	±5.5	±8
50 65	65 80	+120 0	+190 0	+300 0	+460 0	+13 −6	+18 −12	+28 −18	±1	±1.5	±2.5	±4	±6.5	±9.5
80 100	100 120	+140 0	+220 0	+350 0	+540 0	+16 −6	+22 −13	+34 −20	±1.25	±2	±3	±5	±7.5	±11
120 140 160	140 160 180	+160 0	+250 0	+400 0	+630 0	+18 −7	+26 −14	+41 −22	±1.75	±2.5	±4	±6	±9	±12.5
180 200 225	200 225 250	+185 0	+290 0	+460 0	+720 0	+22 −7	+30 −16	+47 −25	±2.25	±3.5	±5	±7	±10	±14.5
250 280	280 315	+210 0	+320 0	+520 0	+810 0	+25 −7	+36 −16	+55 −26	±3	±4	±6	±8	±11.5	±16
315 355	355 400	+230 0	+360 0	+570 0	+890 0	+29 −7	+39 −18	+60 −29	±3.5	±4.5	±6.5	±9	±12.5	±18
400 450	450 500	+250 0	+400 0	+630 0	+970 0	+33 −7	+43 −20	+66 −31	±4	±5	±7.5	±10	±13.5	±20

续表

基本尺寸/mm		公差带												
		JS							K					M
大于	至	7	8	9	10	11	12	13	4	5	6	7	8	4
—	3	±5	±7	±12	±20	±30	±50	±70	0 −3	0 −4	0 −6	0 −10	0 −14	−2 −5
3	6	±6	±9	±15	±24	±37	±60	±90	+0.5 −3.5	0 −5	+2 −6	+3 −9	+5 −13	−2.5 −6.5
6	10	±7	±11	±18	±29	±45	±75	±110	+0.5 −3.5	+1 −5	+2 −7	+5 −10	+6 −16	−4.5 −8.5
10	14	±9	±13	±21	±35	±55	±90	±135	+1 −4	+2 −6	+2 −9	+6 −12	+8 −19	−5 −10
14	18													
18	24	±10	±16	±26	±42	±65	±105	±165	0 −6	+1 −8	+2 −11	+6 −15	+10 −23	−6 −12
24	30													
30	40	±12	±19	±31	±50	±80	±125	±195	+1 −6	+2 −9	+3 −13	+7 −18	+12 −27	−6 −13
40	50													
50	65	±15	±23	±37	±60	±95	±150	±230	+1 −7	+3 −10	+4 −15	+9 −21	+14 −32	−8 −16
65	80													
80	100	±17	±27	±43	±70	±110	±175	±270	+1 −9	+2 −13	+4 −18	+10 −25	+16 −38	−9 −19
100	120													
120	140	±20	±31	±50	±80	±125	±200	±315	+1 −11	+3 −15	+4 −21	+12 −28	+20 −43	−11 −23
140	160													
160	180													
180	200	±23	±36	±57	±92	±145	±230	±360	0 −14	+2 −18	+5 −24	+13 −33	+22 −50	−13 −27
200	225													
225	250													
250	280	±26	±40	±65	±105	±160	±260	±405	0 −16	+3 −20	+5 −27	+16 −36	+25 −56	−16 −32
280	315													
315	355	±28	±44	±70	±115	±180	±285	±445	+1 −17	+3 −22	+7 −29	+17 −40	+28 −61	−16 −34
355	400													
400	450	±31	±48	±77	±125	±200	±315	±485	0 −20	+2 −25	+8 −32	+18 −45	+29 −68	−18 −38
450	500													

续表

基本尺寸/mm		公差带												
		M				N					P			
大于	至	5	6	7	8	5	6	7	8	9	5	6	7	8
—	3	−2 −6	−2 −8	−2 −12	−2 −16	−4 −8	−4 −10	−4 −14	−4 −18	−4 −29	−6 −10	−6 −12	−6 −16	−6 −20
3	6	−3 −8	−1 −9	0 −12	+2 −16	−7 −12	−5 −13	−4 −16	−2 −20	0 −30	−11 −16	−9 −17	−8 −20	−12 −30
6	10	−4 −10	−3 −12	0 −15	+1 −21	−8 −14	−7 −16	−4 −19	−3 −25	0 −36	−13 −19	−12 −21	−9 −24	−15 −37
10 14	14 18	−4 −12	−4 −15	0 −18	+2 −25	−9 −17	−9 −20	−5 −23	−3 −30	0 −43	−15 −23	−15 −26	−11 −29	−18 −45
18 24	24 30	−5 −14	−4 −17	0 −21	+4 −29	−12 −21	−11 −24	−7 −28	−3 −36	0 −52	−19 −28	−18 −31	−14 −35	−22 −55
30 40	40 50	−5 −16	−4 −20	0 −25	+5 −34	−13 −24	−12 −28	−8 −33	−3 −42	0 −62	−22 −33	−21 −37	−17 −42	−26 −65
50 65	65 80	−6 −19	−5 −24	0 −30	+5 −41	−15 −28	−14 −33	−9 −39	−4 −50	0 −74	−27 −40	−26 −45	−21 −51	−32 −78
80 100	100 120	−8 −23	−6 −28	0 −35	+6 −48	−18 −33	−16 −38	−10 −45	−4 −58	0 −87	−32 −47	−30 −52	−24 −59	−37 −91
120 140 160	140 160 180	−9 −27	−8 −33	0 −40	+8 −55	−21 −39	−20 −45	−12 −52	−4 −67	0 −100	−37 −55	−36 −61	−28 −68	−43 −106
180 200 225	200 225 250	−11 −31	−8 −37	0 −46	+9 −63	−25 −45	−22 −51	−14 −60	−5 −77	0 −115	−44 −64	−41 −70	−33 −79	−50 −122
250 280	280 315	−13 −36	−9 −41	0 −52	+9 −72	−27 −50	−25 −57	−14 −66	−5 −86	0 −130	−49 −72	−47 −79	−36 −88	−56 −137
315 355	355 400	−14 −39	−10 −46	0 −57	+11 −78	−30 −55	−26 −62	−16 −73	−5 94	0 −140	−55 −80	−51 87	−41 −98	−62 −151
400 450	450 500	−16 −43	−10 −50	0 −63	+11 −86	−33 −60	−27 −67	−17 −80	−6 −103	0 −155	−61 −88	−55 −95	−45 −108	−68 −165

续表

基本尺寸/mm		公差带												
		P	R				S				T			U
大于	至	9	5	6	7	8	5	6	7	8	6	7	8	6
—	3	−6 −31	−10 −14	−10 −16	−10 −20	−10 −24	−14 −18	−14 −20	−14 −24	−14 −28	—	—	—	−18 −24
3	6	−12 −42	−14 −19	−12 −20	−11 −23	−15 −33	−18 −23	−16 −24	−15 −27	−19 −37	—	—	—	−20 −28
6	10	−15 −51	−17 −23	−16 −25	−13 −28	−19 −41	−21 −27	−20 −29	−17 −32	−23 −45	—	—	—	−25 −34
10	14	−18 −61	−20 −28	−20 −31	−16 −34	−23 −50	−25 −33	−25 −36	−21 −39	−28 −55	—	—	—	−30 −41
14	18													
18	24	−22 −74	−25 −34	−24 −37	−20 −41	−28 −61	−32 −41	−31 −44	−27 −48	−35 −68	—	—	—	−37 −50
24	30										−37 −50	−33 −54	−41 −74	−44 −57
30	40	−26 −88	−30 −41	−29 −45	−25 −50	−34 −73	−39 −50	−38 −54	−34 −59	−43 −82	−43 −59	−39 −64	−48 −87	−55 −71
40	50										−49 −65	−45 −70	−54 −93	−65 −81
50	65	−32 −106	−36 −49	−35 −54	−30 −60	−41 −87	−48 −61	−47 −66	−42 −72	−53 −99	−60 −79	−55 −85	−66 −112	−81 −100
65	80		−38 −51	−37 −56	−32 −62	−43 −89	−54 −67	−53 −72	−48 −78	−59 −105	−69 −88	−64 −94	−75 −121	−96 −115
80	100	−37 −124	−46 −61	−44 −66	−38 −73	−51 −105	−66 −81	−64 −86	−58 −93	−71 −125	−84 −106	−78 −113	−91 −145	−117 −139
100	120		−49 −64	−47 −69	−41 −76	−54 −108	−74 −89	−72 −94	−66 −101	−79 −133	−97 −119	−91 −126	−104 −158	−137 −159
120	140	−43 −143	−57 −75	−56 −81	−48 −88	−63 −126	−86 −104	−85 −110	−77 −117	−92 −155	−115 −140	−107 −147	−122 −185	−163 −188
140	160		−59 −77	−58 −83	−50 −90	−65 −128	−94 −112	−93 −118	−85 −125	−100 −163	−127 −152	−119 −159	−134 −197	−183 −208
160	180		−62 −80	−61 −86	−53 −93	−68 −131	−102 −120	−101 −126	−93 −133	−108 −171	−139 −164	−131 −171	−146 −209	−203 −228
180	200	−50 −165	−71 −91	−68 −97	−60 −106	−77 −149	−116 −136	−113 −142	−105 −151	−122 −194	−157 −186	−149 −195	−166 −238	−227 −256
200	225		−74 −94	−71 −100	−63 −109	−80 −152	−124 −144	−121 −150	−113 −159	−130 −202	−171 −200	−163 −209	−180 −252	−249 −278
225	250		−78 −98	−75 −104	−67 −113	−84 −156	−134 −154	−131 −160	−123 −169	−140 −212	−187 −216	−179 −225	−196 −268	−275 −304
250	280	−56 −186	−87 −110	−85 −117	−74 −126	−94 −175	−151 −174	−149 −181	−138 −190	−158 −239	−209 −241	−198 −250	−218 −299	−306 −338
280	315		−91 −114	−89 −121	−78 −130	−98 −179	−163 −186	−161 −193	−150 −202	−170 −251	−231 −263	−220 −272	−240 −321	−341 −373
315	355	−62 −202	−101 −126	−97 −133	−87 −144	−108 −197	−183 −208	−179 −215	−169 −226	−190 −279	−257 −293	−247 −304	−268 −357	−379 −415
355	400		−107 −132	−103 −139	−93 −150	−114 −203	−201 −226	−197 −233	−187 −244	−208 −297	−283 −319	−273 −330	−294 −383	−424 −460
400	450	−68 −223	−119 −146	−113 −153	−103 −166	−126 −223	−225 −252	−219 −259	−209 −272	−232 −329	−317 −357	−307 −370	−330 −427	−477 −517
450	500		−125 −152	−119 −159	−109 −172	−132 −229	−245 −272	−239 −279	−229 −292	−252 −349	−347 −387	−337 −400	−360 −457	−527 −567

续表

基本尺寸/mm		公差带													
		U		V			X			Y			Z		
大于	至	7	8	6	7	8	6	7	8	6	7	8	6	7	8
—	3	−18 −28	−18 −32	—	—	—	−20 −26	−20 −30	−20 −34	—	—	—	−26 −32	−26 −36	−26 −40
3	6	−19 −31	−23 −41	—	—	—	−25 −33	−24 −36	−28 −46	—	—	—	−32 −40	−31 −43	−35 −53
6	10	−22 −37	−28 −50	—	—	—	−31 −40	−28 −43	−34 −56	—	—	—	−39 −48	−36 −51	−42 −64
10	14	−26 −44	−33 −60	—	—	—	−37 −48	−33 −51	−40 −67	—	—	—	−47 −58	−43 −61	−50 −77
14	18			−36 −47	−32 −50	−39 −66	−42 −53	−38 −56	−45 −72	—	—	—	−57 −68	−53 −71	−60 −87
18	24	−33 −54	−41 −74	−43 −56	−39 −60	−47 −80	−50 −63	−46 −67	−54 −87	−59 −72	−55 −76	−63 −96	−69 −82	−65 −86	−73 −106
24	30	−40 −61	−48 −81	−51 −64	−47 −68	−55 −88	−60 −73	−56 −77	−64 −97	−71 −84	−67 −88	−75 −108	−84 −97	−80 −101	−88 −121
30	40	−51 −76	−60 −99	−63 −79	−59 −84	−68 −107	−75 −91	−71 −96	−80 −119	−89 −105	−85 −110	−94 −133	−107 −123	−103 −128	−112 −151
40	50	−61 −86	−70 −109	−76 −92	−72 −97	−81 −120	−92 −108	−88 −113	−97 −136	−109 −125	−105 −130	−114 −153	−131 −147	−127 −152	−136 −175
50	65	−76 −106	−87 −133	−96 −115	−91 −121	−102 −148	−116 −135	−111 −141	−122 −168	−138 −157	−133 −163	−144 −190	−166 −185	−161 191	−172 −218
65	80	−91 −121	−102 −148	−114 −133	−109 −139	−120 −166	−140 −159	−135 −165	−146 −192	−168 −187	−163 −193	−174 −220	−204 −223	−199 −229	−210 −256
80	100	−111 −146	−124 −178	−139 −161	−133 −168	−146 −200	−171 −193	−165 −200	−178 −232	−207 −229	−201 −236	−214 −268	−251 −273	−245 −280	−258 −312
100	120	−131 −166	−144 −198	−165 −187	−159 −194	−172 −226	−203 −225	−197 −232	−210 −264	−247 −269	−241 −276	−254 −308	−303 −325	−297 −332	−310 −364
120	140	−155 −195	−170 −233	−195 −220	−187 −227	−202 −265	−241 −266	−233 −273	−248 −311	−293 −318	−285 −325	−300 −363	−358 −383	−350 −390	−365 −428
140	160	−175 −215	−190 −253	−221 −246	−213 −253	−228 −291	−273 −298	−265 −305	−280 −343	−333 −358	−325 −365	−340 −403	−408 −433	−400 −440	−415 −478
160	180	−195 −235	−210 −273	−245 −270	−237 −277	−252 −315	−303 −328	−295 −335	−310 −373	−373 −398	−365 −405	−380 −443	−458 −483	−450 −490	−465 −528
180	200	−219 −255	−236 −308	−275 −304	−267 −313	−284 −356	−341 −370	−333 −379	−350 −422	−416 −445	−408 −454	−425 −497	−511 −540	−503 −549	−520 −592
200	225	−241 −287	−258 −330	−301 −330	−293 −339	−310 −382	−376 −405	−368 −414	−385 −457	−461 −490	−453 −499	−470 −542	−566 −595	−558 −604	−575 −647
225	250	−267 −313	−284 −356	−331 −360	−323 −369	−340 −412	−416 −445	−408 −454	−425 −497	−511 −540	−503 −549	−520 −592	−631 −660	−623 −669	−640 −712
250	280	−295 −347	−315 −396	−376 −408	−365 −417	−385 −466	−466 −498	−455 −507	−475 −556	−571 −603	−560 −612	−580 −661	−701 −733	−690 −742	−710 −791
280	315	−330 −382	−350 −431	−416 −448	−405 −457	−425 −506	−516 −548	−505 −557	−525 −606	−641 −673	−630 −682	−650 −731	−781 −813	−770 −822	−790 −871
315	355	−369 −426	−390 −479	−464 −500	−454 −511	−475 −564	−579 −615	−560 −626	−590 −679	−719 −755	−709 −766	−730 −819	−889 −925	−879 −936	−900 −989
355	400	−414 −471	−435 −524	−519 −555	−509 −566	−530 −619	−649 −685	−639 −696	−660 −749	−809 −845	−799 −856	−820 −909	−989 −1 025	−979 −1 036	−1 000 −1 089
400	450	−467 −530	−490 −587	−582 −622	−572 −635	−595 −692	−727 −767	−717 −780	−740 −837	−907 −947	−897 −969	−920 −1 017	−1 087 −1 127	−1 077 −1 140	−1 100 −1 197
450	500	−517 −580	−540 −637	−647 −687	−637 −700	−660 −757	−807 −847	−797 −860	−820 −917	−987 −1 027	−977 −1 040	−1 000 −1 097	−1 237 −1 277	−1 227 −1 290	−1 250 −1 347

注：1. 基本尺寸小于 1 mm 时，各级的 A 和 B 均不采用。
2. 当基本尺寸大于 250 至 315 mm 时，M6 的 ES 等于−9（不等于−11）；
3. 基本尺寸小于 1 mm 时，大于 IT8 的 N 不采用。

附表五 普通螺旋偏差表（摘要） (单位:μm)

直径分段 D、d /mm		螺距 P /mm	内螺纹					外螺纹				
			公差带	中径 D_2		小径 D_1		公差带	中径 d_2		大径 d	
>	≤			ES	EI	ES	EI		es	ei	es	ei
5.5	11.2	1	5G	+144	+26	+216	+26	5g6g	−26	−116	−26	−206
			5H	+118	0	+190	0	5h4h	0	−90	0	−112
			5H6H	+118	0	+236	0	5h6h	0	−90	0	−180
			6G	+176	+26	+262	+26	6e	−60	−172	−60	−240
			6H	+150	0	+236	0	6f	−40	−152	−40	−220
			7G	+216	+26	+326	+26	6g	−26	−138	−26	−206
			7H	+190	0	+300	0	6h	0	−112	0	−180
								7g6g	−26	−166	−26	−206
								7h6h	0	−140	0	−180
								8g	−26	−206	−26	−306
								8h	0	−180	0	−280
		1.25	4H	+100	0	+170	0	3h4h	0	−60	0	−132
			4H5H	+100	0	+212	0	4h	0	−75	0	−132
			5G	+153	+28	+240	+28	5g6g	−28	−123	−28	−240
			5H	+125	0	+212	0	5h4h	0	−95	0	−132
			5H6H	+125	0	+265	0	5h6h	0	−95	0	−212
			6G	−188	+28	+293	+28	6e	−63	−181	−63	−275
			6H	−160	0	+265	0	6f	−42	−160	−42	−254
			7G	+228	+28	+363	+28	6g	−28	−146	−28	−240
			7H	+200	0	+335	0	6h	0	−118	0	−212
								7g6g	−28	−178	−28	−240
								7h6h	0	−150	0	−212
								8g	−28	−218	−28	−363
								8h	0	−190	0	−335
		1.5	4H	+112	0	+190	0	3h4h	0	−67	0	−150
			4H5H	+112	0	+236	0	4h	0	−85	0	−150
			5G	+172	+32	+268	+32	5g6g	−32	−138	−32	−268
			5H	+140	0	+236	0	5h4h	0	−106	0	−150
			5H6H	+140	0	+300	0	5h6h	0	−106	0	−236
			6G	+212	+32	+332	+32	6e	−67	−199	−67	−303
			6H	+180	0	+300	0	6f	−45	−177	−45	−281
			7G	+256	+32	407	+32	6g	−32	−164	−32	−268
			7H	+224	0	+375	0	6h	0	−132	0	−236
								7g6g	−32	−202	−32	−268
								7h6h	0	−170	0	−236
								8g	−32	−244	−32	−407
								8h	0	−212	0	−375
11.2	22.4	0.5	4H	+75	0	+90	0	3h4h	0	−45	0	−67
			4H5H	+75	0	+112	0	4h	0	−56	0	−67
			5G	+115	+20	+132	+20	5g6g	−20	−91	−20	−126
			5H	+95	0	+112	0	5h4h	0	−71	0	−67
			5H6H	+95	0	+140	0	5h6h	0	−71	0	−106
			6G	+138	+20	+160	+20	6e	−50	−140	−50	−156
			6H	+118	0	+140	0	6f	−36	−126	−36	−142
			7G	+170	+20	+200	+20	6g	−20	−110	−20	−126
			7H	+150	0	+180	0	6h	0	−90	0	−106

续表

直径分段 D，d /mm		螺距 P /mm	内螺纹					外螺纹				
			公差带	中径 D_2		小径 D_1		公差带	中径 d_2		大径 d	
>	≤			ES	EI	ES	EI		es	ei	es	ei
11.2	22.4	0.75	4H	+90	0	+118	0	3h4h	0	−53	0	−90
			4H5H	+90	0	+150	0	4h	0	−67	0	−90
			5G	+134	+22	+172	+22	5g6g	−22	−107	−22	−162
			5H	+112	0	+150	0	5h4h	0	−85	0	−90
			5H6H	+112	0	+190	0	5h6h	0	−85	0	−140
			6G	+162	+22	+212	+22	6e	−56	−162	−56	−196
			6H	+140	0	+190	0	6f	−38	−144	−38	−178
			7G	+202	+22	+258	+22	6g	−22	−128	−22	−162
			7H	+180	0	+236	0	6h	0	−106	0	−140
								7g6g	−22	−154	−22	−162
								7h6h	0	−132	0	−140
		1	4H	+100	0	+150	0	3h4h	0	−60	0	−112
			4H5H	+100	0	+190	0	4h	0	−75	0	−112
			5G	+151	+26	+216	+26	5g6g	−26	−121	−26	−206
			5H	+125	0	+190	0	5h4h	0	−95	0	−112
			5H6H	+125	0	+236	0	5h6h	0	−95	0	−180
			6G	+186	+26	+262	+26	6e	−60	−178	−60	−240
			6H	+160	0	+236	0	6f	−40	−158	−40	−220
			7G	+226	+26	+326	+26	6g	−26	−144	−26	−206
			7H	+200	0	+300	0	6h	0	−118	0	−180
								7g6g	−26	−176	−26	−206
								7h6h	0	−150	0	−180
								8g	−26	−216	−26	−306
								8h	0	−190	0	−280
		1.25	4H	+112	0	+170	0	3h4h	0	−67	0	−132
			4H5H	+112	0	+212	0	4h	0	−85	0	−132
			5G	+168	+28	+240	+28	5g6g	−28	−134	−28	−240
			5H	+140	0	+212	0	5h4h	0	−106	0	−132
			5H6H	+140	0	+265	0	5h6h	0	−106	0	−212
			6G	+208	+28	+293	+28	6e	−63	−195	−63	−275
			6H	+180	0	+265	0	6f	−42	−174	−42	−254
			7G	+252	+28	+363	+28	6g	−28	−160	−28	−240
			7H	+224	0	+335	0	6h	0	−132	0	−212
								7g6g	−28	−198	−28	−240
								7h6h	0	−170	0	−212
								8g	−28	−240	−28	−363
								8h	0	−212	0	−335
		1.5	4H	+118	0	+190	0	3h4h	0	−71	0	−150
			4H5H	+118	0	+236	0	4h	0	−90	0	−150
			5G	+182	+32	+268	+32	5g6g	−32	−144	−32	−268
			5H	+150	0	+236	0	5h4h	0	−112	0	−150
			5H6H	+150	0	+300	0	5h6h	0	−112	0	−236
			6G	+222	+32	+332	+32	6e	−67	−207	−67	−303
			6H	+190	0	+300	0	6f	−45	−185	−45	−281
			7G	+268	+32	+407	+32	6g	−32	−172	−32	−268
			7H	+236	0	+375	0	6h	0	−140	0	−236

续表

直径分段 D，d /mm		螺距 P /mm	内螺纹					外螺纹				
			公差带	中径 D_2		小径 D_1		公差带	中径 d_2		大径 d	
>	≤			ES	EI	ES	EI		es	ei	es	ei
11.2	22.4	1.5						7g6g	−32	−212	−32	−268
								7h6h	0	−180	0	−236
								8g	−32	−256	−32	−407
								8h	0	−224	0	−375
		1.75	4H	+125	0	+212	0	3h4h	0	−75	0	−170
			4H5H	+125	0	+265	0	4h	0	−95	0	−170
			5G	+194	+34	+299	+34	5g6g	−34	−152	−34	−299
			5H	+160	0	+265	0	5h4h	0	−118	0	−170
			5H6H	+160	0	+335	0	5h6h	0	−118	0	−265
			6G	+234	+34	+369	+34	6e	−71	−221	−71	−336
			6H	+200	0	+335	0	6f	−48	−198	−48	−313
			7G	+284	+34	+459	+34	6g	−34	−184	−34	−299
			7H	+250	0	+425	0	6h	0	−150	0	−265
								7g6g	−34	−224	−34	−299
								7h6h	0	−190	0	−265
								8g	−34	−270	−34	−459
								8h	0	−236	0	−425
		2	4H	+132	0	+236	0	3h4h	0	−80	0	−180
			4H5H	+132	0	+300	0	4h	0	−100	0	−180
			5G	+208	+38	+338	+38	5g6g	−38	−163	−38	−318
			5H	+170	0	+300	0	5h4h	0	−125	0	−180
			5H6H	+170	0	+375	0	5h6h	0	−125	0	−280
			6G	+250	+38	+413	+38	6e	−71	−231	−71	−351
			6H	+212	0	+375	0	6f	−52	−212	−52	−332
			7G	+303	+38	+513	+38	6g	−38	−198	−38	−318
			7H	+265	0	+475	0	6h	0	−160	0	−280
								7g6g	−38	−238	−38	−318
								7h6h	0	−200	0	−280
								8g	−38	−288	−38	−488
								8h	0	−250	0	−450
		2.5	4H	+140	0	+280	0	3h4h	0	−85	0	−212
			4H5H	+140	0	+355	0	4h	0	−106	0	−212
			5G	+222	+42	+397	+42	5g6g	−42	−174	−42	−377
			5H	+180	0	+355	0	5h4h	0	−132	0	−212
			5H6H	+180	0	+450	0	5h6h	0	−132	0	−335
			6G	+266	+42	+492	+42	6e	−80	−250	−80	−415
			6H	+224	0	+450	0	6f	−58	−228	−58	−393
			7G	+322	+42	+602	+42	6g	−42	−212	−42	−377
			7H	+280	0	+560	0	6h	0	−170	0	−335
								7g6g	−42	−254	−42	−377
								7h6h	0	−212	0	−335
								8g	−42	−307	−42	−572
								8h	0	−265	0	−530

续表

直径分段 D，d /mm		螺距 P /mm	内螺纹					外螺纹				
			公差带	中径 D_2		小径 D_1		公差带	中径 d_2		大径 d	
>	≤			ES	EI	ES	EI		es	ei	es	ei
22.4	45	0.75	4H	+95	0	+118	0	3h4h	0	−56	0	−90
			4H5H	+95	0	+150	0	4h	0	−71	0	−90
			5G	+140	+22	+172	+22	5g6g	−22	−112	−22	−162
			5H	+118	0	+150	0	5h4h	0	−90	0	−90
			5H6H	+118	0	+190	0	5h6h	0	−90	0	−140
			6G	+172	+22	+212	22	6e	−56	−168	−56	−196
			6H	+150	0	+190	0	6f	−38	−150	−38	−178
			7G	+212	+22	+258	+22	6g	−22	−134	−22	−162
			7H	+190	0	+236	0	6h	0	−112	0	−140
								7g6g	−22	−162	−22	−162
								7h6h	0	−140	0	−140
		1	4H	+106	0	+150	0	3h4h	0	−63	0	−112
			4H5H	+106	0	+190	0	4h	0	−80	0	−112
			5G	+158	+26	+216	+26	5g6g	−26	−126	−26	−206
			5H	+132	0	+190	0	5h4h	0	−100	0	−112
			5H6H	+132	0	+236	0	5h6h	0	−100	0	−180
			6G	+196	+26	+262	+26	6e	−60	−185	−60	−240
			6H	+170	0	+236	0	6f	−40	−165	−40	−220
			7G	+238	+26	+326	+26	6g	−26	−151	−26	−206
			7H	+212	0	+300	0	6h	0	−125	0	−180
								7g6g	−26	−186	−26	−206
								7h6h	0	−160	0	−180
								8g	−26	−226	−26	−306
								8h	0	−200	0	−280
		1.5	4H	+125	0	+190	0	3h4h	0	−75	0	−150
			4H5H	+125	0	+236	0	4h	0	−95	0	−150
			5G	+192	+32	+268	+32	5g6g	−32	−150	−32	−268
			5H	+160	0	+236	0	5h4h	0	−118	0	−150
			5H6H	+160	0	+300	0	5h6h	0	−118	0	−236
			6G	+232	+32	+332	+32	6e	−67	−217	−67	−303
			6H	+200	0	+300	0	6f	−45	−195	−45	−281
			7G	+282	+32	+407	+32	6g	−32	−182	−32	−268
			7H	+250	0	+375	0	6h	0	−150	0	−236
								7g6g	−32	−222	−32	−268
								7h6h	0	−190	−0	−236
								8g	−32	−268	−32	−407

主要参考文献

黄云清．2007. 公差配合与测量技术［M］．北京：机械工业出版社．

廖念钊古莹菴 莫要松．2012. 互换性与技术测量［M］．北京：中国质检出版社．

梅荣娣．2010. 公差配合与技术测量［M］．南京：江苏教育出版社．

乔元信．2008. 公差配合与技术测量［M］．北京：中国劳动社会保障出版社．

任玉珠 赵宏立．2008. 极限配合与技术测量基础［M］．北京：化学工业出版社．

张泰昌．2007. 长度计量工培训读本［M］．北京：化学工业出版社．